Als im Juni 2016 Ernst-Volker Staub, Burkhard Garweg und Daniela Klette nahe Braunschweig einen Geldtransporter überfallen und über eine halbe Million Euro erbeuten, hält Deutschland den Atem an. Denn die drei sind keine gewöhnlichen Kriminellen, sie sind die letzten Mitglieder der RAF, der Roten Armee Fraktion. Die Journalistin Patrizia Schlosser beschließt, die Hintergründe herauszufinden. Sie trifft auf eine dünne Faktenlage, viele Ungereimtheiten und verhärtete Fronten. Im Laufe der Suche wird immer fraglicher, ob das wenige, was über die drei mutmaßlichen Terroristen bekannt ist, überhaupt stimmt. Je länger die Recherche dauert, desto heftiger werden die Diskussionen mit ihrem Vater. Er hat als Polizist die Hochzeit der RAF miterlebt und war 1972 während des ersten Terroranschlags in der Geschichte der BRD, dem Münchner Olympia-Attentat, im Einsatz. So entwickelt sich die Suche nach den letzten drei RAF-Mitgliedern auch zu einer familiären Auseinandersetzung über Staatsgewalt und Terror.

Patrizia Schlosser ist Podcasterin, Reporterin und Filmemacherin. Sie fing als Journalistin für den Bayerischen Rundfunk an und arbeitet heute u. a. für das investigative Reportage-Format *Panorama – die Reporter* im NDR Fernsehen, sowie für den auf jüngere Zuschauer ausgerichteten YouTube-Kanal *STRG_F*. Für ihren Podcast *Im Untergrund* erhielt sie den Deutschen Radiopreis 2018 in der Kategorie Beste Sendung. Sie lebt in Hamburg und München.

Patrizia Schlosser

IM UNTERGRUND

Der Arsch von Franz Josef Strauß,
die RAF,
mein Vater und ich

Hoffmann und Campe

2. Auflage 2024
Copyright © 2019 by Hoffmann und Campe Verlag, Hamburg
www.hoffmann-und-campe.de
Umschlaggestaltung: © Favoritbüro, München
Satz: Pinkuin Satz und Datentechnik, Berlin
Gesetzt aus der Albertina
Druck und Bindung: CPI books GmbH, Leck
Printed in Germany
ISBN 978-3-455-00649-0

Die automatisierte Analyse des Werkes, um daraus Informationen insbesondere über Muster, Trends und Korrelationen gemäß § 44b UrhG (»Text und Data Mining«) zu gewinnen, ist untersagt.

Ein Unternehmen der
GANSKE VERLAGSGRUPPE

Für meinen Vater

VORWORT

Dieses Buch basiert auf einer Recherche, die ich ursprünglich für den Podcast *Im Untergrund* begonnen hatte. Die gemeinsame Spurensuche mit meinem Vater dauerte ein Jahr, bis in den Herbst 2017, dann wurde der Podcast veröffentlicht. Die Recherche ging jedoch weiter, hatte sich gewissermaßen verselbstständigt. Dank der zahlreichen Reaktionen auf den Podcast taten sich neue Spuren und Hinweise auf, neues Material kam zusammen. Dies findet nun Eingang in dieses Buch, genau wie viele Szenen und Informationen, die in der Audio-Serie nicht berücksichtigt werden konnten.

Der Auslöser dafür, diese Recherche noch einmal in Buchform aufzuarbeiten, war jedoch ein anderer: die Flut an Zuschriften von Hörerinnen und Hörern, die berührt waren von den Auseinandersetzungen zwischen mir und meinem Vater. Viele schilderten mir ihre eigenen Erfahrungen mit der RAF-Zeit. Einige bedauerten, sich nicht mit ihren Eltern über das Thema ausgetauscht zu haben.

Wenn dieses Buch Leser motivieren sollte, sich mit ihrer eigenen Familiengeschichte zu beschäftigen, hat es seinen Zweck erfüllt. Das Kapitel RAF ist nach wie vor nicht abgeschlossen.

KAPITEL 1

NACHTS IN JORDANIEN

Mein Vater und ich liegen nebeneinander auf unseren Hotelpritschen. Der Straßenlärm von Amman dringt durch das Fenster herein: Autohupen, Rollergeknatter, vom Wind davongetragene Fetzen arabischer Popmusik.

»Also, wo soll ich anfangen?«, fragt er leise. Er hat sich auf den Rücken gedreht und starrt an die Decke. Der 5. September 1972 während der Olympischen Spiele in München. Kommando »Schwarzer September«, acht palästinensische Terroristen, neun israelische Geiseln, ein Flugzeug, ein Blutbad.

Ich schalte das Aufnahmegerät ein und lehne mich zu meinem Vater hinüber.

Dass er bei diesem ersten Terroranschlag in der Geschichte der Bundesrepublik Deutschland als Polizist im Einsatz war, wusste ich. Doch was er in dieser Septembernacht vor 45 Jahren genau erlebte, das hat er mir noch nie erzählt.

»Nicht, dass ich wieder Albträume kriege«, sagt er.

Ich zögere. Vielleicht ist das doch keine gute Idee.

Die Sonne geht unter. Die Dämmerung legt sich über die Stadt.

Der Ruf eines Muezzins und das Gehupe des Feierabendverkehrs verbinden sich zum Klangteppich der hereinbrechenden Nacht. Es wird dunkler im Zimmer. Eine Leuchtreklame gegenüber dem Hotel wirft ein rätselhaftes Muster an die kahle Wand. Während das Licht schwindet, erscheint die Vergangenheit. Mein Vater beginnt zu erzählen.

Zu diesem Zeitpunkt sind wir beide seit über einem halben Jahr auf der Suche.

KAPITEL 2
SIE SIND WIEDER DA

Ein halbes Jahr vorher:
 Wenn ich zu Hause anrufe, muss ich die Stimme meines Vaters nicht hören, um zu wissen, dass er es ist, der den Hörer abgenommen hat. Bei ihm gibt es immer ein knisterndes Geräusch und dann ein paar Sekunden Pause, bevor er spricht.
 »Hallo, Papa, wie geht's?«
 »Ja die Pati ... geht scho'.«
 Die Antwort soll mich zufriedenstellen, aber mich kann er nicht täuschen.
 »Und? Was machst du so?«
 »Nichts! Was fragst denn immer?«
 Ich sehe ihn vor mir, wie er in seinem schwarzen Ledersessel liegt, die Füße auf einem Hocker, die Birkenstocks auf dem Wohnzimmerteppich. Bestimmt bebt sein Kopf wegen meiner Frage gerade vor Ärger.
 Diese Kopfbewegung meines Vaters, eine Art innerliches Erdbeben, ist Alarmstufe 1.
 Wenn ich jetzt weitermache, könnte das einen Wutausbruch zur Folge haben.
 Ich räuspere mich.
 »Hast du jetzt eigentlich dieses Ehrenamt bei der ambulanten Krankenpflege übernommen?«
 »Ach, Pati!«
 »Ich frag ja nur.«

»Nein, Herrschaftszeiten noch a mal! Ich brauch kein Beschäftigungsprogramm.«

»Okay, okay!«

Ich schweige einen Moment.

Manchmal habe ich das Gefühl, er verbringt seine Rente weniger in der Gegenwart und mehr in der Vergangenheit, innerhalb seines Geistes, eingeschlossen in Erinnerungen. Meine Mutter hat es kommen sehen und ihm zu Beginn seines Rentnerdaseins den Staubsauger in die Hand gedrückt. Mein Vater putzt auch das Bad und spült Geschirr. Doch solche Arbeitsbeschaffungsmaßnahmen gleichen den Verlust einer lebenslangen Aufgabe nicht aus.

42 Jahre lang war mein Vater Polizist.

Ich möchte mit beiden Händen durch die Leitung greifen, ihn an den Schultern packen und wachrütteln. Doch ich tue das, was ich immer tue, und beende schnellstmöglich das Gespräch. Ich ertrage sein selbstgewähltes Dahindämmern nicht.

»Gibst du mir mal die Mama?«

Im Gegensatz zu meinem Vater kann ich mit meiner Mutter unbeschwert reden. Wir telefonieren oft und ohne Probleme eine Stunde lang.

Ich höre, wie mein Vater die Holztreppe in den ersten Stock hochsteigt, wo meine Mutter im alten Kinderzimmer meines Bruders, ihrem »Arbeitszimmer«, sitzt und ihre morgigen Krankenbesuche für den ambulanten Pflegedienst vorbereitet. In die schweren Schritte meines Vaters mischt sich das Trippeln von Hundepfoten. Das ist Resi, mein trojanischer Hund. Ich habe ihm die schwarze Labradordame mit den weißen Pfoten vor zwei Jahren zu Weihnachten geschenkt. Mein Hintergedanke war, dass er dann jeden Tag rausmuss. Wenigstens zum Gassi gehen.

Es hat nicht geklappt. Meine Mutter geht jetzt mit Resi in die Hundeschule.

Als ich die Nachricht im Radio höre, die das Verhältnis zwischen mir und meinem Vater auf den Kopf stellen wird, recherchiere ich gerade zu einem Loch. Ein Loch im Boden eines Kaffs im Bayerischen Wald. Es ist nicht wirklich der Grund, warum ich Journalistin geworden bin, aber es zahlt die Miete. Insgeheim warte ich auf die eine große Geschichte. Als ich an diesem Junitag im Jahr 2016 in meiner Küche in München stehe und beim Abspülen die Nachrichten höre, sagt irgendetwas in mir: *Das ist sie.*

Es geht um drei Linksextremisten, eine Frau und zwei Männer, die zur RAF, der »Roten Armee Fraktion«, gehört haben sollen: Daniela Klette, Ernst-Volker Staub und Burkhard Garweg. Vor über 25 Jahren wurden auf sie Haftbefehle wegen »Mitgliedschaft in einer terroristischen Vereinigung« ausgestellt.[1] Die drei konnten nie gefasst werden, blieben wie vom Erdboden verschluckt, vergessen von der Öffentlichkeit.

Bis jetzt.

DNA-Spuren sollen nun belegen, dass dieses Trio seit siebzehn Jahren Überfälle auf Geldtransporter und Supermärkte in Deutschland begeht. Das Landeskriminalamt Niedersachsen hat mit Hilfe der neuen Spuren eine Serie von zwölf Rauben rekonstruiert, für welche die drei verantwortlich sein sollen, der erste 1999, der vorerst letzte Mitte 2016. Die Ermittler vermuten, dass die Gruppe jederzeit wieder zuschlagen könnte.

Ist das zu fassen? Die RAF löste sich 1998 auf, und trotzdem gibt es da draußen Ex-Mitglieder, die sich noch immer verstecken. Unbemerkt leben sie unter uns und finanzieren ihr Dasein mit Raubüberfällen. Wer sind diese drei letzten nie gefassten RAF-Mitglieder, und wie gelingt es ihnen, seit einem Vierteljahrhundert im Untergrund zu leben?

Ich trockne mir die Hände ab, klappe den Laptop auf und lese mich durch die Schlagzeilen. »Sie sind wieder da!«, »Die unbekannte RAF-Generation«, »Die RAF-Rentner-Fraktion!« Die Medien überschlagen sich vor Sensationslust, fasziniert vom Mythos der Gewalt.

Die RAF war eine linksextremistische Gruppe, die der Bundesrepublik in den siebziger Jahren den Krieg erklärte und bis Anfang

---

1 Die Haftbefehle ergingen zu unterschiedlichen Zeiten: Der Haftbefehl auf Ernst-Volker Staub wurde am 13. April 1991 ausgestellt, der auf Daniela Klette am 28. Juli 1993 und jener auf Burkhard Garweg am 21. Dezember 1993.

der neunziger Jahre Terroranschläge auf Staats- und Wirtschaftsvertreter verübte. Sie ermordete 34 Menschen und verletzte über 200.

Bis heute ist dieses Kapitel deutscher Geschichte nicht abgeschlossen. Zum einen, weil die Verantwortlichen vieler Mordanschläge nie identifiziert werden konnten. Zum anderen, weil sich die letzten Mitglieder auch nach der Selbstauflösung nicht der Polizei stellten, sondern im Untergrund blieben. Wer die Auflösungserklärung 1998 verfasste, weiß man nicht. Die inhaftierten und inzwischen wieder entlassenen Ex-RAF-Mitglieder schweigen eisern, die linke Szene ebenso.

Die letzte RAF-Gruppe, die sogenannte 3. RAF-Generation könnte aus fünf oder fünfzehn Mitgliedern bestanden haben. Man weiß es nicht, nimmt aber an, das jetzt noch gesuchte Trio gehörte dazu. Warum eigentlich?

Als ich im Internet nach Fachliteratur zu den dreien suche, stelle ich fest, wie wenig über sie publik ist. Historiker und RAF-Experten haben sich kaum mit ihnen beschäftigt. Bekannt sind gerade einmal die Grunddaten – Geburtsort, Studium, Zugehörigkeit zur linken Szene, mögliche Anschlagsbeteiligungen. Auf welcher Basis nimmt man an, dass sie der RAF angehörten? Nüchtern betrachtet muss man wohl sagen: Eigentlich ist es nicht sicher, dass die drei Mitglieder waren.

Alles könnte ganz anders sein.

Drei Menschen verschwanden Ende der achtziger, Anfang der neunziger Jahre – und das war's.

Ich überlege gerade, wie man theoretisch mehr über sie herausfinden könnte, da klingelt mein Handy. Ich starre auf die angezeigte Nummer. Es ist die meines Vaters. Mein erster Gedanke ist: Irgendetwas muss passiert sein. Sonst würde er mich doch nie anrufen. Ich nehme ab.

»Hast scho' g'hört?«, sagt er ohne Begrüßung.

»Was ist denn los?«

»Das RAF-Trio! Zwölf Überfälle! Mit Schnellfeuergewehren und einer Panzerfaust!«

Die Stimme meines Vaters klingt verstört, als wäre er unsanft aus einem tiefen Schlaf geholt worden. Ich höre überrascht zu, wortlos.

»Das ist doch vorbei, dieser Terror, hab ich mir g'dacht!«, redet er weiter, mehr mit sich selbst als mit mir. Ein solcher Redefluss passt gar nicht zu ihm.

»Ich hab gedacht, der ganze Spuk mit der RAF ist g'essen und jetzt tauchen die wieder auf!«, murmelt er. Er hört sich an wie jemand, den die Gespenster seiner Vergangenheit einholen. Ich frage mich, wo er gerade ist, was er vor seinem inneren Auge sieht.

Ich habe keine Ahnung.

Was weißt du schon über die eigenen Eltern? Wer sie waren, bevor du geboren wurdest, befindet sich an den ausgefransten Rändern deiner Identität. Du erbst ihre Gene, trägst ihre Biographie in dir, aber du hast keine Erinnerungen an ihr Leben ohne dich. Deine Geburt ist die Stunde Null ihrer Existenz. Sie sind Mama und Papa. Alles andere bleibt im Dunkeln.

KAPITEL 3

LINKS-GRÜNE TRÄUMERIN UND SPIESSBEAMTER

Einen Monat später sitze ich mit Eltern und Bruder zu Hause an der sonntäglichen Kaffeetafel. Offiziell bin ich zum Käsekuchenessen gekommen. Tatsächlich aber verfolge ich einen Plan. Aus dem Anruf hat sich eine Recherche-Idee entwickelt: Ich will mich auf die Suche nach dem mutmaßlichen Ex-RAF-Trio machen.

Zusammen mit meinem Vater.

Er war während der RAF-Zeit Polizist – und könnte nun mein Fährmann in die Vergangenheit sein.

Natürlich, es ist eine absurde Idee, und ich weiß nicht einmal genau, warum ich sie mir in den Kopf gesetzt habe. Ich weiß nur, dass es die richtige ist.

Mein Plan sieht vor, meinen Vater auf seine alten Polizeiunterlagen anzusprechen und mich so zur Frage vorzutasten, ob er bereit wäre, sich mit mir auf die Suche nach dem Trio zu machen. Nervös schaue ich zu ihm hinüber. Noch ahnt er nichts. Isst unbekümmert seinen Kuchen. Mir fällt auf, wie tief sein Kopf über die letzten Jahre in den Hals gesunken ist, wie gebeugt er dasitzt, wie rund sein Rücken ist. Dabei soll das Leben mit 66 Jahren doch erst anfangen.

Wie wird er reagieren?

Weil wir uns beim ersten Cappuccino in eine hitzige Diskussion verstricken, komme ich erst einmal gar nicht dazu, meinen Plan anzugehen. Es ist nämlich so: Mein Vater und ich können nicht einmal einen Kaffee miteinander trinken, ohne uns zu streiten. Das Aufregerthema heute: Polizeigewalt bei einer Demonstration. Gerade erst hat er mich wieder einmal eine »links-grün-versiffte Träumerin« genannt, und ich konnte mir gerade noch verkneifen, ihn als »Spießbeamten« zu beschimpfen. Jetzt bekommt er Rückendeckung von meinem Bruder. Der ist auch Polizist.

»Der Papa hat recht: Wer sich da aufhält, wo Steine geschmissen werden, ist selbst schuld, wenn er was abbekommt!«

Bullen halten eben zusammen.

Meine Mutter versucht zu vermitteln: »Beide Parteien haben Schuld.«

Da knurrt mein Vater sie an: »Immer bist gegen mich.«

»Habt ihr keine Sympathie für linke Ideale?«, hake ich noch einmal nach.

»So was zu sagen ist einfach nur dumm! Einfach nur saudumm«, entgegnet mein Vater.

★ ★ ★

Ich bin das schwarze Schaf meiner Familie. Die Einzige, die weder regelmäßige Arbeitszeiten noch ein regelmäßiges Einkommen hat, die Einzige, die studiert hat. Mein zwei Jahre jüngerer Bruder hat bei der Polizei angefangen, als ich noch in Unisälen herumdümpelte. Während er mit seiner Ehefrau Laura eine halbe Stunde von meinen Eltern entfernt lebt, tingele ich als freie Journalistin um die Welt, habe einen abenteuersüchtigen Buchautoren als Freund und oft nicht einmal einen festen Wohnsitz. Wie das alles funktionieren kann, ist meiner Familie ein beständiges Rätsel.

Mir manchmal auch.

Ich beuge mich über mein Stück Kuchen. Soll ich ihm wirklich von meiner Idee erzählen? Wie genau eigentlich? Lass uns gemeinsam drei frühere Terroristen suchen? Er wird sich aufregen, ist ja jetzt schon auf hundertachtzig. Dass wir bei unseren Diskussionen immer so in Rage geraten, liegt uns im Blut. Wir sind beide stur. Dazu kommt, dass die gegenwärtige Nachrichtenlage Aufreger produziert, die unsere Meinungsverschiedenheiten beständig auflodern lassen: Pegida, neue Polizeigesetze in Bayern, Islamismus. Die Aufregerdichte ist höher geworden in den vergangenen Jahren.

Ständig müssen wir uns demonstrieren, wie falsch der andere mit seiner Sicht liegt. Überzeugen lassen wir uns nie voneinander. Es gewinnt keiner, auch heute reicht es wieder nur zum Waffenstillstand, der oft schlimmer zu ertragen ist als der Streit zuvor. Mein Vater schaufelt finster Käsekuchen in sich hinein.

»Iss nicht so schnell«, mahnt meine Mutter.

Mein Vater funkelt sie an.

»Das kommt davon, weil ich mich so aufregen muss«, sagt er und deutet mit dem Kinn in meine Richtung. »Pff«, mache ich und hacke auf mein eigenes Kuchenstück ein. Meine Mutter verdreht die Augen.

Er wird mich für verrückt erklären, und ich kann es ihm nicht einmal verübeln. Egal.

Ich gebe mir einen Ruck.

»Sag mal, Papa, hast du deine alten Polizeiunterlagen noch?«

»Ja freilich, auf dem Dachboden.«

»Können wir uns die mal ansehen?«

Seine Gabel verharrt in der Luft.

»Ich erzähl's dir oben. Hat was mit meiner Arbeit zu tun«, sage ich möglichst neutral.

Er zuckt mit den Achseln, was auch immer, und isst weiter. Ich beuge mich wieder über mein Kuchenstück, damit er nicht sieht, dass ich Blut und Wasser schwitze.

Hoffentlich geht das nicht nach hinten los.

★ ★ ★

»Puh, hier wird es ja immer stickiger«, sage ich.

»Ja mei«, sagt mein Vater, soll heißen: selbst schuld, du willst ja hier hoch. Er ächzt vor mir die steile Leiter zum Dachboden hinauf. Schnaufend kniet er sich unter die Dachschräge.

»So, irgendwo hier muss es sein.«

Ich gehe in die Hocke und schaue mich um. Zu gerne würde ich schreiben, dass Staub durch die Luft wirbelt, als wir das Licht über den alten Kartons anknipsen. Doch die Wahrheit ist eine andere. Der Sauberkeitsfimmel meiner Eltern sorgt dafür, dass nicht einmal auf jahrzehntealten Kartons ein Staubkörnchen zu finden ist. Als ich die ordentlich in Reih und Glied nebeneinanderstehenden blitzblanken Kisten betrachte, frage ich mich, ob das eine Nebenwirkung ihrer Berufe ist. Das Leben einer Krankenschwester und eines Polizisten ist ein Leben voller Desinfektionsmittel und Einweghandschuhe.

»Oh mei, wo hab ich das denn gleich wieder hin?«, sagt mein Vater, öffnet mehrere Kisten hintereinander, kramt hektisch darin herum. Ein leichter Schweißfilm bildet sich auf seiner Stirn.

Ich luge über seine Schulter und sehe, dass es in den Kartons nicht so ordentlich ist, wie es von außen wirkt. Folien, mit Papieren und Fotos, hellgrüne Fächermappen und graue Hängeordner liegen durcheinander.

So ist das also. Da hat jemand einfach alles hineingeschmissen und den Deckel draufgemacht. Nur von außen sieht es aus, als wäre die Vergangenheit sauber weggeschlossen.

»Ah, da ist's doch«, sagt mein Vater und zieht etwas aus einem Karton.

Erinnerungen von Blut, Angst und Tod lassen sich mit Sagrotan nicht bändigen. Erinnerungen sind Untote. Und auch, wenn ich jetzt noch nicht weiß, wie sehr sie meinen Vater heimsuchen werden, bin ich es doch, die ihn dazu bringt, ihr Grab zu öffnen.

KAPITEL 4

AUF DEM DACHBODEN

»BKA: Sicher aufbewahren! Nicht pressefrei!«, steht auf jeder Seite einer Mappe, die mein Vater aus einer Kiste gezogen hat. Sie ist dunkelgrün und in etwa so groß wie ein Taschenbuch.

»Die hab ich immer bei der Arbeit dabeihaben müssen. Dienstvorschrift«, sagt er und wirft einen langen Blick darauf.

»Da sind die Fahndungsunterlagen zur RAF drin.«

»Darf ich mal?«

»Ja, nimmst sie halt.«

Ich blättere durch dieses sogenannte »Personenfahndungsregister« aus den siebziger und achtziger Jahren. Die Seiten bestehen aus durchsichtigen Plastikfolien, in denen DIN-A5-große Papiere stecken, bedruckt mit Fahndungsinformationen und Fotos gesuchter mutmaßlicher RAF-Mitglieder.

»Damit sie immer austauschen kannst. Wenn neue Infos zu einer gesuchten Person kommen, hast die alten Kartons raus und die aktualisierten rein«, sagt mein Vater.

★ ★ ★

Junge Menschen starren mich von den Schwarz-Weiß-Fotos in der Mappe an. Viele davon nicht freiwillig. Auf der Aufnahme einer Frau ist sogar eine Männerhand zu sehen, die ihren Kopf nach oben presst, während sie offenbar versucht, ihr Gesicht nach unten zu drücken. Mein Vater bemerkt meinen Blick. »Erkennungsdienstliche

Maßnahmen«, sagt er. Also Polizeifotos, auf der Wache unter Zwang aufgenommen. Von anderen Gesuchten gibt es Privatfotos, lächelnde Gesichter wie aus einem Familienalbum, darüber steht: »Achtung Terroristen führen Schusswaffen!«

Es hat etwas Unheimliches, diese alten Bilder anzusehen. Manche der Personen sind mir aus Zeitungsartikeln vertraut, gleichzeitig wirken sie fremd. Die Fotos zeigen sie, bevor sie in die Schlagzeilen gerieten. Das Bild eines jungen Wolfgang Grams in der Mappe wird in meinem Kopf von dem des toten Wolfgang Grams überlagert. Sein Körper auf dem Gleisbett von Bad Kleinen, einen Beatmungsschlauch im Mund.

Mein Vater beobachtet mich still. Die Mappe ist ein altes Arbeitsutensil, etwas Unpersönliches und doch fühlt es sich an, als würde ich in seinem Nachtkästchen stöbern. Das private Schicksal meines Vaters und ein Kapitel der jüngeren deutschen Geschichte sind unwiderruflich verknüpft. Zum ersten Mal spüre ich die Wucht der Tatsache, dass er in Terrorzeiten Teil des Staatsapparates war, Teil des Systems, das die RAF bekämpfte. Für sie war er »ein Schwein« und »kein Mensch«, wie es RAF-Mitgründerin Ulrike Meinhof 1970 formulierte, »und natürlich kann geschossen werden«.

★ ★ ★

Ob das heute noch gesuchte Trio auch in dieser Fahndungsmappe steckt? Ich hoffe es. Es wäre der perfekte Aufhänger. Ich blättere durch die Seiten. Da sind sie: Fahndungsbilder von Daniela Klette. Zu sehen ist eine junge Frau mit kindlichen Gesichtszügen und wilden, bis zum Ohr reichenden Haarsträhnen, etwa 25 Jahre alt. Entschlossener Blick und trotzig vorgeschobene Lippen. Die Fleisch gewordene Essenz des Pink Floyd Songs »We don't need no education«.

»Eine richtige Göre«, sage ich zu meinem Vater.

Er entgegnet nichts, zieht nur die Augenbrauen hoch. Schon klar, sie ist eine mutmaßliche Verbrecherin, da spricht man nicht von einer »Göre«.

Burkhard Garweg fehlt in der Fahndungsmappe. Nach ihm wurde erst ab den neunziger Jahren gefahndet.

Doch Ernst-Volker Staub finde ich. Er ist gerade einmal zwei Jahre jünger als mein Vater. Die gleiche Generation, zwei gegensätzliche Lebenswege. Die Fotos zeigen einen Mann Anfang 30, leichter Vokuhila, leutseliger Gesichtsausdruck, dicker Schnurrbart. Könnte der Sänger einer Cover-Band für Geburtstage und Hochzeiten sein.

»Ich find's lustig, der sieht ein bisschen aus wie du damals. Voll Achtziger.«

Mein Vater schnaubt. Er schüttelt griesgrämig den Kopf, bleibt aber weiter stumm. Ich bin enttäuscht. Dachte, er kommt über die Fotos ins Plaudern. Ich nehme an, wenn es nach ihm gehen würde, könnten wir die Mappe zuklappen und uns wieder an den Tisch zu meiner Mutter und meinem Bruder setzen. Vielleicht noch ein Stück Kuchen. Dann ein Mittagsschlaf.

★ ★ ★

Langsam muss ich zum Kern meines Anliegens kommen.

»Hast du auch ein Bild von dir als Polizist da drin?«, frage ich.

»Irgendwo scho'.«

Ich schaue ihm zu, wie er vergilbte Klarsichtfolien mit Fotos aus einem Karton holt. Ich weiß so gut wie nichts über sein Arbeitsleben. Er war ein Wochenendpapa. Wenn er zu Hause war und mein Bruder und ich etwas wollten – Fernsehen zum Beispiel –, gingen wir zu ihm. Er war gutmütig. »Und ich darf das ausbaden«, sagte meine Mutter dann.

Unter der Woche verließ er das Haus morgens um zehn vor sechs, wenn mein Bruder und ich noch schliefen, und fuhr mit dem Zug nach München zu seiner Dienststelle. Abends um halb sechs holte ihn meine Mutter wieder mit dem Auto am Bahnhof ab. Ich sah ihn erst beim Abendessen.

Ich kenne nur eine Anekdote aus seiner Zeit als Polizist: Er durchsuchte gerade die Wohnung eines Wirtschaftsbetrügers, da rannte dessen Ehefrau zum Fenster, öffnete es und stieg auf den Sims.

Mein Vater sprintete zu ihr, packte sie von hinten an den Schultern, versuchte sie vom Fenster wegzuziehen. Sie wehrte sich. So heftig, dass mein Vater sich schon mit ihr aus dem Fenster stürzen sah. An dieser Stelle lacht er immer beim Erzählen. Ich höre die Geschichte gerne. Sie zeigt meinen Vater in einem heroischen Licht – und ist doch harmlos.

Erst seitdem er in Rente ist, dämmert mir, dass ich gar nicht weiß, wie sein Alltag aussah, was für ein Mensch er als Polizist war und welche Spuren die deutsche Geschichte der siebziger und achtziger Jahre bei ihm hinterlassen hat. Ich bin Journalistin, und meine Arbeit besteht zu einem großen Teil darin, mit fremden Menschen über persönliche Erfahrungen zu sprechen. Nie kam ich auf die Idee, meine eigene Familiengeschichte zu untersuchen. Dabei ist auch mein Vater ein Zeitzeuge. Jetzt frage ich mich zum ersten Mal: Wie sehr hat ihn die Zeit geprägt, als die RAF den deutschen Staat angriff?

»Da schau, da war ich 17 Jahre alt, gerade frisch in der Ausbildung.«

Mein Vater hält ein Foto hoch. Zu sehen ist ein junger Mann mit ordentlich Pomade im braven Kurzhaarschnitt und Polizeiuniform. Er sieht so sauber aus wie gekochte Wäsche.

»Damals hast ja nur zehn Meter geradeaus laufen können müssen, dann hat dich die Polizei genommen«, sagt er abwinkend.

Was mich ins Herz trifft, ist sein Blick auf dem Foto. Es ist nicht der Gesichtsausdruck, den ich von meinem Vater kenne. Er erinnert mich an einen Wurf Babykatzen auf dem Bauernhof meiner Großeltern. Wenn »Tiger« Junge hatte, versteckte sie die auf dem Heuboden. In den Gesichtern dieser Kätzchen, wenn mein Bruder und ich sie zwischen getrockneten Grasballen fanden, sahen wir blindes Vertrauen in die Welt. Sie wussten nicht, dass mein Opa sie erschlagen würde. Mein Bruder und ich zum Glück auch nicht.

Im Karton liegt ein zweites Foto, von 1979, ein gutes Jahrzehnt nach dem ersten aufgenommen. Da ist mein Vater 29, so alt wie ich jetzt, als ich sein Foto betrachte. Nichts ist mehr milchbubihaft an ihm. Als hätte er sich gehäutet. Und noch etwas ist anders: Es ist sein Mund. Die leicht geöffneten Lippen des 17-Jährigen sind nun geschlossen. Mein Vater presst sie zusammen, als würde er selbst beim

Lächeln nicht zu viel von sich preisgeben wollen. Wie jemand, der auf der Hut ist.

Was ist passiert in den Jahren dazwischen?

»Warum willst das denn alles wissen, Pati?«

Ich schaue ertappt auf.

Mein Vater wirft mir seinen Polizistenröntgenblick zu.

Jetzt muss ich Farbe bekennen.

★ ★ ★

Im Schein der Dachbodenlampe sage ich: »Ich will das RAF-Trio suchen. Und dachte, du könntest mir helfen.«

»Ich könnt dir helfen?«

»Na, dass wir uns zusammen an ihre Fersen heften.«

Seine Augen weiten sich erst und verengen sich dann zu Schlitzen.

»Du brauchst immer den letzten Kick. Ohne den geht's ned, oder?«

»Heißt das ja?«

»Pati, die linksextreme Szene ist auch heute noch unheimlich gefährlich!«

Stimmt, es ist gefährlich. Aber aus einem anderen Grund: Eine solche Recherche würde bedeuten, dass mein Vater und ich Zeit miteinander verbringen. Vermutlich viel mehr Zeit als jemals zuvor.

»Also wirklich, Pati, wieso machst denn nicht was für den Bayerischen Rundfunk?«

Ich verdrehe die Augen. Mein Vater verschränkt die Arme vor der Brust. Seine grau-weißen Haare stehen nach oben, der Kopf bebt vor Ärger.

»Geh mit dem Bergsteiger-Messner den Yeti suchen von mir aus, aber nicht so was!«

»Ach, Papa.«

»Warum kannst du nicht a *normales* Thema recherchieren wie a *normaler* Journalist?«

Ich lehne mich zurück. Soll er sich austoben. Ich sehe uns schon vor mir, wie wir unterwegs sind, auf großer Fahrt, sein schwarzer Ledersessel im Wohnzimmer verwaist, am Horizont flimmern die Silhouetten des RAF-Trios.

»Wie willst die denn suchen? Die Polizei findet sie ja auch nicht. Meinst, du bist schlauer als die Polizei?«

»Ich will sie ja nicht festnehmen, sondern mit ihnen sprechen.«

»Du kannst ein Inserat aufgeben: Meldet euch bei mir.«

»Sehr witzig.«

»Ja, das ist genauso unwahrscheinlich wie dass du die findst!«

Ich schweige, doch eine nagende Stimme in mir sagt: Er hat recht. Es ist vollkommen idiotisch, Leute suchen zu wollen, die sich seit über 25 Jahren erfolgreich unsichtbar machen. Und dann geht es dabei auch noch um das Thema RAF – bis heute ein politisches und gesellschaftliches Minenfeld. Die Ereignisse mögen Geschichte geworden sein, aber die aktuelle mediale Aufregung um das Trio zeigt, dass die Wunden noch lange nicht verheilt sind. Auch nicht bei deinem Vater, erinnere ich mich selbst, oder warum hat er so aufgeregt auf die Nachricht ihres Wiederauftauchens reagiert? Wer bist du, dass du denkst, dieser Geschichte gewachsen zu sein?

Scham breitet sich in mir aus wie schwarze Tinte in einem Wasserglas.

Mein Vater fummelt an der dicken goldenen Halskette herum, an der sein Ehering baumelt. Er trägt sie über dem T-Shirt wie ein Italiener. Ich mag das. Die Goldkette lässt eine alternative Wirklichkeit aufblitzen, in der mein Vater aus seinem Rentnerdasein ein Dolce Vita macht. Doch er trägt sie nur, weil seine Finger wegen der Arthrose zu geschwollen für Ringe sind, und das einzige Südländische an ihm ist sein Vorname. Wehe dem, der Guido wie in Guido Westerwelle, also mit langem *i* ausspricht, und nicht italienisch mit *ui*.

»Wer weiß, was wir alles herausfinden könnten«, sage ich.

Mein Vater schaut auf das Aufnahmegerät in meiner einen und auf die grüne Mappe in meiner anderen Hand. Sein Blick sagt mir, er würde mich am liebsten in meinem alten Kinderzimmer ins Bett legen, mir übers Haar streichen – und gleichzeitig eine runterhauen.

Langsam, so, dass jedes Wort wie ein Stein zwischen uns auf den Holzboden fällt, sagt er: »Das ist absoluter Schmarrn.«

»Es ist eine ... ambitionierte journalistische Recherche.«

»Nein, das ist einfach doof.«

»Lass es uns doch erst einmal versuchen.«

»Ach, Pati, vergiss es.«

Er lässt die Schultern hängen und starrt vor sich hin, den Blick nicht mehr auf mich gerichtet, sondern auf etwas Fernes. Ich beobachte ihn. Was geht in ihm vor? Da ragt etwas aus seiner Vergangenheit in die Gegenwart, und es zeigt ihn in einem anderen Licht: nicht als den ewig grantigen Rentner. Sondern verletzlich. Zweifelnd. Unvollendet in seinen Sehnsüchten und Wünschen.

Wie zu sich selbst sagt er: »Ich hab mit der Polizei längst abgeschlossen und all meine Illusionen begraben.«

KAPITEL 5
DER ÜBERFALL

Ein Monat später:

Mein Vater sitzt am Steuer seines dunkelblauen Toyotas, der Schlosser'schen Familienkutsche, ich neben ihm. Es ist ein warmer, windiger Herbsttag. Wir sind unterwegs in Sachen RAF-Trio: zum Tatort eines Raubüberfalls in der Nähe von Braunschweig. An den Autofenstern fliegen die Schilder Richtung Salzgitter und Wolfsburg vorbei. Beides ebenfalls Tatorte von Raubüberfällen, die das LKA dem Trio zuschreibt. Niedersachsen ist der geographische Schwerpunkt ihrer Raubserie.

»Als würden wir durch das Hoheitsgebiet der drei reisen«, sage ich zu meinem Vater.

Er schnaubt grantig.

»Kann mir keinen netteren Ausflug vorstellen.«

Mein Vater ist den ganzen Weg von München bis nach Braunschweig gefahren, wo wir uns vor einer Stunde in einem Hotel getroffen haben. Ich bin mit dem Zug aus Hamburg angereist. Dort wohne ich inzwischen. Hamburg ist der letzte Ort, an dem das Trio vor seinem Abtauchen Anfang der neunziger Jahre gesehen wurde, und damit der bessere Ausgangspunkt für die Recherche als München.

Während der Zugfahrt habe ich mich die ganze Zeit auf die Reaktion meines Vaters gefreut, wenn er das schicke Doppelzimmer sieht, das ich gebucht hatte. Es ist das erste Mal, dass wir zu zweit in einem Hotel übernachten. Doch alles, was meinen Vater bei der

Ankunft interessierte, war, ob es zwei Einzelbetten gebe und ob er das haben könne, das näher am Badezimmer liegt. Falls er nachts pinkeln müsse.

★ ★ ★

Am Tag zuvor hatte ich Lutz Gaebel angerufen, Pressestelle Erster Staatsanwalt in Verden. Die Staatsanwaltschaft Verden leitet die Fahndung des LKA Niedersachsens nach dem Trio. Ich hatte schon einmal im Sommer mit ihm telefoniert. Damals hieß es: Die heiße Spur ist nicht dabei. Ob sich daran inzwischen etwas geändert hat, will ich wissen.

Er räuspert sich.

»Nein, also die berühmte heiße Spur haben wir noch nicht gefunden.« Es sei im Moment ein »sehr intensives Spiel«, sagt er, ein »Zusammentragen von einzelnen Indizien, die dann hoffentlich irgendwann mal das große Bild ergeben«.

»Hoffentlich irgendwann« – das ist also der Stand der Fahndung. Nach über 25 Jahren.

In diesen 25 Jahren begann der Jugoslawienkrieg und endete wieder, zwei Flugzeuge rasten ins World Trade Center, der erste schwarze Präsident der USA regierte zwei Legislaturperioden lang, ich bin aufgewachsen, absolvierte mein Studium und wurde Journalistin – so lang sind 25 Jahre, und die Polizei sagt: »hoffentlich«, »irgendwann mal das große Bild«.[2]

★ ★ ★

»Hier müssen wir runter«, sage ich zu meinem Vater, den Blick auf die Karte auf meinem Handy gerichtet. Wir biegen eine Dreiviertelstunde östlich von Braunschweig von der Autobahn ab. Ein kleines, verschlafenes Gewerbegebiet liegt vor uns. Ein Billigklamottenladen, ein Supermarkt, ein Tierbedarf und die Filiale eines Matrat-

---

2 Lutz Gaebel ist übrigens inzwischen in Rente.

zengeschäfts rahmen einen Parkplatz. Fast niemand da außer uns. Ein Nicht-Ort in Niedersachsen, wie die meisten der Tatorte des RAF-Trios. Und direkt an der Autobahn. Man ist schnell da, und vor allem: schnell wieder weg.

Am 25. Juni 2016 sollen Daniela Klette, Ernst-Volker Staub und Burkhard Garweg einen Geldtransporter vor dem Matratzengeschäft ausgeraubt haben. Es ist ihr bisher letzter und gleichzeitig ihr erfolgreichster Überfall: Sie sollen mit über 600 000 Euro entkommen sein.

»Wollen wir mal im Laden nachfragen, wie das war an dem Tag?«, frage ich, als wir parken. Mein Vater schaltet den Motor aus und starrt einen Moment durch die Frontscheibe auf das Matratzengeschäft.

»Einfach so reingehen, oder wie stellst dir das vor?«

»Genau.«

Mein Vater zögert. Ich weiß, was er denkt: Noch ist unsere gemeinsame Suche nur halb real. Das Herumfragen im Matratzengeschäft ist wie ein Startschuss, es würde die Sache ins Laufen bringen, es gäbe kein Zurück mehr, er wäre verdammt.

»Das bringt nichts, Pati.«

»Jetzt sind wir schon mal da!«

»Alles, was man rausfinden kann, steht doch eh scho' im Internet.«

Insgeheim zweifle auch ich, dass man nach dem ganzen medialen Rummel vor wenigen Monaten überhaupt noch etwas in Erfahrung bringen kann. Offiziell hieß es aus der Presseabteilung des Matratzengeschäfts: Kein Kommentar, man wolle die Mitarbeiter »schützen«. Die Wahrheit ist wohl eher: So ein Raub ist schlecht fürs Geschäft.

Das alles, *alles*, ist doch eine idiotische Idee, denke ich mir. Doch zu meinem Vater sage ich: »Warum fahren wir extra hierher, wenn wir jetzt nicht reingehen?«

»Ich hab ja gleich g'sagt, dass wir das auch anders hätten lösen können.«

Ich nicke grimmig. In der Tat. Kurz vor seiner Abfahrt hatte er mich angerufen. Ihm wäre was eingefallen. Wir könnten diese Vorortrecherche einfach auf dem Edeka-Parkplatz bei ihm ums Eck »nachstellen«. Ich würde unser Gespräch ja sowieso nur mit einem Audio-Aufnahmegerät aufnehmen.

Ausgerechnet er, der gesetzestreue Beamte, der sich gerne über die »Lügenpresse« auslässt, schlug mir vor, eine Recherche zu fälschen.

Als er merkte, dass ich mich darauf nicht einlassen würde, sagte er wie jemand, der die Geheimwaffe hervorholt:

»Pati, da ist der Hund.«

»Ja, und? Der kommt schon mal ohne dich klar.«

»Wenn die Mama bei der Arbeit ist, muss jemand auf die Resi aufpassen.«

Ich schwieg. Damit hatte er recht. Den Hund gegen mich einzusetzen war gerissen. Doch am Ende leistete meine Mutter mir Schützenhilfe und nahm Urlaub. Nicht ohne mich noch zu warnen:

»Es wird nicht so ablaufen, wie du dir das denkst.«

Ich schaltete auf doof:

»Wieso?«

»Weil er in vielen Sachen eine ganz eigene Meinung und Sichtweise hat. Da wird er sich stören, wenn du dem Ganzen nicht so«, sie überlegte kurz und ergänzte dann maliziös, »wenn du dem nicht so entsprechen kannst, wie er das will. Da werdet ihr sauber aneinander geraten.« Ich presste die Lippen aufeinander, sie wünschte mir »viel Spaß!«

★ ★ ★

Ein letzter Blick durchs Fenster, dann schnalle ich mich ab. Wir ziehen das jetzt durch. Energisch öffne ich die Autotür und marschiere los. Als ich höre, wie ein paar Sekunden später die Autotür meines Vaters zuschlägt, mache ich innerlich einen kleinen Hüpfer. Leise vor sich hin grummelnd zottelt er hinter mir drein.

An der Kasse frage ich nach Augenzeugen des Überfalls. Der Filialleiter wird aus seinem Büro geholt. Was für ein sonderbares Gespann wir abgeben müssen, denke ich, als er auf uns zukommt. Wir sehen nicht unbedingt aus wie Vater und Tochter. Nicht auf den ersten Blick. Man muss schon genau hinsehen, um zu erkennen, dass wir die gleichen Augen haben. Zwar sind seine braun und meine grün, aber sie sind beide mandelförmig mit tief hängenden Lidern wie Fenster, bei denen die Jalousien immer halb heruntergelassen sind. Tagträumer-Augen, sagt meine Mutter.

Wahrscheinlich sieht der Filialleiter einfach einen älteren Herrn mit grantigem Gesichtsausdruck, die Hände in den Taschen seines Anoraks, die personifizierte Gewitterwolke schlechthin, und eine wie zum Ausgleich breit grinsende junge Frau mit Aufnahmegerät in der Hand.

»Ich war an dem Tag im Laden, ja«, sagt der Filialleiter. Bis jetzt habe er sich öffentlich nicht dazu geäußert.

Ich hole tief Luft.

»Können Sie uns schildern, wie der Überfall abgelaufen ist?«

Er zögert.

»Sie würden uns wahnsinnig helfen.«

»Aber nur kurz.«

Später, als ich ihn noch einmal anrufe, bittet er darum, seinen Namen nicht zu nennen.

Er beugt sich vor und sagt leise: »Also, die ganze Aktion hat keine fünf Minuten gedauert.«

Dann erzählt er uns, wie der Mitarbeiter vom Geldbotendienst seinen Transporter vor der Tür der Filiale geparkt habe und ins Geschäft gekommen sei, um die Tageseinnahmen abzuholen. Wie immer. Und wie dann plötzlich hinter ihm dieser Mann im Laden erschien, »der Chef der Bande«, und in die Luft schoss.

»Er hat dabei gerufen: ›Das ist ein Überfall, Geld her!‹ Wir haben zuerst gedacht, das sei ein Scherz. Der sah aus wie ein Verwahrloster. Erst als er in die Luft geschossen hat, haben wir gemerkt, okay, das ist etwas anderes.«

Er redet schnell, als würde er über die Monstrosität des Überfalls hinwegspringen wollen wie auf Steinen über einen Fluss.

Der Mann mit der Waffe trägt verlotterte Klamotten und einen Schnurrbart. Der Schnurrbart ist falsch, das sieht der Filialleiter, denn er beginnt sich abzulösen. Der Mann bedroht den Boten mit der Waffe, fesselt seine Hände und verlässt mit ihm das Geschäft. Draußen warten zwei Komplizen. Beide maskiert.

»Der Mann mit dem falschen Schnurrbart hat dem Fahrer des Geldtransporters die Pistole an den Kopf gehalten, ihn gezwungen, den Wagen aufzumachen«, erzählt der Filialleiter. »Einer seiner Komplizen stand vor, einer hinter dem Auto. Einer mit einem Schnellfeuergewehr, einer mit der Panzerfaust.«

Ich nicke. Was er beschreibt, ist der Modus Operandi des Trios. Ich denke an einen ihrer anderen Überfälle in Niedersachsen, ein Jahr früher, am 6. Juni 2015 in Stuhr bei Bremen. Die Überwachungskamera eines Supermarkts zeichnete auf, wie einer der schwarz maskierten Täter nicht nur mit dem Schnellfeuergewehr drohte, sondern tatsächlich dreimal auf die Fensterscheibe des Fahrers schoss. Seitdem wird den dreien nicht nur versuchter schwerer Raub, sondern auch versuchter Mord vorgeworfen.

Teile der Geschosse durchdrangen das Glas, wie die Spurensicherung später nachweisen konnte. Sie blieben in der Lehne des Sitzes stecken. Der Fahrer arbeitete seit 15 Jahren in diesem Job. Nach dem Überfall kam er in psychologische Behandlung. Ob er je in seinen Job zurückkehren kann, war zum Zeitpunkt, als ich meine Recherche begann, ungewiss.

Vor dem Matratzengeschäft läuft es glimpflicher ab. Die mit einer Waffe bedrohten Mitarbeiter öffnen den Wagen für die drei Geldräuber.

»Die haben das Geld rausgeholt – und waren weg«, sagt der Filialleiter. Er zuckt mit den Schultern.

»Sie sind von der Polizei dazu vernommen worden?«, mischt sich mein Vater ein. Eine gewöhnliche Frage, doch sein Tonfall ist scharf. Er hat die Hände aus den Taschen genommen und vor der Brust verschränkt.

Der Filialleiter blickt ihn an. Ich auch.

»Ja.«

»Sind Ihnen da Bilder vorgelegt worden?«

»Ja, denke schon …«

»Das werden Sie ja wohl noch wissen.«

Der Filialleiter zieht die Augenbrauen hoch.
Ich schaue meinen Vater an. Ganz der strenge Herr Ermittler.
»Na, ist ja schon ein paar Monate her jetzt«, sage ich zum Filialleiter und lächle.
Der sammelt sich, nickt dann.
»Ich meine schon. Weil wir die Frau erkannt haben.«
Ich horche auf.
Der Filialleiter erinnert sich, dass der Laden am Tag vor dem Überfall neue Ware bekam. Er war deswegen oft draußen, und da war auch diese Frau.
»Die saß hier öfter, und wir haben uns nichts dabei gedacht, aber als dann der Überfall war, hat das gepasst.« Mein Vater und ich schauen in die Richtung, in die er zeigt: Da liegt ein einzelner großer Stein ein paar Meter vom Geschäft entfernt, am Rande des Parkplatzes wie das vergessene Spielzeug eines Riesen.

Beim Polizeiverhör nach dem Überfall konnte der Filialleiter Daniela Klette anhand einer Phantomzeichnung identifizieren. Sie war die Frau, die er auf dem Findling gesehen hat.

★ ★ ★

Jemand, nach dem seit über 25 Jahren gesucht wird, saß hier also auf einem Stein, und niemandem war klar, was das bedeutete.
»Die hatte so eine Art Bobschnitt, sah aber nicht echt aus.«
»Eine Perücke?«, frage ich.
»Genau.«
Ich schaue zu meinem Vater. Unsere Blicke treffen sich. Wir denken beide an ein Foto in der grünen Mappe von 1993. Es zeigt eine Frau mit Kurzhaarschnitt in Begleitung eines Mannes. Die Überschrift lautet: »BKA-Merkblatt: Unbekanntes Pärchen in Bad Kleinen«.
Der Tag, an dem dieses Foto entstand, ist der Tag, als Birgit Hogefeld gefasst wurde, das letzte RAF-Mitglied, das die Polizei bis heute verhaften konnte. Diese Festnahme wird mich bei der Recherche noch öfter beschäftigen. Die Fahnder hatten einen Tipp von einem V-Mann bekommen. Doch dazu später mehr.

Sie wussten jedenfalls, dass Hogefeld sich an diesem Provinzbahnhof in Mecklenburg-Vorpommern mit jemandem treffen würde. Alle Leute, die den Bahnhof passierten, wurden im Vorfeld der Verhaftung von der Polizei beobachtet und heimlich gefilmt. Auch eine hagere, mittelalte Frau mit Kurzhaarschnitt und eckiger Brille. Typ adrette Lateinlehrerin. Sie war in Begleitung eines Mannes mit konfusem Haarkranz und Dreitagebart. Es heißt, sie hätten in einem Opel Kadett gesessen. Ein Polizist wollte die Papiere des Paares kontrollieren. Doch kurz vorher wurde er von einem Funkspruch woandershin beordert.

Der Opel Kadett fuhr davon.

In ihm saß, so eine Theorie, Daniela Klette in Begleitung von Ernst-Volker Staub oder Burkhard Garweg.

Ist die Kurzhaarperücke ein Teil ihrer lang erprobten Untergrundmaskerade?

Vergangenheit und Gegenwart scheinen sich zusammenzufügen. Ein Kaleidoskop an Möglichkeiten entsteht.

»Vielen Dank, dass Sie sich die Zeit genommen haben«, sage ich zum Filialleiter. Als ich mich zum Gehen umdrehen will, sehe ich, dass sich die Körperhaltung meines Vaters im Laufe des Gesprächs verändert hat. Er steht jetzt kerzengerade da, der gebeugte Rücken ist verschwunden, die Hände stecken nicht mehr in den Taschen, er hat den Kopf nach vorne geschoben wie ein Hund, der Witterung aufnimmt. Als wir das Geschäft verlassen, nickt er mir stumm zu. Seine Augen glitzern.

KAPITEL 6

MEIN VATER, DER EX-BULLE

Zurück im Auto lässt sich mein Vater in den Sitz fallen.
»Mei, wie in guten alten Zeiten«, sagt er.
»Hat dich das an deinen Dienst als Polizeimeister erinnert?«
Sein Blick lässt mich verstummen.
»Du kennst dich ja gar nicht aus, Pati.«
Weil du nie was erzählt hast, denke ich mir.
»Also erst mal war ich Polizeiwachtmeister, durchlief dann alle Dienstgrade bis zum Polizeihauptmeister. In den achtziger Jahren bin ich zur Kriminalpolizei, der Kripo, und danach in den gehobenen Dienst.«
»Warum?«
»Weil man im gehobenen Dienst nicht den Kopf hinhalten muss.« Er zwinkert mir zu. »Ich hab mich quasi langsam, aber sicher weg von der Straße an den Schreibtisch gearbeitet.«
Als mein Vater 2010 in Rente geht, ist er Kriminalhauptkommissar für Wirtschaftsdelikte.
Er zieht seine Jacke aus und macht es sich auf dem Fahrersitz bequem.
»Davor war ich viele Jahre lang auf Zivilstreife.«
Es sind die siebziger Jahre, als mein Vater nachts Streife in München fährt. Um 20 Uhr ist Schichtbeginn mit dem Pröschel, seinem Kollegen und Spezi. Mit ihm verbringt er mehr Zeit als mit seiner Freundin. Pause um 1 Uhr nachts in der Kantine des Polizeipräsidiums, Leberkäs mit Spiegelei für meinen Vater, Wienerle und ei-

nen Fernet Branca, einen Kräuterschnaps, für den Pröschel. Danach Fahrerwechsel. Der Pröschel lässt sich ab jetzt langsam in seinen Sitz sinken und verschwindet darin.

»Zum Kräftetanken, hat er immer g'sagt.«

Zwischen 4 und 6 Uhr ist Schichtende. Ein Weißbier als Absacker auf dem Polizeirevier, dann nach Hause, die Pistole noch schnell im Backofen verstauen und ab ins Bett.

»Warum hast du sie ausgerechnet in den Backofen getan?«, frage ich.

»Mei, ich dachte halt, das wär das beste Versteck. Ganz vorschriftsmäßig war das nicht.«

Ein spitzbübisches Grinsen verjüngt sein Gesicht, und ich denke mir: Da schau her. So viel versteckte Scheiß-drauf-Mentalität in meinem pflichtbewussten Vater!

Sein Gebiet damals ist das Polizeirevier 5 im Münchner Stadtteil Schwabing. Er wohnt in einem Apartment in der Mainzer Straße, gleich ums Eck ist seine Arbeitsstelle – und seine Stammkneipe »Bei Herbert«. Eine kleine verrauchte Bierkaschemme, in der die Schnapsgläser von einer Minieisenbahn auf Schienen zu den Gästen am Tresen gebracht werden.

In Schwabing weht Anfang der siebziger Jahre noch ein Resthauch Glamour durch die Straßen: die Rolling Stones, Freddie Mercury und Uschi Obermaier – sie alle sind zum »Anbandeln« hierhergekommen, wie mein Vater sagt, zum Feiern und Flirten also.

Das »Milieu« meines Vaters in dieser Zeit besteht aus Dieben, Einbrechern, Giftlern …

»Giftler?«, frage ich.

»Drogenabhängige.«

Ab und zu zieht er auch mal einen betrunkenen Autofahrer aus dem Verkehr.

»Hast halt g'sagt: Jetzt komm, hast g'soffen, stell dein Auto ab, gib uns den Schlüssel und hol ihn morgen am Revier wieder ab. So hat man früher viel gelöst.«

Ich grinse. So war das also.

Eigentlich.

Doch die RAF verändert alles. Plötzlich ist da dieser Ausdruck »anarchistische Gewalttäter«. Mein Vater presst die Lippen aufeinander.

»Nicht ›Terrorist‹?«, frage ich.

»Terrorist hat man damals noch gar nicht g'sagt. Das gab's anfangs nicht.«

Wir schweigen, Pappbecher mit dampfendem Discountbäckerkaffee in den Händen, und schauen durch die Frontscheibe des Autos auf den Findling am Rande des Parkplatzes, auf dem vor wenigen Monaten das mutmaßliche Ex-RAF-Mitglied Daniela Klette gesessen und den nächsten Überfall vorbereitet haben soll. Auf uns wirkt der Stein wie das Tor zu einer Parallelwelt.

»Was meinst du, Papa, warum sah der Mann beim Überfall so verlottert aus, wie der Filialleiter sagt? Eine Verkleidung?«

Mein Vater lehnt sich zurück und überlegt. Ich löse meinen Pferdeschwanz und sinke ebenfalls in den Sitz. Gemeinsam blicken wir nach draußen. Ein Mann schiebt langsam einen Einkaufswagen über den Parkplatz.

»Für eine Verkleidung war es eigentlich zu auffällig«, sagt mein Vater. »Vielleicht schauen die wirklich so runterg'rissen aus.«

»Ja, so wie das RAF-Mitglied Christian Klar. Als der verhaftet wurde, 1982, im Jogginganzug in einem Waldstück«, sage ich, »da sah er richtig kaputt aus.«

Gezeichnet vom Untergrundleben.

Mein Vater nickt. »Ernst-Volker Staub sieht auch aus, als bräuchte er mal wieder einen Zahnarzt.«

Auf einem aktuellen Fahndungsbild von 2016 grinst – »mit hoher Wahrscheinlichkeit«, so das LKA Niedersachsen – Staub in eine Kamera. Seine Zähne sehen wackelig aus, stehen weit auseinander.

Staub ist zum Zeitpunkt unserer Recherche im Herbst 2016 63 Jahre alt, Klette 59, Garweg 49. Ich denke an einen Mann namens Christoph Seidler. Nach ihm war jahrelang als RAF-Mitglied gefahndet worden, bis er 1996 freiwillig aus dem Untergrund zurückkehrte.

»Man wird ja älter«, sagte er zur Begründung. »Wenn eine Operation notwendig wird, bist du als Illegaler, der ja nicht krankenversichert ist, möglicherweise aufgeschmissen.«[3]

Andererseits: Sonja Suder erzählte 2010, wie ihr ebenfalls untergetauchter Partner Christian Gauger einmal einen Schlaganfall erlitt und ins Krankenhaus musste. Obwohl die beiden europaweit wegen Anschlägen der linksextremistischen Gruppe »Revolutionäre Zellen« gesucht wurden, flogen sie nicht auf. »Manchmal hat man zwar tief Luft geholt, aber bei unserem Alter, da sind die Leute nicht mehr so misstrauisch«,[4] sagte sie später über diese Zeit. Festgenommen wurden die beiden erst 22 Jahre nach ihrem Verschwinden, im Jahr 2000 in Paris. Laut ihrer Aussage haben sich die Behörden vermutlich an die Fersen von Verwandten gehängt, die mit den Illegalen in Kontakt standen.

»Das Alter könnte beim Verstecken auch ein Vorteil sein«, sage ich zu meinem Vater.

»Altern ist nie was Gutes.«

Er richtet sich ächzend im Sitz auf.

»Mein Kreuz.«

Ich klopfe ihm auf den Rücken.

»Sei mal froh, dass du keine Panzerfaust schleppen musst.«

»Haha. Ich könnt mir vorstellen, dass die drei nach einem Überfall gar nicht weit flüchten, sondern sich umziehen und an einem unverdächtigen Ort in der Nähe abwarten, bis die Ringfahndung auf'geben wird.«

Ich nicke. In einem gehobenen Restaurant zum Beispiel. Ein Polizeilehrer kritisierte während der RAF-Fahndung 1977, Polizisten würden »zu tief« ansetzen und ließen sich »noch immer von dem Zerrbild leiten, wonach Verdächtige und potenzielle Straftäter vornehmlich in der Unterschicht zu suchen sind«.[5]

---

3 Oliver Tolmein: »Ein VS-Stern auf allen Wegen«, in: *Konkret*, 1. Ausgabe 1997, 12.01.1997, S. 23.
4 Andreas Fanizadeh: »Du schaust immer, ob jemand hinter dir ist«, in: *taz. am wochenende*, 20.03.2010, S. 16–17.
5 O. A.: »Wen suchen wir eigentlich?«, in: *Der Spiegel*, Ausgabe 46/1977, 07.11.1977, S. 26–33.

Ist heute bestimmt nicht anders.

»So betrachtet, war es vielleicht Absicht, dass er beim Überfall verlottert aussieht«, sage ich. »Damit der Unterschied zu seinem sonstigen Auftreten möglichst groß ist.«

Auf dem Fahndungsbild von 2016 ist Staub angezogen wie jemand, der gerne bei Tchibo oder Jack Wolfskin einkauft. Man könnte auch sagen: so wie jeder zweite in der Fußgängerzone einer deutschen Stadt – graue Baskenmütze, lange schwarze Jacke, Trekkingschuhe, dunkelblaue Jeans.

»Ein bisschen so wie du und Mama euch auch gerne anzieht: praktisch, wetterfest, unauffällig«, sage ich.

»Spießig meinst«, sagt mein Vater und droht mir scherzhaft mit dem Zeigefinger.

Als das Fahndungsbild von Ernst-Volker Staub entstand, war er gerade dabei, ein Auto zu kaufen. Es gibt auch ein Video von ihm: beim Busfahren in Osnabrück. Zusammen mit – laut LKA »möglicherweise« – Burkhard Garweg stehen die beiden wie ganz normale Fahrgäste im Mittelgang des Buses. Viel von Garweg ist auf dem Video nicht zu sehen: nur ein hageres Gesicht und ein spitzes Kinn. Den Rest verdeckt eine dicke Brille und eine tief ins Gesicht gezogene Schiebermütze. Die Nase ist auffallend groß.

»Vielleicht eine falsche Nase«, sagt mein Vater, als wir uns das Video gemeinsam ansehen.

Das Video stammt von der Überwachungskamera im Bus und ist ebenfalls von 2016. Mehr Bilder gibt es nicht. Dabei müsste sich zumindest einer der drei häufiger in der Öffentlichkeit bewegen, etwa um Gebrauchtwagen für die Überfälle zu kaufen. Mindestens zehn Stück haben sie laut LKA Niedersachsen allein seit 2011 gekauft. Oft Wochen, manchmal Monate vor der nächsten Tat und meistens in der Region der Überfallorte.

»Wie schaffen sie das nur, dabei nicht enttarnt zu werden?«, frage ich laut.

Mein Vater nickt zustimmend.

»Bei der ganzen Überwachung heutzutage. Überall hängen Kameras.«

Ein Autohändler aus Bielefeld erzählt mir später, Staub, den er damals natürlich nicht als diesen identifiziert hatte, sei »der ideale Kunde« gewesen: verhandelte nicht, war gleich mit dem Preis des Passats einverstanden, entschied sich schnell, zahlte bar. Dass er keinen Ausweis dabeihatte, darüber sah der Autoverkäufer im Gegenzug hinweg. Gewundert hat ihn lediglich, dass der Käufer ein Toupet und zusätzlich eine Mütze trug.

Das war 2014.

»Zwei Jahre später hat die Polizei die Fahndungsbilder von Staub und Garweg veröffentlicht, das heißt ...«

»... sie sehen heute sicher anders aus«, vervollständigt mein Vater den Satz.

Im Verkleiden war die RAF schon immer ganz groß. Ein Beispiel: Eva Haule, die mutmaßliche Führungsfigur der 3. Generation sieht auf dem Fahndungsbild in der grünen Mappe meines Vaters aus wie eine junge Studentin: lange, glatte Mädchenmähne, übergroße Brille. Verhaftet wird sie nur durch Zufall: Ein Mann sieht am 2. August 1986 in der Eisdiele »Dolomit« im hessischen Rüsselsheim eine Frau am Nebentisch Eis essen. Immer wenn der Kellner kommt, bedeckt sie die Papiere, die sie zwei Begleitern zeigt, mit der Hand. Die Polizei ist genervt bei seinem Anruf. Zu oft hat der Mann schon verdächtige Leute gesehen, nie war etwas dran. Man schickt pro forma eine Polizeistreife vorbei. Die Polizisten sehen eine seriöse Businessfrau mittleren Alters mit Kurzhaarschnitt, keine Terroristin. Doch dann finden sie – keine Ahnung wie, darüber lässt sich die Presse damals nicht aus – bei dieser vermeintlichen Businessfrau eine geladene Pistole mit 80 Schuss Munition. Eva Haule soll sich widerstandslos festnehmen haben lassen.

Ich denke an Edgar Allen Poes Detektivgeschichte »Der entwendete Brief«. Darin stiehlt jemand einen sehr wertvollen Brief. Die Polizei weiß, wer der Dieb ist, aber sie kann den Brief einfach nicht bei ihm finden. Sie stellt sein Haus auf den Kopf, schaut in jeden Winkel. Ohne Erfolg. Der Brief ist so gut versteckt, weil er offen im Zimmer liegt: in der Ablage auf dem Schreibtisch.

Das Nicht-Verstecken ist oft gerade das beste Versteck.

Was heißt das für unsere Recherche? Ich stelle meinen leeren Kaffeebecher aufs Armaturenbrett – auf den missbilligenden Blick meines Vaters hin steige ich aus. »Halt«, sagt er und hält mir den Becher hin. »Dank'schen!«

Der Wind zerrt an meinen Haaren, als ich zum Mülleimer laufe. Wie findet man jemanden, der nicht gefunden werden will? Ich gehe meinen Plan durch: Neben Augenzeugenberichten wie dem des Filialleiters müssen wir weiter alle zugänglichen Beweise sammeln. Tatmuster etwa. Dann müssen wir uns an Infos aus der Vergangenheit machen: Wo kommen die drei her, wie haben sie gelebt und was sagt uns das über ihre jetzige Situation? Das wird schon komplizierter. Ich lasse die Becher in einen Mülleimer vor dem Supermarkt fallen. Wir müssen streuen, dass wir mit ihnen reden wollen, in der Hoffnung, damit Leute auf uns aufmerksam zu machen, die das Trio kannten, oder noch besser, die es jetzt noch kennen und uns zu ihm bringen können.

Als ich wieder ins Auto steige, lässt mein Vater den Motor an. Zeit, zurück ins Hotel nach Braunschweig zu fahren. Ich werfe noch einen letzten Blick auf den Findling am Parkplatzrand. Daniela Klette hat bestimmt ein ganzes Perückenarsenal.

Im Untergrund muss man in verschiedene Leben schlüpfen, wie in Rollen auf einer Theaterbühne. Jede Maske hinterlässt etwas, wird zum Teil der eigenen Identität, bis hinter der Maske kein Gesicht mehr ist, sondern bloß eine weitere Maske.

Und ist das nicht bei uns allen in abgeschwächter Form so? Wir leben nicht im Untergrund, müssen unsere Identität nicht verbergen und doch benutzt jeder ständig die verschiedensten Rollen, um funktionieren zu können, um sich zu schützen, sodass wir manchmal gar nicht mehr wissen, wer wir »wirklich« sind hinter all unseren Masken.

Als ich mein Aufnahmegerät ausschalte und mich anschnalle, wird mir klar, dass auch ich eine Rolle eingenommen habe, um meinen Vater besser kennenzulernen: die der Journalistin.

KAPITEL 7
RAF-METHODEN

Als wir auf dem Rückweg zum Hotel sind, beginnt es zu dämmern. Wir rollen durch die leeren Straßen des Gewerbegebiets Richtung Autobahn und sammeln, was wir über den Modus Operandi des Trios wissen. Eine der auffälligsten Methoden ist das Verwenden von Doublettenkennzeichen.

»Ja, den Trick kenn ich. Ist ja scho' uralt«, sagt mein Vater.

Doublettenkennzeichen sind Fälschungen echter Fahrzeugkennzeichen. Das Trio sucht sich dafür ein Auto in der Tatregion, dasselbe Modell wie das ihres Fluchtautos, also zum Beispiel einen Passat. Sie fertigen ein Nummernschild nach dem Kennzeichen dieses fremden Autos an. Diese Kopie bringen sie anstelle des tatsächlichen Kennzeichens an ihrem Passat an. Den so präparierten Wagen verwenden sie als Fluchtauto nach einem Überfall. Sucht die Polizei nach dem Kennzeichen dieses Wagens, landet sie bei einem ahnungslosen Autobesitzer.

»Das haben's bei der RAF gelernt«, sagt mein Vater.

In seiner grünen Fahndungsmappe ist diese Methode ein großes Thema. Bilder illustrieren, wie man solche Fälschungen erkennt: an schludrigen, zu langen oder zu kurzen Buchstaben und Zahlen.

Mein Vater macht eine »Ach komm«-Handbewegung.

»Das mussten wir bei den Kontrollen immer überprüfen. Aber das kannst ja vergessen, wenn die sich nicht total blöd anstellen.«

»Bei einer RAF-Straßenkontrolle?«, frage ich.

Er nickt grimmig.

»Immer wenn's einen Anschlag geben hat, hieß das für uns raus auf die Straße, zur unheiligsten Zeit und bei Scheißwetter.« Er schüttelt sich bei der Erinnerung: »Einsatz zur *Schwerpunktaktion*. Da musstest dann die Autos anhalten, Ausweise prüfen, Fahrzeugpapiere, Kofferraum aufmachen.« Wie er es gehasst hat, wenn die Leute ihren Ausweis im Geldbeutel in der Hosentasche am Hintern trugen und er dann dieses sitzwarme Blattl in der Hand halten musste.

Zu Hause in Hamburg hatte ich mir alte Fernsehaufnahmen von solchen Polizeikontrollen angesehen: Da warten Autos in langen Schlangen wie vor dem Checkpoint eines Kriegsgebiets, Polizisten mit schwarzen Maschinenpistolen im Anschlag kontrollieren Insassen und manchmal das gesamte Auto. Ich versuchte mir vorzustellen, dass mein Vater einer davon ist.

Es fiel mir nicht schwer.

Die Polizisten in den Fernsehaufnahmen sehen fast alle aus wie dieses zarte Bürschchen auf dem Foto vom Dachboden: Typen mit wolligen Haaren unter der Polizeimütze. Die Waffe schlackert herum, hängt wie ein Fremdkörper über ihren Schultern.

Sie sind kleine Rädchen im Getriebe der RAF-Fahndung. Als wüssten sie selbst nicht, wie ihnen geschieht, stehen sie vor den Autos herum, versuchen die Gesichter hinter den Scheiben zu erkennen. Ist das da ein genervter Büroangestellter oder ein nervöser Terrorist?

Bei der Erinnerung daran bebt der Kopf meines Vaters.

»Da haben's dir einfach eine Maschinenpistole in die Hand drückt. Dabei hast damit gar keine Übung gehabt!« Der letzte Satz schießt aus ihm heraus wie eine Anklage.

»Die Leute in den Autos haben vielleicht g'schaut, wenn sie dich so g'sehen haben. Die hatten Angst.«

»Und du, hattest du keine Angst?«

Mein Vater schürzt die Lippen.

»Sind ja genügend Kollegen g'storben. Da denkst dann scho' dran, dass der nächste sein kannst.«

Er schweigt kurz, scheint mit sich zu hadern.

»Ich fand's irgendwie –«, er macht eine unwirsche Bewegung mit dem Kopf und das Auto reagiert mit einem winzigen Schlenker, »so ungerecht. Angeblich wollt die RAF ja die Großen treffen, aber dann hat's ständig so kleine Lichter wie uns da'wischt.«

Streifenpolizisten, Chauffeure, Zivilisten: Sie alle sind Kollateralschäden. Von ihnen sind insgesamt mehr gestorben als von denen, auf die es die RAF wirklich abgesehen hatte.

»Da kriegst eine Wut.«

Mein Vater schaut in den Rückspiegel und beschleunigt. Wir fahren auf die Autobahn.

Ich kenne die Namen so gut wie aller Opfer der RAF: Herrhausen, Rohwedder, Zimmermann, von Braunmühl, Buback, Schleyer. Sie werden in der Presse genannt, von ihnen gibt es an Jahrestagen Fotos in den Zeitungen. Jetzt fällt mir zum ersten Mal auf, dass das nicht alle Opfer der RAF sind. Es sind nur diejenigen, die die RAF zu Opfern erklärt hat. Auch ich habe nie an Norbert Schmidt oder Eckhard Groppler gedacht. Auch in meinem Gedächtnis sind sie unter »Kollateralschäden« gespeichert. Dabei hätte mein Vater einer von ihnen sein können.

★ ★ ★

Doublettenkennzeichen sind nicht die einzige RAF-Methode, die das Trio bei ihren Raubüberfällen anwendet. Wie die RAF nutzen sie Wecker als Zeitzünder, um ihre Fluchtautos in Brand zu stecken und so ihre Spuren zu vernichten.

Das klappt nicht immer.

Als ich später einmal Fotos der Spurensicherung eines nicht ausgebrannten Fluchtautos des Trios beim LKA einsehen darf, kann ich meinen Blick nicht von dem verwendeten Wecker lösen. Er ist alt, seine Form und die Typographie der Ziffern sehen aus, als hätten die drei ihn nicht in diesem Jahrhundert gekauft. Das passt zu den Waffen, die sie benutzen: Auch sie wirken wie aus der Zeit gefallen. Vielleicht stammt ihre gesamte Ausrüstung aus einem der alten RAF-Depots, die in Wohnungen, Garagen und Waldstücken angelegt wurden. In ganz Deutschland wurden so Waffen, Geld, gefälschte Papiere versteckt. Handgezeichnete Skizzen beschrieben genau, wie die Depots zu finden waren, etwa fünf Schritte vom Baum mit der Kerbe in der Rinde nach rechts und so weiter.

»Ob die Panzerfaust überhaupt noch funktioniert?«

Mein Vater gibt ein Knurren von sich. »Ich hoff, das finden wir ned heraus.«

Draußen zieht die Silhouette eines Waldes vorbei. Ich stelle mir die Autobahn aus der Vogelperspektive vor: Ein Netz von Straßen, das die Nacht, Niedersachsen, und ganz Deutschland durchzieht wie rote und weiße Adern aus Licht.

Es fängt an zu nieseln. Plötzlich packt mich die Furcht. Jetzt, da mein Vater ernsthaft mitzuziehen scheint, wird mir das schiere Ausmaß der Recherche bewusst. Zu Hause hatte ich so gut wie alles zur Fahndung nach dem Trio gelesen, und war in der Vergangenheit auf Dutzende Widersprüche gestoßen. Mal wird in der Presse von vier Attentätern gesprochen, die den ersten dem Trio zugeschriebenen Überfall in Duisburg 1999 begangen haben sollen. Dann sind es wieder nur drei, die damals den Geldtransporter ausgeraubt haben sollen. Mal werden nur Klette und Staub zur RAF gezählt, dann heißt es, Garweg sei ebenfalls Mitglied.

Auch die Behörden, die es besser wissen müssten, widersprechen sich über die Jahre: erst heißt es, der Raub 1999 sei ganz sicher der Beweis einer Neugründung der RAF, und wer etwas anderes behaupte, sei naiv. Ein paar Jahre später spricht die Bundesanwaltschaft nur noch von Beschaffungskriminalität ohne Terrorhintergrund.

Lücken, die mir anfangs noch wie ein Ansporn erschienen waren, verwandeln sich nun in Schwarze Löcher, die mit beängstigender Gründlichkeit alle scheinbaren Gewissheiten schlucken. Ich muss aufpassen, dass wir keine falschen Schlüsse ziehen, sage ich mir und drehe mich zu meinem Vater.

»Du, sag mal, hat nur die RAF solche Methoden angewendet?«

»Ja, das haben die immer so g'macht.«

»Aber Kennzeichen fälschen, Fluchtautos in Brand stecken und so weiter – das macht nicht nur die RAF so?«

»Also, das haben die jetzt nicht erfunden – das machen scho' alle Gratler so.«

»Allgemeines Kriminellenwissen also.«

»Steht im Ganovenhandbuch.«

Ich schaue nach draußen ins Dunkle und zwinge mich, eine Schlussfolgerung, die ich ganz selbstverständlich gezogen hatte, aus meinem Hirn zu streichen: Das Trio verwendet RAF-Methoden, ergo haben sie die bei der RAF gelernt, ergo waren sie bei der RAF. So habe ich mir das zusammengereimt. Genauso argumentieren ja auch die Ermittler. Schon beim Überfall auf den Geldtransporter 1999 ließ das BKA verlauten, Methoden wie Doublettenkennzeichen deuteten darauf hin, dass es sich um RAF-Mitglieder handele, und auch heute werden die Methoden des Trios immer wieder in einem Atemzug mit denen der RAF genannt.

»Warum ist das so wichtig?«, fragt mein Vater in die Stille hinein. Er schaut mich an.

»Weil ich mich frage, welche Beweise es für ihre Mitgliedschaft bei der RAF noch gibt, außer ihren Methoden. Denn die sind ja offenbar gar nicht so speziell RAF, wie es scheint.«

»Du meinst …?«

»Genau.«

In den Artikeln und Büchern zur RAF bin ich nicht nur auf Ungereimtheiten bei der Fahndung gestoßen, sondern auch auf zahlreiche Rätsel in Bezug auf die 3. Generation, zu der das Trio gezählt wird. Manche ihrer Methoden haben ein so hohes technisches Niveau, dass sich bis heute die These hält, die RAF habe sie nicht allein ausgeführt, sie müsse vielmehr im Dienst fremder Mächte gestanden haben, zum Beispiel der Stasi. Beim Attentat auf den Sprecher der Deutschen Bank, Alfred Herrhausen, 1989, löste eine Lichtschranke die exakte Zündung der Bombe aus. Das ist nichts, was sich mal schnell in der Garage basteln lässt.

Und dann sind da die uneinheitlichen Bekennerschreiben der 3. RAF-Generation zu den Anschlägen: Mal mit dem typischen Stern, mal ohne. Die Sterne sehen auch nicht immer gleich aus. Als würden unterschiedliche Vorlagen benutzt werden. Die 3. Generation gibt es gar nicht, lautet eine in linken Kreisen favorisierte Schlussfolgerung dazu. Alles nur das Werk von deutschen Geheimagenten, die der linken Szene schaden wollten.

Mein Vater hebt abwehrend eine Hand.

»Warte«, sage ich, »ich weiß, das klingt wie aus einem schlechten Thriller, aber denk mal an den Fall des V-Manns Peter Urbach.« Da brummt mein Vater zustimmend. An den Skandal um den sogenannten »S-Bahn-Peter« kann er sich gut erinnern. Der geheime Informant belieferte in den späten sechziger Jahren auf Wunsch des Verfassungsschutzes die linke Szene mit Waffen. Sie sollte so zu diskreditierenden Taten angestiftet werden.

»Und dann ist da das Celler Loch«, zähle ich weiter auf. 1978 sprengten vermeintliche Linksextremisten nachts ein Loch in die Außenmauer des Gefängnisses von Celle. Sigurd Debus, ein Gefangener, der als RAF-Mitglied galt, tatsächlich aber erst im Gefängnis mit der RAF in Kontakt kam, sollte so befreit werden.

Die Aufregung über diesen spektakulären Ausbruchsversuch war natürlich gigantisch: die Terrorangst wurde weiter angeheizt. Doch acht Jahre später, 1986, fand ein Journalist der Hannoverschen Allgemeinen Zeitung heraus, dass der Anschlag gar kein Anschlag war. Der niedersächsische Verfassungsschutz hatte die Aktion fingiert, um einen glaubwürdigen V-Mann in die RAF einzuschleusen. Nicht RAF-Unterstützer, sondern zwei vom Staat angeworbene Kriminelle hatten das Loch in die Mauer gesprengt. Das Ausbruchswerkzeug, das in Debus' Zelle gefunden worden war, hatte der Verfassungsschutz hineingeschmuggelt. Der damalige CDU-Ministerpräsident von Niedersachsen, Ernst Albrecht, und andere Regierungsvertreter waren in die Aktion eingeweiht gewesen.

Als das alles herauskommt, ist Debus bereits tot. Er war fünf Jahre zuvor in einen Hungerstreik getreten – aus Protest, weil ihm keine Hafterleichterungen gewährt wurden. Sie waren ihm mit dem Argument verweigert worden, dass er schließlich versucht habe, aus dem Gefängnis auszubrechen.

»Und all das im Hinterkopf denkst dir ...«, spinnt mein Vater den Faden weiter.

»… dass vieles möglich ist in dieser Geschichte. Vielleicht waren die drei gar nicht bei der RAF.«

»Sondern?«

»Keine Ahnung.«

»Aha.«

Über die sogenannte 3. RAF-Generation ist weniger bekannt als über die 1. und 2. Generation. Ausgegangen wird von mehr als einem Dutzend Mitgliedern, doch namentlich bekannt ist davon nicht einmal die Hälfte. Nur zwei konnten je festgenommen und als RAF-Mitglieder identifiziert werden: Eva Haule 1986 und Birgit Hogefeld 1993. Wolfgang Grams, der Partner von Hogefeld, stirbt bei der Festnahme.

Und dann sind da noch zwei Frauen, die bereits seit den siebziger Jahren als verschollen gelten: Angelika Luther wurde seit 1972 nicht mehr gesehen, Friederike Krabbe soll sich 1977 in den Irak abgesetzt haben. Als die US-Truppen 2003 dort einmarschierten, nutzte man die Gelegenheit, um sie in Bagdad suchen zu lassen. Ohne Erfolg.

Mit Sicherheit kann man über die 3. RAF-Generation nur sagen, dass sie von etwa 1984 bis zur Selbstauflösung der RAF 1998 bestand, also genau in der Zeit, in der Daniela Klette, Ernst-Volker Staub und Burkhard Garweg abgetaucht sein sollen. Und: Sie hat mehr Morde begangen als beide RAF-Gruppen zuvor, insgesamt neun, nahezu ohne Spuren zu hinterlassen. Keiner dieser Morde konnte einzelnen Tätern zugeordnet werden. Bis heute weiß man zum Beispiel nicht, wer den Luftfahrtmanager Ernst Zimmermann 1985 in seinem Haus bei München erschoss. Die Täter hatten ihre Fingerkuppen mit Wundspray versiegelt und hinterließen so nicht einen einzigen Fingerabdruck.

»Immerhin: von ›unserem‹ Trio gibt es Fingerabdrücke an den Tatorten der letzten Raubüberfälle und an Tatorten von RAF-Anschlägen«, sage ich.

Mein Vater nickt bekräftigend.

»Ist das nicht Beweis genug?« Es ist rhetorisch gemeint.

Ich schüttele entschlossen den Kopf.

»Wir müssen bei dieser Recherche alles infrage stellen.«

Eine angespannte Stille breitet sich im Auto aus. Die Aufbruchsstimmung nach dem Besuch im Matratzengeschäft ist verflogen. Mein Vater hat den Kopf tief zwischen die Schultern gezogen und hält das Lenkrad mit durchgestreckten Armen, als würde er es von sich wegdrücken wollen. Ich glaube, ihm dämmert in diesem Moment, auf was er sich eingelassen hat.

KAPITEL 8

VERRÄTERISCHE FRAUENHAARE

Der letzte Anschlag der RAF ist zugleich der erste Terroranschlag, an den ich mich erinnern kann. Ich bin sechs Jahre alt. Wir sitzen beim Abendessen. Meine Mutter hat Pizza gebacken, so, wie sie die heute nicht mehr macht: ein ganz dicker Boden und dann alles oben drauf, was der Kühlschrank hergibt. Die Tagesschau vermeldet eine Explosion: In der Nacht vom 26. auf den 27. März 1993 wurde eine Strickleiter über die Mauer der Justizvollzugsanstalt Weiterstadt in Hessen geworfen. Kurz darauf legten 200 Kilogramm Sprengstoff den leeren Gefängnisneubau in Schutt und Asche. Die Höhe des Sachschadens betrug zwischen 80 bis 90 Millionen D-Mark. »Für eine Gesellschaft ohne Knäste!«, hieß es im Bekennerschreiben der RAF.

Mir prägte sich damals das Detail mit der Leiter ein. Ich habe mir eine Bande mit Säbeln zwischen den Zähnen ausgemalt. Figuren wie Räuber Hotzenplotz aus meinem Kinderbuch.

23 Jahre später sitze ich am Schreibtisch in meiner Hamburger Wohnung und lese, dass die Täter damals die Sprossen mit Teppichstücken umwickelt hatten. Damit sie die Leiter lautlos hochsteigen konnten. Auf diesen Teppichstücken fand man Haare. 1993 sind das gentechnisch nutzlose Spuren, doch ab 2001 ist die Kriminaltechnik so weit, Haare wie diese – abgebrochen, ohne Haarwurzel – auswerten und vergleichen zu können: Sie gehören Daniela Klette und Ernst-Volker Staub. Und dann ist da noch eine dritte, unbekannte Spur. Seit 2007 geht die Bundesanwaltschaft davon aus, dass es sich dabei um DNA von Burkhard Garweg handelt.

Es sind nicht die einzigen Spuren, die eine Beteiligung des Trios an RAF-Anschlägen zu beweisen scheinen. Drei Jahre zuvor, im Februar 1990, hatte die Polizei im Inneren eines dunkelblauen VW Golfs schon einmal Haare Klettes gefunden. Jemand hatte den Wagen auf dem Gelände der Computerzentrale der Deutschen Bank in Eschborn bei Frankfurt am Main geparkt, war aus dem Auto gestiegen und weggerannt. Im Wageninneren waren 45,5 Kilogramm Sprengstoff deponiert. Wäre die Bombe explodiert, hätte sie nicht nur einen Millionenschaden an der Computerzentrale angerichtet. Es wären wohl auch die drei Pförtner dabei gestorben.

Ein Jahr später, bei einem Anschlag auf die US-Botschaft in Bonn im Februar 1991 wurden auf dem Beifahrersitz eines Fluchtautos ebenfalls DNA-Spuren von Daniela Klette gefunden. Und als das RAF-Mitglied Birgit Hogefeld 1993 festgenommen wurde, stellte man in ihrem Rucksack Unterlagen sicher, auf denen sich Fingerabdrücke von, genau, Klette und Staub befanden.

Ich schreibe auf einen Notizzettel: mindestens fünf Spuren von Daniela Klette, drei von Ernst-Volker Staub, eine möglicherweise von Burkhard Garweg.

»A gmaade Wiesn«, sagt mein Vater am Telefon dazu. Eine sichere Sache. Was es da noch zu recherchieren gebe?

Als in den neunziger Jahren die molekulargenetische Spurenanalyse aufkommt, hält man sie für ein Allheilmittel, eine Revolution der Beweisführung in Strafverfahren. In den USA wird 1992 das sogenannte »Innocence Project« gegründet. Mehr als 200 zum Tode verurteilte Häftlinge wurden seitdem aus dem Gefängnis entlassen. DNA-Analysen hatten bewiesen, dass sie zu Unrecht verurteilt worden waren.

Doch auch DNA-Analysen können irren, wenn sie nicht richtig ausgeführt, wenn Spuren oder Arbeitsmittel am Tatort oder im Labor kontaminiert werden. Als ich mich in das Thema einlese, stoße ich auf die Geschichte des »Heilbronner Phantoms«. Eine unbekannte Frau soll seit 1993 eine Serie von Morden und Diebstählen begangen haben. An nicht weniger als 40 Tatorten fand die Polizei ihre DNA: im Auto einer erschossenen Polizistin in Baden-Württemberg, auf der Spielzeugpistole, mit der vietnamesische Edelsteinhändler 2004 in Frankreich überfallen wurden, bei den Leichen von drei getöteten Georgiern in Hessen 2008, an einer Getränkedose in einer Saarbrücker Schule nach einem Einbruch.

In mehreren Bundesländern arbeiteten Polizeieinheiten fieberhaft an der Aufklärung dieses Falls. Die Presse brachte eine Schlagzeile nach der anderen: Wer zum Teufel ist diese mysteriöse Verbrecherin, die sich seit 1993 durch Deutschland raubt und mordet?

2009 stellt sich heraus: Es gibt sie gar nicht. Das Institut für Rechtsmedizin in Homburg hatte ein unbenutztes Wattestäbchen untersucht – und darauf ebenfalls die DNA der ominösen Verbrecherin gefunden. Jetzt war der Fall endlich klar. Die Wattestäbchen, die für DNA-Auswertungen verwendet wurden, kamen bereits kontaminiert ins Labor. Sie waren beim Hersteller verunreinigt worden: mit der DNA einer Verpackerin.

Das Heilbronner Phantom hatte damit auch etwas Gutes: Es zeigte auf, welche immense Schwachstelle bei der molekulargenetischen Analyse bis dahin in Deutschland bestanden hatte. Es gab bis zu diesem Fall keine verbindlichen Qualitätsstandards für Wattestäbchen, die zur DNA-Analyse verwendet wurden.

Damit zurück zum Trio: Die DNA-Spuren von Klette, Staub und Garweg sind momentan die einzige Verbindung zwischen ihnen, der Raubserie und der RAF. Was aber, wenn die Spuren uns auf eine falsche Fährte führen?

★ ★ ★

Im Vorzimmer einer Hamburger Kanzlei wedelt ein Hund freundlich mit dem Schwanz, im Besprechungsraum steht Mineralwasser bereit. Ich sitze an einem blanken Konferenztisch. Herr Tolmein komme gleich, sagt die Empfangsdame. Bei meinen Recherchen bin ich auf seine unaufgeregten, sachlichen Artikel über die RAF gestoßen. Er hatte sie bis Anfang der neunziger Jahre für das politisch linksgerichtete Magazin *konkret* geschrieben, oft hatten sie Gerichtsprozesse zum Thema. Heute ist Oliver Tolmein Anwalt.

»Für *konkret* hat der g'schrieben? Dann ist er ein linker Fuzzi. Für das Blattl hat die Oberterroristin Ulrike Meinhof doch auch g'schrieben«, sagt mein Vater, als ich ihm von dem anstehenden Termin erzähle.

Mit hochgekrempelten Ärmeln setzt sich Tolmein mir gegenüber an den Tisch. Dezenter Anzug, seriöse Brille. Das bunt gekachelte Hemd und der Ohrring von früher haben offenbar ausgedient. Schade eigentlich. 1992 interviewte er in diesem Aufzug zusammen mit Roger Willemsen drei frühere RAF-Mitglieder im Gefängnis, der JVA Celle. Darunter zum Beispiel Karl-Heinz Dellwo.[6]

Das war damals eine Sensation: Zum ersten Mal gaben RAF-Gefangene ein Fernsehinterview. Viele Journalisten der ARD, so hörte ich von Kollegen, verurteilten die damalige Interviewführung als skandalös weich. Willemsen und Tolmein fragten nach dem Alltag im Gefängnis und dem Gesundheitszustand ihrer Interviewpartner. So dürfe man nicht mit Terroristen umgehen, hieß es danach.

Ab und an erreichen Tolmein Anfragen zur RAF wie meine. Er fühlt eine Verantwortung, als Zeitzeuge Rede und Antwort zu stehen, sagt er mir zur Begrüßung. »Auch wenn ich mit dem Thema heute nichts mehr zu tun habe.« Heute widmet er sich den Rechten von Behinderten, kämpft, während ich das schreibe, für einen Schwerbehinderten im Saarland, der von den Behörden keine Hilfskraft für seinen Alltag bewilligt bekommt.

»Was halten Sie von der These des untergetauchten Ex-RAF-Trios?«, frage ich.

Tolmein legt den Kopf schräg, wägt ab.

»Also, wie viele Leute noch untergetaucht sind, das wissen wir ja nicht. Es konzentriert sich auf drei, aber wirklich substanzielle Erkenntnisse dazu, was die drei jetzt mit der RAF zu tun haben, gibt es eigentlich nicht.«

Ich hatte erwartet, dass Tolmein ein kritischer Kopf ist. Deswegen wollte ich ja mit ihm sprechen. Dass ihn die DNA-Spuren aber

---

6 Das Interview kann man sich auf YouTube ansehen: https://www.youtube.com/watch?v=elLIy-HXj-8

dermaßen kalt lassen, überrascht mich doch. Ganz Deutschland spricht vom RAF-Trio, als wäre es eine ausgemachte Sache – und er sitzt da und kann keine »substanziellen Erkenntnisse« feststellen.

»Was ist mit den DNA-Spuren?«, frage ich.

Er nickt gelassen.

»Es gibt Indizien auf DNA-Basis«, sagt er. »Das gilt im deutschen Strafrecht als solider Beweis, aber aus anderen Ländern wissen wir, dass man das auch anders betrachten kann. In den USA reicht das zum Beispiel oft nicht aus.«

»Was kann der Fund molekulargenetischer Spuren denn überhaupt beweisen?«

»In diesem Fall kann ich mir vorstellen, dass da etwas sein könnte, dass es einen Zusammenhang zwischen Person und Tat geben könnte.«

Er betont das »könnte«, öffnet die verschränkten Arme und legt sie flach auf den Tisch.

»Aber erst mal sagt das nichts aus. Diese Macht von einzelnen isolierten Fakten, die scheinbar erdrückend ist, die überzeugt mich als Jurist nicht.«

»Und was ist für Sie entscheidend?«

»Für mich als Juristen ist die Akte entscheidend. So verschaffe ich mir ein Bild. Und wenn man Zeugen befragt, ergibt sich häufig noch einmal ein anderes.«

»Irgendwie müssen die DNA-Spuren ja aber an die Tatorte gekommen sein.«

»Natürlich. Doch dafür gibt es theoretisch tausend Möglichkeiten. Das muss man sich immer klarmachen.«

Das Heilbronner Phantom fällt mir wieder ein. Aufgeklärt wurde dieser Fall nur, weil die Ermittler an den Ergebnissen der DNA-Analyse zu zweifeln begonnen hatten. Nach jahrelangen Ermittlungen in die falsche Richtung.

Wer weiß: wenn die Verbrechen des Heilbronner Phantoms nicht so offensichtlich unzusammenhängend gewesen wären – vielleicht wäre nie jemand auf die Idee gekommen, die Wattestäbchen zu überprüfen. Dann würde man die ominöse Frau wohl noch heute suchen.

KAPITEL 9
EINE NEUE FÄHRTE

Als ich mit dem Fahrrad nach Hause radele, versuche ich die neuen Informationen zu verdauen. DNA-Spuren sind also kein Beweis für eine RAF-Mitgliedschaft. Spuren sind eben nur genau das: Spuren. Ha! So betrachtet, hätte ich selbst drauf kommen können. Ich beschleunige, um die grüne Ampel an der Straßenkreuzung zu erwischen.

Also: Wenn man Haare von Daniela Klette in einem Fluchtauto findet, dann hat sie vielleicht einmal in diesem Auto gesessen. Oder jemand, der sie zum Beispiel umarmt hatte, saß einmal in diesem Auto. Daniela Klette muss nicht an einer Tat beteiligt gewesen sein, für die das Auto verwendet wurde.

Genauso ist es mit den Spuren an der Strickleiter von Weiterstadt. Es könnte sein, dass Daniela Klette, Burkhard Garweg und Ernst-Volker Staub an dem Bombenanschlag beteiligt waren. Vielleicht haben sie jedoch nur die Teppichstücke für die Leiter besorgt, und die Täter sind Unbekannte. Ich werfe einen Blick über die Schulter und biege links in meine Straße ein. Es könnte sein, dass die drei hinter dem Überfall 1999 auf einen Geldtransporter stecken. Doch es könnte auch sein, dass die Speichelspuren an den Helmen älter sind als der Überfall und sie die Helme an ein paar andere Ganoven im Untergrund verkauft haben bevor sie sich ... nach Mallorca abgesetzt haben?[7]

---

7 Inzwischen schreibt die Staatsanwaltschaft Verden nur noch neun der zwölf Raubüberfälle dem mutmaßlichen RAF-Trio zu. Bei drei Überfällen auf Supermärkte, in Stade, Celle und Osnabrück, bezweifelt die Staats-

Ich rumpele über den Gehsteig vor meiner Haustür. Ach komm, das ist doch lächerlich. So viele Zufälle sind ein paar zu viel. Die schiere Masse der Spuren spricht ja wohl für sich.

Als ich zu Hause meinen Rucksack auspacke, sehe ich einen verpassten Anruf: »Mam&Paps« steht auf dem Display. Unschlüssig halte ich das Handy in der Hand. Er wird mich auslachen, wenn ich ihm von dem Gespräch erzähle. Das muss ich mir jetzt nicht antun. Die Grenze zwischen meinem Leben als Tochter und dem als Journalistin ist verwischt, und ich weiß nicht, ob mir das gefällt.

Dann rufe ich ihn doch an. Ohne, dass wir es angestrebt hätten, haben unsere Telefonate die Regelmäßigkeit einer Routine entwickelt.

»Schlosser?«

»Ich bin's. Wie gehts?«

»Erzähl scho', was gibt's Neues?«

Es dauert nur Minuten, bis er höhnisch auflacht.

»Tatsache ist«, sage ich laut, gegen das Gelächter ankämpfend, »dass es nun einmal theoretisch tausend Möglichkeiten gibt.«

»Ja, theoretisch ist auch möglich, dass ich die drei verstecke, Pati.«

»Ja, jetzt mal ernsthaft: Alles, was die Polizei hat, alles, auf das ich mich stützen kann, sind Indizien. Hinweise. Aber keine Beweise.«

»Steckt ja eine richtige Kommissarin in dir.«

»Was ich brauche, ist eine weitere Spur. Eine andere Fährte.«

Er schweigt.

»Wie willst das machen?«, fragt er dann.

»Na, der logische nächste Schritt: Ich muss in den Kreis der Leute rein, die das Trio von früher kennen und vielleicht noch heute mit ihm in Kontakt stehen.«

Ein Schnaufer.

Insgesamt sollen die drei bei den Raubüberfällen etwa 2,6 Millionen Euro erbeutet haben. Viel Geld, selbst für ein möglicherweise

anwaltschaft eine Täterschaft besagten Trios. Siehe: Ansgar Siemens: »Staatsanwälte bezweifeln Vorwürfe gegen RAF-Rentner«, in: *Spiegel Online*, 31.03.2019, https://www.spiegel.de/panorama/justiz/raf-rentner-staatsanwaelte-bezweifeln-vorwuerfe-gegen-staub-klette-und-garweg-a-1258889.html teures Untergrundleben. Vielleicht brauchen sie so viel, weil sie einen Teil ihrer Beute mit Komplizen teilen müssen? Oder Leute bezahlen, die ihnen eine falsche Identität beschaffen, Wohnungen mieten, Botengänge machen?

»Mit Sicherheit haben sie ein Unterstützernetzwerk. Da muss ich ansetzen«, sage ich, als es in der Leitung weiter still bleibt.

»Hallo, Papa, bist du noch dran?«

»Du, Pati!« Seine Stimme hat einen warnenden Unterton.

»Was?«

»Es gibt bloß den einen Weg da rein: aus journalistischem Interesse, weil sonst ...«

»Ja, klar, was sonst?«

»Sonst müssten wir uns eine Legende aufbauen, also eine falsche Identität zulegen, und das kannst nicht glaubwürdig machen, ohne mit BKA oder Verfassungsschutz zusammenzuarbeiten.«

»So was habe ich auch gar nicht vor!«

»Das würd ich nicht einmal versuchen.«

»Ich hab's verstanden, Herrgott.«

Ich höre seinen Atem. Stoßweise. Es ist der erste Moment bei unserer Suche, an dem meinen Vater die Angst packt. Vor mir. Bei dem Gedanken daran, dass ich mich zu naiv auf ein Milieu einlasse, das er in seinem Leben fürchten gelernt hat.

Ich muss daran denken, was Ulrike Meinhof 1970 der französischen Journalistin Michèle Ray aufs Tonband sprach: »[...] und wir sagen, natürlich, die Bullen sind Schweine, wir sagen, der Typ in der Uniform ist ein Schwein, das ist kein Mensch, und so haben wir uns mit ihm auseinanderzusetzen. Das heißt, wir haben nicht mit ihm zu reden, und es ist falsch, überhaupt mit diesen Leuten zu reden, und natürlich kann geschossen werden.«

Mein Vater sagt: »Die liquidieren dich. Im linken wie im rechten Sektor: Die kennen überhaupt kein Pardon.«

Ich setze mich langsam aufs Bett.

»Ach komm.«

Ein bisschen mulmig wird mir bei seinen Worten aber doch. Nach dem Gespräch werde ich mir ansehen, was die Statistik dazu sagt:

Einen Mord mit linksextremistischem Motiv hat es in Deutschland seit der RAF-Ära nicht mehr gegeben. Der Verfassungsschutz verzeichnete in seinem Jahresbericht 2017 allerdings eine Steigerung linksextremistischer Gewalt von 37,2 Prozent im Vergleich zum Vorjahr. Das hat vor allem mit den Ausschreitungen während des Hamburger G20-Gipfels im Juli 2017 zu tun. Daraus einen generellen Anstieg linksextremistischer Gewalt abzuleiten, ist wohl nicht korrekt. In der Statistik werden drei versuchte Tötungsdelikte und 499 Körperverletzungen aufgezählt. Insgesamt sind 1648 linksextremistisch motivierte Gewalttaten verzeichnet.

Zum Vergleich: Im rechtsextremistischen Spektrum sind es weniger Gewalttaten, 1054. Dafür gab es 2017 fast doppelt so viele rechtsextremistisch motivierte Körperverletzungen: insgesamt 904 sowie ein erfolgtes Tötungsdelikt.

Ich frage meinen Vater: »Meinst du echt, es gibt noch solche Leute?«

»Den einen harten Kern gibt es noch. Wenn's drauf ankommt – fliegen's auf oder nicht –, wer weiß wie die reagieren«, sagt er und verstummt dann abrupt.

Ich schaue zur Wand zwischen Bett und Schreibtisch. Dort hängt, schwarz-weiß, einen Meter auf einen Meter, ein Porträt Hannah Arendts. Auf dem Foto sitzt die berühmte Denkerin an einem Tisch, hat den Kopf in eine Hand gestützt und sieht den Betrachter belustigt an. Je nach Tagesform liegt Spott oder Ansporn in ihrem Blick. *Was machst du nur wieder für Sachen?*

Heute ist ihr Blick eindeutig Ansporn.

Man muss sich zwischen alle Stühle setzen, die Welt aus der Perspektive anderer betrachten und trotzdem selbst denken,[8] das ist für mich die Quintessenz ihrer Philosophie – und der Leitsatz, an den ich mich bei Recherchen zu halten versuche.

Direkt neben Arendt hängt neuerdings ein öffentlicher Brief der RAF von 1996. Ich hatte ihn dort angepinnt, um ihn vom Schreibtisch aus gut im Blick zu haben.

---

8 Vgl. dazu Maike Weißpflug: *Hannah Arendt*, Matthes & Seitz, Berlin 2019.

Darin heißt es:

»Es bleibt für alle Zeiten dabei – Zerfallsprozesse hin oder her: Keine Aussagen über bestehende illegale [oder legale] Strukturen. Keine Aussagen über geheime Exil-Orte und Strukturen! [...] Keine [anscheinend heute harmlosen] Infos über die Illegalität und wie diese zu organisieren möglich ist! Weder in der Form von Aussagen noch von entpolitisiertem Gelaber in Medien, Anekdoten aus früheren Zeiten, in Büchern oder am Tresen, oder in egal welcher Form der Selbstdarstellung!«[9]

Es ist eine Warnung der RAF an sich selbst, als würde sie den Zerfall ihrer geheimbundartigen Struktur durch die Selbstauflösung zwei Jahre später vorwegnehmen.

Daneben klebt ein Post-it. Darauf stehen einige Namen von früheren RAF-Mitgliedern. Ein ehemaliger Beamter des Verfassungsschutzes hat sie mir aufgeschrieben. Nach dem Motto: Die wissen alles. Über den Namen steht in Großbuchstaben: »Achtung ›Betonfraktion‹«.

Diese beiden Warnungen sind meine Ausgangsbasis.

---

[9] RAF-Erklärung vom 29. November 1996, in: Rote *Armee Fraktion – Texte und Materialien zur Geschichte der RAF*, IDVerlag, Berlin 1997, S. 502.

KAPITEL 10

ANNA UND ARTHUR HALTEN'S MAUL

In den nächsten Wochen tauche ich in den Kosmos der linken Szene Hamburgs ein, dem letzten Ort, an dem das Trio sich aufgehalten haben soll. Ich besuche das »Archiv der Sozialen Bewegung« in der Roten Flora, eine Art links ausgerichtete Bibliothek, gehe in »Volxküchen« essen und halte Ausschau nach Szenebekundungen zum Trio. Auf meinem Schreibtisch stapeln sich Flyer und Magazine, die ich in Buchhandlungen und Kneipen eingesammelt habe. Es sind keine speziellen Orte, an denen man dieses Infomaterial findet, mir waren sie bis jetzt nur nie groß aufgefallen. Doch zumindest im Schanzenviertel, dem »linken Viertel Hamburgs«, sind sie allgegenwärtig, zum Beispiel die Mitgliederzeitschrift der linksextremistischen *Gefangenen Info*.

Die Organisation ist laut eigener Aussage »aus dem Hungerstreik der Gefangenen der RAF« 1989 entstanden. Als ich zum ersten Mal eine Ausgabe durchblättere, stoße ich auf diese Schlagzeilen: »Das war Mord!« Darunter eine Zeichnung des erschossenen RAF-Mitgründers Andreas Baader. Gedankengut wie aus dem Jahr 1977, denke ich mir. Propaganda in einer Zeitkapsel oder Folklore?

Nach den Raubüberfällen des Trios hängen Unbekannte 2016 Plakate in Hamburg auf: ein weißer Kastenwagen hinter rot-weißem Absperrband. Es ist das echte Tatortfoto eines Raubüberfalls: »Oops, I dit it again« und »Burkhard, Daniela, Volker, der Kampf geht weiter!« Das sind wohl Fans des Trios – die Frage ist nur: Maulhelden oder echte Unterstützer?

Im Januar 2017 stellt sich auf der Seite linksunten.indymedia eine neue linksradikale Gruppe vor, die sich »Roter Aufbau Friedrichshain« nennt, kurz also »RAF«. Man wolle ein »Zusammenschluss aus verschiedenen Spektren der Linken« sein. Das finden einige in den Kommentaren »kreuzdoof« und »unkreativ«, andere erkundigen sich, wo man die Gruppe treffen könne. Als die Gründung dieser »RAF« drei Jahre später publik wird, ist die Empörung groß. Da wussten welche, wie man richtig provoziert. Mit der »echten« RAF-Szene haben die nichts zu tun. Leute, die das Trio tatsächlich unterstützen, werden Aufmerksamkeit vermeiden, sich weder an einer Plakataktion beteiligen noch am »Roten Aufbau Friedrichshain«.

Eine andere Gruppe, die sich »RAF 4.0« nennt, erscheint mir da zunächst bedrohlicher. Im Online-Zeitungsarchiv der ARD lese ich, dass im November 2015 Morddrohungen im Namen einer »RAF 4.0« an thüringische Behörden wie der Jenaer Polizei geschickt wurden. Man werde je zehn Staatsanwälte, Richter, Polizisten und Politiker umbringen, weil sie bei der Fahndung nach dem rechtsextremistischen NSU versagt hätten. Ein knappes Jahr später werden die Ermittlungen nach dieser »RAF 4.0« eingestellt. Offenbar handelte es sich um leere Drohungen. Die Verantwortlichen werden nie gefunden.

Auf der Homepage des »Ermittlungsausschuss Berlin«, kurz »EA Berlin«, der linke Demonstranten juristisch berät, lese ich diese Nachricht: »Uns erreichte folgende Mitteilung mit Bitte um Veröffentlichung. Am 10. Juni 2016 gegen frühen Abend durchsuchten Mitarbeiter des Berliner LKA eine Wohnung in Berlin. Es wurde den Bewohnern mitgeteilt, dass man die RAF-Flüchtlinge bitte nicht unterstützen solle.«

Da schau her. Ich frage mich, welchen Hintergrund der Vorfall hat: nutzt das LKA die Fahndung nach dem Trio als Vorwand, um bekannte Linksradikale einzuschüchtern, oder gab es einen konkreten Verdacht? Sind das echte Unterstützer des Trios? Ich nehme mit dem EA Berlin Kontakt auf.

Unter den Nachrichten über solche »Anquatschversuche« steht auf dieser Seite wie auf anderen linken: »Arthur und Anna halten's

Maul.« Ein Spruch, der in den achtziger Jahren entstanden ist. Das heißt so viel wie: keine Aussagen gegenüber der Polizei. Niemals. Das geht so weit, dass Inhaftierte die Aussage verweigern sollen, selbst wenn es ihrem individuellen Fall schadet. In dieser Szene geht es um das Kollektiv, nicht um den Einzelnen. Schweigen ist hier kein Rat, sondern ein Gebot. Wie ernst es ihnen damit ist, werde ich noch am eigenen Leib erfahren.

★ ★ ★

Es ist schon dunkel und nieselt, als ich vor der Beratungsstelle der »Roten Hilfe e. V.« in Hamburg stehe und darauf warte, an die Reihe zu kommen. Sie ist die größte linke Organisation in Deutschland, hat aktuell rund 8300 Mitglieder.

Daniela Klette soll sich in den achtziger Jahren für diesen Verein engagiert haben. Die Rote Hilfe kümmerte sich damals intensiv um inhaftierte RAF-Mitglieder und ihre Angehörigen. 2016 schreibt der Verein in seiner Mitgliederzeitschrift unter dem Titel »Nichts und Niemand ist vergessen!«:

»Daniela, Burkhard und Volker: Wir wünschen Euch viel Kraft und Lebensfreude. Lasst es Euch gutgehen … und lasst Euch nicht erwischen!«

Mit mir warten eine Frau und zwei Männer vor der Tür des kleinen, mit unleserlichen Graffiti bis auf den letzten Zentimeter besprühten Betonhäuschen. Alle drei sind schwarz gekleidet und dick. Sie unterhalten sich leise. Es geht um eine Demo, die Polizei, eine Anklage. Im Verfassungsschutzbericht von 2017 heißt es, die Rote Hilfe »leistet Straf- und Gewalttätern aus dem linksextremistischen Spektrum politische und finanzielle Unterstützung«. Sie selbst versteht sich als »linke Schutz- und Solidaritätsorganisation«, und bietet kostenlose Beratungsgespräche an. Als die Wartenden gerade über einen Anwalt sprechen, öffnet sich die Tür des Häuschens, und sie werden von einer jungen Frau hineingebeten.

Ich machte mir zu diesem Zeitpunkt keine Gedanken darüber, dass ich Linksextremen mehr Widerstand gegen den Staat zugestand als ich Rechtsextremen und Islamisten auch nur im Ansatz einräumen würde. Warum? Nun, ich sah keine Veranlassung, das miteinander zu vergleichen. Hätte ich innegehalten, hätte ich vielleicht gemerkt, dass ich einen Unterschied machte zwischen berechtigter und unberechtigter Gewalt, guter und böser, revolutionärer und dumpfer. Kann man einen Unterschied zwischen politisch unterschiedlich motivierter Gewalt machen, und wenn ja, wo verläuft die Trennlinie? Ich drücke mich davor, über diese Frage nachzudenken.

Die Beratung der drei vor mir dauert ewig. Gut eine Stunde friere ich mir im eisigen Nieselregen Hamburgs den Hintern ab. »'Tschuldige«, nuschelt einer, als sie endlich herauskommen. Im Türrahmen steht die Beraterin, eine schwarze Silhouette vor dem hellen Innenraum. Sie macht eine auffordernde Geste.

KAPITEL 11
PSST!

Als ich meine Eltern das nächste Mal besuche, lese ich meinem Vater aus Publikationen der Roten Hilfe vor, in der sie vor Aussagen gegenüber den Behörden warnt: »Vor einer Kontaktaufnahme informiert sich der Verfassungsschutz in der Regel sehr gut über seine Opfer. Es wird versucht ›Schwachstellen‹ ausfindig zu machen. Soziale und private Probleme, persönliches Umfeld, die ›offizielle‹ Strafkartei, Geld- und Drogenprobleme werden als Aufhänger für Anquatschversuche genommen.«

Ich frage mich laut, wie viel davon wohl stimmt. Eine Provokation für meinen Vater.

Wir sitzen wie immer auf der Eckbank am Esstisch. Nie genau gegenüber, sondern immer schräg nebeneinander, sodass wir den Kopf leicht drehen müssen, um uns ansehen zu können. Als ich die linken Magazine und Flyer aus meinem Rucksack zog, trank meine Mutter schnell ihren Kaffee aus und suchte das Weite.

»Ist es nicht bezeichnend, wie misstrauisch die linke Szene dem Staat gegenübersteht?«, frage ich meinen Vater. Mir falle da gleich die Polizeigewalt bei den Protesten der 68er-Generation ein. Wie da rücksichtslos und brutal auf harmlose Demonstranten eingeprügelt wurde.

Mein Vater schnaubt verächtlich.

»Was hat das mit dem Heute zu tun?«

»Kollektives Gedächtnis?«

»Ja, bei so was können diese linken Säger sich gut erinnern!

Rechtfertigt das die Gewalt heute? Frag mal den Flo, was der dazu sagt!«

Mein Bruder musste schon oft bei Demonstrationen und Fußballspielen den Kopf hinhalten. Einmal hatte er den Kontakt zu seiner Einsatzgruppe verloren, war hingefallen. Er sah, wie sich einige der Randalierer schwarze Masken überzogen und auf ihn zustürmten. Das war's, habe er in dem Moment gedacht.

Ich schaue betreten auf die Unterlagen der Roten Hilfe, die über dem Tisch verteilt liegen, und stapele sie langsam auf einen Haufen. Ein Versuch, Zeit zu gewinnen, bevor ich meinem Vater vom Beratungsgespräch erzähle.

Er löst seinen Blick von einem Keks, den er gerade vom Teller genommen hat, und beobachtet mich misstrauisch.

»Was ist?«

»Ich war übrigens bei einer Beratungsstelle der Roten Hilfe.«

Er beißt krachend in den Keks, und ich höre wie seine Kiefer mahlen.

»Sagt dir das was?«

»Ja, klar, da gehen's hin, wenn's Steine g'worfen haben. Was machst du da?«

»Die Beraterin war eine sehr nette Frau, eine Ökonomin – so hat sie sich mir vorgestellt – in einem biederen khakifarbenen Pulli. Also die sah aus wie eine Dozentin an der Wirtschaftsuni«, plaudere ich vor mich hin, um mir selbst das Gefühl zu verschaffen, es sei das normalste der Welt, dort vorbeizuschauen. Doch ich weiß, dass es für meinen Vater dasselbe ist, als hätte ich gesagt, ich träfe mich morgen auf einen Kaffee mit Ulrike Meinhof.

»Ja, hast denen g'sagt, was du machst?«, will mein Vater wissen.

»Hatte ich vor, aber ich kam gar nicht dazu.«

Mein Plan war, zu erzählen, dass ich Journalistin sei, zum Trio recherchiere, und mich über die staatliche Überwachung von Journalisten informieren wolle – ein Aspekt, der mich tatsächlich ein wenig beunruhigt, seit ich mit dieser Recherche begonnen habe. Vor allem wollte ich aber wissen, wie die Reaktion in einer Rote-Hilfe-Einrichtung ausfällt, wenn man das Thema RAF anschneidet.

Doch als ich von meiner Recherche erzählte, reagierte die Beraterin gar nicht darauf. Nickte nur ausdruckslos. Es war klar: Hier werden keine Fragen gestellt. Und so redeten wir eine Viertelstunde ganz allgemein über die staatliche Überwachung von Journalisten. Sie gab mir den Tipp, mich mit Quellen nur unter freiem Himmel zu treffen. Ich bedankte mich höflich.

»Und dann bin ich auch schon wieder draußen im Nieselregen gestanden«, sage ich und lache kurz auf.

Mein Vater hat während meiner Erzählung nur finster vor sich hin gestarrt, jetzt sagt er: »Du musst abwägen, ob es dir das wert ist.«

»Was wert ist?«

»Dass deine Karriere verbrennst. Man ist schnell als ›linker Journalist‹ abgestempelt, und dann bist weg vom Fenster.«

Ich brauche einen Moment, bis ich reagieren kann.

»Das war vielleicht in den siebziger und achtziger Jahren so, aber heute nicht mehr.«

Sein Kopf bebt vor Ärger.

»Überleg dir, ob sich das wirklich rentiert.«

★ ★ ★

Als ich später mit dem Hund Gassi gehe – mein Vater legt sich derweil in seinen schwarzen Ledersessel –, hallen seine Worte in meinem Kopf nach. Was wollte er wirklich mit seiner Warnung erreichen, von wegen »verbrennst deine Karriere«, »bist schnell weg vom Fenster«?

Ich werfe einen abgebrochenen Ast über die zu schwarzen Lavaklumpen erstarrten Ackerschollen. Resi springt hinterher.

Er fürchtet sich vor irgendetwas. Davor, dass ich meine Karriere mit dieser Recherche zerstöre? Ich schnaube. Glaubt er das wirklich?

Nein, mein Vater malt das Schreckgespenst Rufschädigung an die Wand, weil er weiß, wie viel mir meine Arbeit bedeutet. Er will nicht, dass ich mich in der linken Szene bewege.

Zu gut in ihr bewege.

Er hat Angst, dass ich ein Steine werfendes, schwarz vermummtes RAF-Fan-Girl werde. Natürlich würde er das nie sagen. Vielleicht ist ihm diese Sorge nicht einmal richtig bewusst. Für ihn ist die linke Szene ein Kabinett des Horrors, und etwas in ihm scheint zu befürchten, dass ich den schwarzen Vorhang zum Hinterzimmer zurückschlagen und dahinter verschwinde könnte.

Ich schüttele den Kopf und werfe den Stock erneut so weit ich kann. Anders als mein Vater sehe ich Linke nicht nur als Mitglieder eines schwarz vermummten Gewaltblocks. Ich sehe alternative Wohn- und Lebensideen: weniger Konsum, mehr Gemeinschaft. Ich sehe einige grundsätzlich richtige Ansätze: eine humanere Flüchtlingspolitik, eine kritische Betrachtung des Kapitalismus, die Aufarbeitung des Kolonialismus. Aber sind das nicht Ideen, die inzwischen auch von vielen Konservativen getragen werden? Ist das überhaupt noch links, so zu denken oder schon Mitte?

Ich beschließe, dass mein Vater einfach zu ablehnend allem Nicht-Staatlichen gegenüber ist. Der fände auch eine Krabbelgruppe suspekt, wenn sie abseits einer öffentlichen Einrichtung organisiert werden würde. Für ihn ist eine linke Einstellung gleichbedeutend mit Linksradikalismus, und das ist gleich Linksextremismus, also mitten rein in den Steine schmeißenden schwarzen Block.

Trotzdem notiere ich mir zurück in Hamburg eine Frage in meine Rechercheunterlagen: »Wie links bin ich?« Ich unterstreiche den Satz dreimal und schreibe darunter: »Nähe zu Linksextremismus kritisch überprüfen.«

Später, denke ich mir.

Nach dem Besuch bei meinem Vater schicke ich einen Brief an die Wiesbadener Gruppe der Roten Hilfe. In dieser soll sich Daniela Klette einst engagiert haben. Ich bitte darum, den Brief an Mitglieder weiterzuleiten, die Klette von früher kennen könnten. Was war das damals für eine Zeit, warum engagierte sich Klette, will ich wissen. Nach allem, was ich über die Rote Hilfe weiß, rechne ich eigentlich nicht damit, eine Antwort zu erhalten.

Ein paar Tage später jedoch bekomme ich einen Anruf vom Anschluss der Roten Hilfe in Wiesbaden. Michael. Gut gelaunt, redselig, offen.

»Wir können uns gerne mal treffen.«
»Okay ...«
»Ich frage vorher noch ein paar andere Bekannte, ob die auch was sagen wollen.«
Vielleicht zu offen, zu redselig.
»Das klingt ... toll.«
»Ich gehe gleich mal bei der einen vorbei und dann melde mich wieder.«
Seitdem ist eine Woche vergangen.

★ ★ ★

Dafür meldet sich nun ein gewisser »Achim Levi« zurück. Ich war online auf ihn gestoßen, beim wilden Herumstöbern nach Hinweisen zum Trio. Er hatte eine Nachricht auf einer Seite, die an sich nichts mit dem Thema RAF oder dem Trio zu tun hatte, hinterlassen: Eine Nachricht für »Dani«.

Ob ich es richtig verstehe, dass er Daniela Klette kannte, hatte ich ihm geschrieben.

Ja, kam es prompt zurück, er könne mir vielleicht einen Kontakt zu ihr vermitteln.

Mit hochgezogenen Augenbrauen verharrte ich vor dem Laptop, die Finger unschlüssig über den Tasten.

Alles, was ich so weit über ihn herausfinden konnte, ist, dass er sich online als »Survival-Experte« vermarktet und manchmal »Achim Levi«, manchmal »Raymund Martini« nennt. Er macht sehr viele Rechtschreib- und Grammatikfehler. Das sei Absicht, schreibt er mir, ohne dass ich ihn darauf angesprochen hätte. Er betreibt eine Seite mit Nachrichten über Israel. Mit der linksradikalen oder auch nur der linken Szene scheint er nichts zu tun zu haben. Ein Outsider also. Möglich, dass sich Klette außerhalb ihres früheren Umfelds bewegt. Dort, wo man sie nicht vermutet.

»Wo und wann sollen wir uns treffen?«, schreibe ich.

Seine Antwort: »Zum Ort überlege ich noch. Verzeih mir meine Vorsicht, aber mir liegt was an DK ...«

Von Michael aus Wiesbaden höre ich dagegen nie wieder etwas. Meine Nachfragen bei der Roten Hilfe bleiben ohne Ergebnis. Ich werde jedes Mal vertröstet:
Er sei schon lange nicht mehr da gewesen.
Man wisse nicht, wo er stecke.
Der sei schon alt.
Ich lege das Handy auf den Tisch, nehme es wieder in die Hand, sehe mir die Liste meiner Anrufe bei der Roten Hilfe an. Fast ein Dutzend.
Kann passieren. Menschen entscheiden sich schließlich ständig um. Ich stehe auf, schaue auf meine Zimmerwand, an der inzwischen eine kleine Collage an Recherchematerialien herangewachsen ist. Da hängt das Post-it des Verfassungsschützers, »Betonfraktion«, die Zeichnung des erschossenen Andreas Baader, »Das war Mord!«, der Ausriss einer Magazinseite mit zwei Comicfiguren, Anna und Arthur, die sich jeweils einen Finger auf die Lippen drücken, »Psst!«
Das Licht meiner Nachttischlampe wirft harte Schatten über die Collage. Die Gesichter der Figuren verzerren sich zu bösen Fratzen. Psst! Vielleicht heißen die Bekannten des Mannes aus Wiesbaden Anna und Arthur und haben ihn zum Schweigen gebracht?
Plötzlich fühlt sich die Stille in meiner Wohnung laut an. Überdeutlich höre ich den Wecker auf dem Nachtkästchen ticken. Ich stehe auf und schließe die Haustür zweimal von innen ab.

KAPITEL 12
IN PIRMASENS

An einem Januarmorgen betrete ich als einziger Pensionsgast einen Frühstückssaal, nicht weit von der französischen Grenze. Nur ein Tisch ist gedeckt. In meinem Kopf höre ich die Stimme meines Vaters: »Pati, was machst denn wieder für einen Schmarrn?« Erzählt habe ich ihm von dem Treffen mit Achim Levi nicht. Er hätte versucht, es mir auszureden.

Dachte ich zu diesem Zeitpunkt wirklich, ein Treffen mit Daniela Klette wäre möglich? Aber ja.

Sicher: Achim Levi lügt vielleicht, führt Journalisten wie mich an der Nase herum. Aber was, wenn nicht? Diese Frage treibt mich an. Die Chance mag winzig sein, die Hoffnung irrwitzig, aber ich erhalte sie mir. Sonst würde ich diese Recherche gar nicht erst betreiben können.

Und so ließ ich mich am Abend zuvor, es war kurz vor Mitternacht, mit einem Taxi durch eine ausgestorbene Stadt fahren, zur Hintertür einer Pension. »War mal eine große Schuhstadt«, sagte der Fahrer mürrisch. »Alles vorbei.« Das 40 000 Einwohner große Pirmasens liegt in Rheinland-Pfalz, nicht einmal 20 Minuten Autofahrt entfernt von Frankreich. Hierhin hat mich der mysteriöse Freund Daniela Klettes bestellt. Nicht, dass er da wohnen würde, aber es sei der beste Ort. Laut der IP-Adresse des Computers, auf dem er das schrieb, befindet er sich aber genau dort.

Nach dem Frühstück wartet neben dem Hotel zur verabredeten Zeit ein Mann. Ich schätze ihn auf Mitte 50, Anfang 60. Leicht gebeugt, wenig Haare, Brille. Er fummelt an einem Briefkasten am Straßenrand herum wie andere am Handy, wenn sie sich den Anschein geben wollen, beschäftigt zu sein. Als ich auf ihn zugehe, blickt er nicht auf.

»Ich glaube, Sie warten auf mich?«, frage ich.

Er sieht sich mehrmals kurz nach allen Seiten um, dann sagt er: »Lassen Sie uns ein Stück gehen.«

Wir spazieren schweigend auf frostigem Asphalt durch einsame Wohnstraßen. Er geht schnell und schaut mir nicht in die Augen. Ich betrachte ihn verstohlen von der Seite. Sein Gesicht ist zerknittert, die Haut aufgeraut, als würde er sich seit Jahren täglich mit Schmirgelpapier abreiben. An einer Brusttasche seiner Jacke: der Anstecker einer Israelflagge und eine Anti-Aids-Schleife. Seine Brille ist mit blauem Klebeband repariert.

»Merken Sie, dass das Auto gerade zum zweiten Mal an uns vorbeifährt?«, fragt er mich. Er lächelt dünn. »Das ist der Verfassungsschutz, die sind immer an mir dran.« Zufriedenheit liegt in seiner Stimme.

Ich blicke mich um. Habe ich das einfach übersehen, weil ich dafür nicht sensibilisiert bin, oder spinnt der Mann? Eine Paranoia, die mich seit Beginn meiner Recherchen in der linksextremen Szene begleitet, legt sich schwer auf meine Schultern, wie eine nasse Decke.

Levi führt uns in die Fußgängerzone und danach einen Hügel hinauf. Wir müssen immer in Bewegung bleiben, wegen der Überwachung. Seine Körperhaltung ist angespannt, als wäre er jederzeit bereit, hinter eine Mülltonne oder einen Busch zu hechten. Nach und nach, erst unzusammenhängend, stockend und dann immer flüssiger erzählt er mir von »DK«. Er habe einen gewissen Ruf, und so habe »DK« gewusst, dass sie sich an ihn wenden könne, als sie falsche Papiere brauchte. Er habe ihr auch eine Wohnung beschafft.

»Wann war das?«

»1998 oder 1999.«

Sie habe nur noch mit einem von den beiden, Burkhard Garweg oder Ernst-Volker Staub zu tun, lebe heute sehr einsam, immer mit der Knarre neben dem Kopfkissen. Er schüttelt bedauernd den Kopf.

Dabei sei sie so eine nette, liebe Frau. Als Kind habe sie Tiere aus dem Zoo befreien wollen. Er lächelt. Seine Augen bekommen einen feuchten Glanz.

»Womit verdient sie ihr Geld?«

»Nicht mit den Raubüberfällen, das ist eine Erfindung der Behörden.«

»Mit was dann?«

»Mit Schwarzarbeit.«

»Wo?«

»Als Putzfrau. Im Justizministerium.«

In diesem Moment muss ich an all die Briefe denken, die ich seit einigen Wochen an frühere RAF-Mitglieder verschicke. Normalerweise rufe ich potenzielle Gesprächspartner bei einer Recherche an oder schreibe eine Mail. Doch die meisten Ex-RAF-Mitglieder, die ihre Gefängnisstrafe abgesessen und nach der Haft ein neues Leben begonnen haben, verbergen sich, stehen nicht im Telefonbuch, haben keine Onlinepräsenz – abgesehen von den Abertausenden Artikeln, die über sie geschrieben wurden. Nach und nach hatte ich immerhin die Postadresse von einigen ausfindig machen können. Doch Antworten auf meine Briefe habe ich bislang nicht bekommen.

Und nun stehe ich hier in Pirmasens und bekomme Antworten, so detailliert und speziell, dass Journalisten normalerweise anfangen zu sabbern: Die nette Dani mit der Knarre unter dem Kopfkissen, die schwarz im Justizministerium putzt. In der Höhle des Löwen.

Achim Levi beobachtet, wie ich seine Behauptungen aufnehme. Ich muss ein paarmal schlucken.

Er sagt schnell: »Ich habe mich über Sie informiert. Sie leisten gute Arbeit. Mir hat Ihre Reportage über den See Genezareth gefallen.«

»Danke«, sage ich höflich, »... aber was hat das hiermit zu tun?«

»Vielleicht sind Sie diejenige, auf die Dani gewartet hat.«

Verdammt. Der große Scoop, auf den jede Journalistin hofft, hier ist er.

Nur schade, dass das alles nicht stimmen kann.

Es liegt nicht an der Geschichte. Denn die ist so unglaublich, dass sie möglich klingt. Es ist denkbar, dass Klette sich getrennt von

Garweg und Staub aufhält, dass sie in einem verschlafenen, aber nicht zu kleinen Ort wie Pirmasens lebt. Und dass sie ausgerechnet beim Staat schwarz putzt, ist auch nur ein paar Stufen aberwitziger, als dass das Ex-RAF-Mitglied Christian Klar seit einigen Jahren als Computeradministrator des Linken-Abgeordneten Diether Dehm im Bundestag arbeitet. Bekannt geworden 2016.

Was die Angelegenheit »DK« unglaubwürdig macht, ist, dass Levi einfach zu viele Geschichten auf Lager hat. Er half auch schon der Sängerin von Tic Tac Toe unterzutauchen, war Schulkumpel von Falco, hat in Kambodscha Kriegsverbrecher gejagt und war mit einer Asiatin in Pirmasens verheiratet, die hochschwanger im siebten Monat mit Zwillingen im Badezimmer von Gangstern aufgeschlitzt wurde. An dieser Stelle zieht er einen zerknitterten Zeitungsartikel hervor, der den Mord an einer asiatisch aussehenden Frau in der Region behandelt.

Hin- und hergerissen zwischen Ärger und Spaß an seinen Räuberpistolen, meiner drückenden Paranoia und einer kleinen, quengeligen Stimme im Kopf, die an den Scoop glauben will, marschiere ich mit ihm vier Stunden in konzentrischen Kreisen durch die Kälte, unterbrochen von einer Kaffeepause beim Bäcker. Als ich mich schließlich am Bahnhof von ihm verabschiede, um meine siebenstündige Heimreise nach Hamburg anzutreten, nimmt Levi meinen Arm und klammert sich mit beiden Händen daran. Er hat Tränen in den Augen.

»Danke, dass Sie mir zugehört haben«, sagt er. »Ich werde Dani ausrichten, dass sie mit Ihnen sprechen soll.«

KAPITEL 13
BRIEFE AN DIE RAF

Seit ich mit den Briefen angefangen habe, schlafe ich nicht mehr gut. Ich träume davon, dass ich den Briefkasten gerade dann erreiche, wenn er kurz zuvor geleert wurde, ich sehe den Postwagen davonfahren, ein ums andere Mal, zu spät, wieder zu spät. Morgens wache ich zerschlagen auf und blicke direkt auf junge, trotzige Gesichter in Schwarz-Weiß, Fotos an meiner Zimmerwand, eine Collage aus RAF-Fahndungsbildern.

Hannah Arendt musste ich abhängen. Kein Platz mehr. Die Leinwand steht nun im Gang. Von dort wirft sie mir ihren ewig belustigten Blick zu. Spott oder Ansporn? Ich kann es gerade nicht mehr beurteilen. Nach der Pleite in Pirmasens versuche ich mit aller Energie »echte« Bekannte des Trios zu kontaktieren. Neben den Fahndungsbildern kleben Ausrisse aus Zeitungen und Zeitschriften und Notizzettel mit Listen von Namen, Namen, Namen, die ich seit Wochen abzuarbeiten versuche. Die Recherche legt sich wie Schimmel über die Wände meines Zimmers.

Meine Vorgehensweise ist die: Ich durchforste die Geschichte der RAF nach möglichen Unterstützern des Trios, also Leuten, die in den achtziger Jahren in der linken Szene rund um Frankfurt am Main und Hamburg aktiv waren, den beiden früheren Aufenthaltsorten des Trios. Das war jedenfalls die Idee. Doch inzwischen schreibe ich vor allem früheren RAF-Mitgliedern der sogenannten 2. und 3. Generation.

Die Einteilung in »Generationen« hat sich so eingebürgert, ist aber irreführend.[10] Hier geht es nicht um Generationen im Sinne einer biologischen Nachkommenschaft, sondern unterschiedlichen Gruppen, die allenfalls kulturell und historisch ähnlich geprägt sind. Die 2. Generation bestand von etwa 1975 bis 1981 und war vor allem ein Zusammenschluss von Leuten, welche die inhaftierten RAF-Gründer der 1. Generation befreien wollten. Es ist denkbar, dass Daniela Klette, Ernst-Volker Staub und Burkhard Garweg bis heute auf nicht entdeckte Waffendepots aus dieser Zeit zurückgreifen. Nachdem so gut wie alle Personen dieser Gruppe inhaftiert worden waren, bildete sich ab etwa 1982 eine neue Gruppe, die sogenannte 3. Generation, zu der das Trio gehört haben soll. Deren Mitglieder kannten die Gründer der RAF, in deren Namen sie kämpften, wohl nicht einmal mehr persönlich und verübten Anschläge, die diese vielleicht gar nicht gutgeheißen hätten.

★ ★ ★

»Deine Handschrift wird immer besser. Bist in Übung neuerdings, geh?«

Mein Vater lacht leise ins Telefon. Wie so oft bei dieser Sache hat seine Frotzelei kleine, böse Spitzen. Er beobachtet meine postalischen Kontaktversuche mit früheren RAF-Mitgliedern misstrauisch. Mit denen reden? Mit Terroristen? Das bringt doch eh nichts.

Manche Ex-RAFler arbeiten heute für linksorientierte Magazine, für Friedens- und Hilfsorganisationen oder soziale Projekte, zum Beispiel für ein Gartenprojekt im Hamburger Umland. Um sie erreichen zu können, muss ich einen Umweg nehmen, Interesse für selbstangebautes Gemüse oder an der Veranstaltungsreihe einer Pfarrei vorschieben.

Ich nutze zum Beispiel eine Fotoausstellung als Vorwand, um mir den Kontakt zu einer Fotografin respektive früheres RAF-Mit-

---

10 Manche Experten sprechen auch von fünf Generationen statt drei, da innerhalb der zweiten Gruppe aufgrund von Verhaftungen mehrmals das Personal wechselte, sodass die einzelnen Anschläge von ganz unterschiedlichen Leuten begangen wurden.

glied der 2. Generation besorgen zu können. Ich würde wegen der Ausstellung sehr gerne mal mit der Fotografin sprechen, schreibe ich dem Veranstalter. Als ich daraufhin die Mailadresse bekomme, schildere ich ihr mein wahres Anliegen. Sie antwortet bitter: »War ja klar, dass das nur das Entrée ist.«

Touché.

»Sie müssen auf meine Mitarbeit verzichten«, heißt es weiter. Aus der Art, wie sie es formuliert, meine ich eine Befriedigung herauszulesen, darüber, entscheiden zu können. Den Gruppenzwang, die Flucht, den Knast hat sie hinter sich. Ihre Geschichte gehört jetzt ihr, nur ihr.

Ich klappe den Laptop zu. Was verspreche ich mir eigentlich von diesen ganzen Anfragen? Nicht, dass ich dadurch Daniela Klette, Ernst-Volker Staub und Burkhard Garweg finde. Niemals sind die so doof, als dass sie sich bei einem ehemaligen RAF-Mitglied verstecken.

Ich zähle mir selbst eine ganze Reihe logischer Gründe auf, die dafür sprechen, mit jedem Ex-Mitglied, das sich bereit erklärt, zu sprechen: die Motivation für Terrorismus verstehen, den Kreislauf von Gewalt und Gegengewalt erkennen, etwas lernen vom Damals fürs Heute und endlich eine neue Diskussion über die RAF in Gang bringen.

Ich weiß, all das stimmt.

Aber es ist nicht der Kern.

Da ist eine grundsätzliche Neugier für die RAF, ein Bedürfnis, hinter die Kulissen zu blicken, das ich zu diesem Zeitpunkt selbst nicht benennen kann. Im Nachhinein denke ich mir, das sagt viel mehr über mich aus, als ich damals wissen wollte.

Meinem Vater erzähle ich nichts davon. Aber er ahnt etwas. Als ich ihm einmal berichte, wie schwierig ich es finde, Leuten Briefe zu schreiben, die sich ein Schweigegelübde über ihre RAF-Zeit auferlegt haben, und zudem schon Tausende Anfragen bekommen haben, sagt er:

»Pass auf, dass du dich denen nicht anbiederst.«

»Schon klar.«

Er hat ja keine Ahnung. Und wie ich mich anbiedere. Meine Briefe und Mails klingen wie die einer übermotivierten Grundschülerin. Worthülsen wie »Faszination« und »Interesse« reihen sich aneinander. Selbst nach dem zehnten Brief finde ich nicht den richtigen Ton, um mein Anliegen vorzubringen. Meine Anfragen geraten zu allgemein, zu ahnungslos, zu wissbegierig. Jedenfalls stelle ich mir vor, dass es so wirken muss.

Ich bekomme eine Absage von einem Lokalpolitiker von der Partei Die Linke in Hamburg, einem Bekannten der Eltern von Burkhard Garweg. Er schreibt mir, er habe zuerst angenommen, ich arbeite für den Verfassungsschutz. Das glaube er jetzt, nach meiner zweiten Mail, nicht mehr. Er denke jetzt, dass ich einfach »ein Rad ab« hätte.

Ich weiß nicht, was mich mehr packt: dass er dachte, ich sei vom Verfassungsschutz oder seine Aussage, dass er das »jetzt« nicht mehr denke. Jedenfalls macht mir seine Antwort Mut. Es sieht so aus, als wäre ich nicht die Einzige, die keine Ahnung hat, wie man sich bei diesem Thema angemessen ausdrückt.

Am Ende der Mail schreibt er: »Suchen Sie sich doch bitte ein anderes Thema als die RAF.« So, als wäre es völlig abwegig, sich damit zu beschäftigen. Dabei sind die Akteure von damals Akteure von heute: Aus den Anwälten der RAF-Ikone Andreas Baader sind beispielsweise die Politiker Otto Schily (SPD), Hans-Christian Ströbele (Bündnis 90/Die Grünen) und der Neonazi Horst Mahler (momentan inhaftiert) geworden. Und das sind nur drei halbprominente Namen stellvertretend für all die Deutschen, die damals jung waren und heute den öffentlichen Diskurs über Justiz, den Staat und Linksextremismus beeinflussen oder gar mitbestimmen.

So wie besagter Lokalpolitiker. Früher war er in der »Bewegung 2. Juni«, eine Terrorgruppe, die 1974 den Präsidenten des Berliner Kammergerichts, Günter von Drenkmann, zu entführen versuchte und dabei erschoss. Sie löste sich 1980 auf und ging in die RAF über. Heute sitzt dieses frühere Mitglied im Stadtparlament von Hamburg-Altona – und schreibt mir, ich solle mir doch bitte mal ein anderes Thema suchen.

Also Schneid hat der Mann.

KAPITEL 14
DIE SCHWEIGEMAUER

Ich stehe mit einem Kaffee vor meiner Recherchewand und ziehe Bilanz. Gut, mit Abfuhren hatte ich gerechnet. Doch mit der Art mancher Begründung nicht. Der Linken-Politiker ist nicht der Einzige mit, sagen wir, merkwürdigen Argumenten. Ein anderer, der verdächtigt wurde, zur 3. RAF-Generation zu gehören, schreibt mir, er habe keine Zeit für so etwas, er kümmere sich um Flüchtlinge. Dieses Argument höre ich mehrmals. Einer, der früher im sogenannten Sympathisantenumfeld der RAF unterwegs war, antwortet mir auf meine Mail, dass die Naziverbrecher problemlos resozialisiert worden seien, während man heute gegenüber »bewaffneten Gruppen« nicht annähernd so großzügig sei. Und: nein, er wolle nichts sagen.

Doch dann habe ich Glück! Karl-Heinz Dellwo aus der 2. RAF-Generation nimmt sich Zeit und trifft sich mit mir an einem kalten Donnerstagnachmittag im Januar auf einen Kaffee in Hamburg, damit ich ihm mein Anliegen schildern kann. Er ist Geschäftsführer eines Verlags. Die Bücher aus dem aktuellen Programm tragen Titel wie *Imperialismus, Staatsfaschisierung und die Kriegsmaschinen des Kapitals* (von Achim Szepanski) oder *Marx und der abnorme Charme der Bourgeoisie* (von Stefano Brugnolo).

Zur Begrüßung sagt er: »Welche Werke von mir kennen Sie?«
Er erwischt mich kalt.
Ich habe keine Ahnung vom theoretischen Unterbau, auf dessen Sockeln sein Leben steht, ich fürchte, mich vor ihm bis auf die Knochen zu blamieren.

Ein paar Tage später mailt mir Karl-Heinz Dellwo, er wolle mir nichts über seine Vergangenheit erzählen. Ich solle doch lieber mal was über meine eigene Generation machen. Seine Generation habe wenigstens gewusst, für was sie kämpft. Wir wüssten ja nicht mal mehr, für was wir eintreten wollen.

Als Daniela Klette 21 Jahre alt war, demonstrierte sie für die Rechte von RAF-Gefangenen, riskierte dafür eine Festnahme. Ich war bisher in meinem Leben nur einmal demonstrieren. Als es um mich selbst ging, bei einer Demo gegen die Einführung von Studiengebühren an der Universität von München.

Dellwo hat recht. Ich lege mich ins Bett, starre ins Halbdunkel meines Zimmers, bis ich mich zwingen kann, die Augen zuzumachen.

Zwanzig Minuten später mache ich die Nachttischlampe wieder an.

Was fällt diesem Dellwo eigentlich ein?

Karl-Heinz Dellwo war am Anschlag auf die deutsche Botschaft in Stockholm 1975 beteiligt, bei dem die RAF zwölf Menschen in Geiselhaft nahm und zwei tötete. Auf eine der Geiseln schossen sie fünfmal von hinten und stießen den Sterbenden wie menschlichen Abfall die Treppe hinunter. Und der sagt mir, ich solle mal lieber über meine Generation nachdenken.

Ein neues Gefühl macht sich in meiner Magengrube breit: Wut. Ich steige aus dem Bett und tappe in die Küche, um mir ein Glas Wasser zu holen. Natürlich: nur weil Leute wie er nicht mit *mir* sprechen wollen, heißt das nicht, dass sie überhaupt nicht sprechen wollen. Ich bin Journalistin, eher Feind als Freund. Noch dazu habe ich nichts vorzuweisen, was mich für dieses Thema in ihren Augen qualifizieren würde. Die Journalistin Michèle Ray, die 1970 von Ulrike Meinhof auserkoren wurde, sie im Untergrund für ein Interview zu treffen, hatte davor über palästinensische Fatah-»Revolutionäre« geschrieben.

Doch ich denke, es geht hier sowieso gar nicht um meine Person oder Funktion. Die Reaktion dieser Leute zeigt vielmehr: Sie halten sich für etwas Besseres. Sie sind sich zu schade für Antworten an Nachgeborene.

Ich stehe mit dem Wasserglas in der Hand vor der Collage an der

Wand. Plötzlich sehe ich selbstgerechte Mienen auf den Gesichtern der früheren RAF-Mitglieder. Die Gegenwart macht also die Vergangenheit unwichtig? Gerade jene, die die Nazi-Vergangenheit ihrer Eltern anprangerten, die für Aufklärung, und gegen den »Muff unter den Talaren« waren, sehen heute keinen Sinn darin, sich mit der eigenen Vergangenheit auseinanderzusetzen? Was sie ihren Eltern vorwarfen – Hochmut, Verblendung – und was sie von ihnen forderten – Demut, Selbstreflexion –, sehen sie bei sich selbst nicht angebracht beziehungsweise: Sie wollen selbst darüber entscheiden, wann und wie sie diese äußern. Eine solche Wahl haben sie den Vorgängergenerationen nicht gelassen.

Ich seufze. Sind diese Ansichten Teil der linken Ideale, für die ich Sympathie zu haben glaubte? Vielleicht ist das Schweigen aber auch einfach der Lauf der Zeit. Du brichst mit allem Bekannten, setzt dein Leben und das anderer aufs Spiel, wirfst dich mit allem, was du hast, in einen selbsterklärten Krieg, überlebst Jahrzehnte der Haft – und danach willst du nichts mehr davon wissen.

Diese Weigerung zurückzublicken entwertet alles, was früher vielleicht einmal richtig daran war. Falls es so etwas wie Ideale überhaupt gegeben hat. Ich denke daran, was Oliver Tolmein zu mir gesagt hatte: Er fühle sich als Zeitzeuge verantwortlich, Gesprächsanfragen anzunehmen. Für ihn, der kein RAF-Mitglied war, an dessen Händen kein Blut klebt, ist das sicher einfacher zu bewältigen. Doch selbst wenn man mit der damaligen Zeit abgeschlossen hat und sich nun um andere Dinge kümmert, muss man da nicht die Fragen Nachgeborener zulassen?

* * *

Als ich meinen Vater das nächste Wochenende besuche und ihm von der Schweigemauer erzähle, nickt er unbeeindruckt.

»Wie geht's jetzt weiter?«, fragt er.

Ich zögere. Es gibt Personen, die ich noch nicht angefragt habe, obwohl ich weiß, dass sie das Trio sehr gut kennen, vielleicht sogar am besten: die Eltern der drei. Doch versetze ich mich in ihre Lage, muss ich mich fragen: Welches Recht habe ich, in ihren Wunden herumzustochern?

Das ist die eine Seite.

Auf der anderen muss ich immer wieder an den Rucksack von Birgit Hogefeld denken. Den hatte sie 1993 vor ihrer Zugfahrt nach Bad Kleinen in einem Schließfach in Wismar deponiert. Die Ermittler fanden ihn nach ihrer Festnahme. Im Rucksack lagen zwei Dutzend Briefe. Trotz ihres Lebens im Untergrund war Hogefeld mit ihrer Familie in Kontakt geblieben – und hatte sich sogar mit ihr getroffen.

In einem der Briefe heißt es: »liebe mama, […] heute lege ich übrigens den geburtstagssauerbraten ein. alles liebe für dich und ganz viele grüße besonders auch von allen hier die du kennst.«

Daniela Klettes Mutter ist schon lange tot. Es heißt, die Polizei habe ihr Grab in Karlsruhe observieren lassen, in der Hoffnung, die Tochter würde irgendwann einmal dort auftauchen. Über den Vater finde ich nichts heraus. Die Eltern von Ernst-Volker Staub müssen sehr alt sein, falls sie überhaupt noch leben. Bleiben die Eltern von Burkhard Garweg. Sie sind noch die jüngsten, beide Ende 80.

»Probier's«, sagt mein Vater.

★ ★ ★

Zurück in Hamburg schreibe ich ihnen einen langen Brief. Und dann, als ich nach zwei Monaten nichts höre, noch einen. Der Vater war zur Zeit, als Burkhard Garweg verschwand, ein angesehener Allgemeinmediziner, hatte bis zur Rente eine Praxis auf dem Kiez, an der Reeperbahn in Hamburg. Er sei einer von jenen Ärzten gewesen, so höre ich von vielen, die damals auf St. Pauli wohnten, die sich um die kleinen Leute gekümmert hätten.

Ich bekomme nie eine Antwort auf meine Briefe. Im Nachhinein denke ich mir: natürlich nicht. Angenommen, sie hätten Kontakt – warum sollten sie den durch ein Gespräch mit einer Journalistin gefährden?

Auch Burkhard Garwegs Schwester will sich nicht zu ihrem Bruder äußern. Ich rufe sie an einem Februartag in ihrer Anwaltskanzlei an. An ihrem Tonfall höre ich, dass sie Anrufe wie den meinen gewohnt ist. Sie arbeitet wie eine Chirurgin mit dem Skalpell, meine Argumentation durchtrennt sie mit scharfen Schnitten. Nicht unfreundlich, nein, nur so, dass sich meine Bitte um ein Gespräch nach fünf Minuten wie ein Verbrechen anfühlt.

★ ★ ★

»Das ist in Ordnung«, sage ich dazu beim nächsten Telefonat mit meinem Vater. »Ich würde meinen Bruder auch schützen. Was mich ärgert, ist das Schweigen der früheren RAF-Mitglieder.«
»Mei, was hast du erwartet, Pati?«
Ich sage nichts.
»Die nehmen ihr Wissen mit ins Grab.«
»Na, danke für die Motivation, Papa.«
Ich ärgere mich. So viel schwarze Befriedigung in seiner Stimme. Nach dem Motto: Die Menschen sind schlecht, sie verhalten sich schlecht – so ist das eben. Wird man als Polizist so, weil man immer mit dem Bösen im Menschen konfrontiert wird? Unwillkürlich muss ich an seinen sicher schlimmsten Einsatz als Polizist denken: der bei den Olympischen Spielen 1972. Könnte das Erlebte damals etwas mit seiner verbitterten Weltsicht zu tun haben? Was damals genau passiert ist, weiß ich nicht. Ich hoffe, die gemeinsame Suche wird mir eine Möglichkeit bieten, ihn danach zu fragen.
»Hallo, Pati, ja Herrschaftszeiten, bist noch da?«, ruft mein Vater ins Telefon.
Vielleicht ist es auch einfach nur das Alter.
Was auch immer es ist – ich bin mir jedenfalls sicher, dass sich dahinter etwas anderes versteckt: Enttäuschung. In Wahrheit geht es ihm nämlich wie mir. Die früheren RAF-Mitglieder scheinen in einer Art geistigem Untergrund zu leben. Als hätten sie ein Schweigegelübde abgelegt, das es ihnen unmöglich macht, zu sprechen – oder sie genau davor bewahrt. Ja, vielleicht ist das Schweigen das Einzige, das ihnen noch bleibt.

Für mich bedeutet es eine Recherche-Sackgasse. Meinem Vater gegenüber will ich das aber natürlich nicht eingestehen.

»Vielleicht kommt ja doch noch eine Antwort«, beharre ich am Ende unseres Telefonats.

»Wie immer hoffnungslos optimistisch«, sagt er.

Einen Monat später bekomme ich einen Brief. Von einem früheren RAF-Mitglied.

KAPITEL 15
EINE ART ANTWORT

»Da schau her!«, ruft mein Vater aufgeregt, als ich ihn nach meinem Gang zum Briefkasten anrufe, die noch ungeöffnete Post in der Hand. Manchmal muss man einfach einen langen Atem haben, denke ich. Fast hätte ich mir selbst auf die Schulter geklopft.

Der Brief ist von Günter Sonnenberg, Mitglied der 2. RAF-Generation.

»Der hat doch einen Polizisten zamg'schossen bei der Festnahme, geh?«, fragt mein Vater.

»Das ist der, dem von einem Polizisten in den Kopf geschossen wurde, ja«, antworte ich.

★ ★ ★

Am 3. Mai 1977, vier Wochen nach dem Mordanschlag auf Generalbundesanwalt Siegfried Buback, meldet sich in Singen am Bodensee eine ältere Dame bei der Polizei. Im Caféhaus Hanser will sie zwei RAF-Mitglieder beim Frühstücken erkannt haben. Solche Hinweise bekommt die Polizei damals ständig. Die hinbeorderten Beamten halten das Paar für unverdächtig, wollen es aber vorschriftsmäßig kontrollieren. Weil die beiden angeben, ihre Papiere im Auto vergessen zu haben, begleiten die Beamten sie nach draußen.

Die beiden Polizisten sind bewaffnet und Anfang zwanzig. Genau wie die beiden RAF-Mitglieder Günter Sonnenberg und Verena

Becker. Plötzlich zieht Becker ihre Waffe und schießt zweimal auf einen der beiden Polizisten. Der geht zu Boden, stellt sich tot, sein Kollege flüchtet hinter ein Auto. Sonnenberg setzt ihm nach, schießt neunmal auf den Polizisten.

Nur drei Kugeln gehen daneben.

Danach rennen die beiden RAF-Mitglieder auf die Straße, halten ein vorbeifahrendes Auto an. Sonnenberg drückt dem Fahrer eine Pistole gegen die Schläfe und zwingt ihn so, auszusteigen. Verfolgt von zwei Polizeiwagen, rasen sie mit dem gekaperten Fahrzeug durch die Gegend, bis sie in eine Sackgasse geraten. Sie steigen aus und versuchen, zu Fuß zu fliehen. Die Polizei eröffnet das Feuer. Becker wird von hinten in den Oberschenkel getroffen, Sonnenberg in den Hinterkopf. Ein Mordversuch, so die linke Szene.

»Zu deiner Info, Pati: Es ist vollkommen gesetzeskonform, da zu schießen«, sagt mein Vater. »Dass er in den Hinterkopf getroffen wurde, war bestimmt nicht geplant.«

»Soll ich jetzt vorlesen oder nicht?«, frage ich.

Pause.

»Ja. Mach.«

»Also«, räuspere ich mich, »da steht: Liebe Patrizia Schlosser! Grundsätzlich sind Ihre Fragen berechtigt und legitim ... «

Weiter schreibt er, dass ihm bei seiner Festnahme in den Kopf geschossen worden sei und er darauf vier Wochen im Koma gelegen und wieder habe sprechen lernen müssen. Der ganze erste Absatz dreht sich um seine Schussverletzung. Dann schreibt er, keiner dürfe »Menschen täuschen, austricksen«, er schreibt von »Kulissen«, die er nicht bieten möchte, darüber, dass er erst einmal »herauskriegen« möchte, was meine »wirklichen Bedürfnisse« seien.

Ich lese Misstrauen in fast jeder Zeile, lasse das Papier sinken und weiß nicht so richtig, was ich sagen soll. Ich bin mir nur mit einem sicher: Noch nie habe ich eine solche als Absage und Anklage zugleich verpackte Antwort bekommen wie diese. Auch meinem Vater hat es die Sprache verschlagen.

»Tja«, sagt er schließlich.

»Tja«, sage ich.

Die Euphorie hat einer Ernüchterung Platz gemacht.
Später schreibe ich Günter Sonnenberg, wir könnten uns ja erst einmal kennenlernen. Wann und wo es ihm recht wäre.
Ich höre nie wieder etwas von ihm.

★ ★ ★

Es gilt meine Aufmerksamkeit wieder auf ein mögliches Unterstützernetzwerk des Trios zu richten: frühere Bekannte und politisch Gleichgesinnte. Dafür telefoniere ich eines Abends mit Professor Dr. Alexander Straßner von der Universität Regensburg. Der Politologe ist nahezu der einzige Wissenschaftler, der ausführlicher zur 3. RAF-Generation forschte und publizierte.[11]

In elegantem bairischen Singsang erinnert er mich daran, dass selbst wenn Klette, Staub und Garweg zur RAF gehörten, damit sehr wahrscheinlich nicht alle RAF-Mitglieder der 3. Generation bekannt seien. Man müsse herausfinden, wer die anderen, die unbekannten seien, die heute vielleicht ein ganz normales Leben in Deutschland führten, und mit ihnen sprechen.

Nur wie?

Er gibt mir einen Tipp: Für seine Forschungen hat er einige BKA-Mitarbeiter interviewen können und von einer ominösen Liste gehört, einem verdächtigen Personenkreis, den eine Arbeitsgruppe aus Verfassungsschutz und BKA-Leuten Mitte der neunziger Jahre einkreiste. Die sogenannte »Zehnerliste«.

»Diese zehn Leute auf der Liste, da sind sich die Behörden relativ sicher, sollen dabei gewesen sein. Aber sie können es ihnen nicht nachweisen«, sagt Professor Straßner beschwörend.

»Eine Liste von zehn Verdächtigen?«

»Wenn Sie an die rankommen würden, wäre das hochspannend! Ich bin da gegen Türen gerannt.«

---

11 Alexander Straßner: *Die dritte Generation der »Roten Armee Fraktion«. Entstehung, Struktur, Funktionslogik und Zerfall einer terroristischen Organisation*, Westdeutscher Verlag, Wiesbaden 2003.

Ich kritzele »Zehnerliste!?« auf ein rotes Post-it und klebe es an meine Recherchewand.

★ ★ ★

Im Zeitungsarchiv stoße ich auf eine frühere Bekannte Burkhard Garwegs, eine Schriftstellerin. »Der Burkhard war in der RAF? Na, so was!« heißt der Text, den Sarah Khan 2007 für die Süddeutsche Zeitung schrieb.[12] Zu der Zeit wusste man noch nichts von der großen Raubserie des Trios. Nur der Überfall auf den Geldtransporter in Duisburg 1999 war bekannt.

Ich rufe sie an, sie lebt heute in Berlin. Garweg kenne sie aus ihren Teenagertagen in Hamburg, sagt sie. Da sei sie etwa 14 Jahre alt gewesen. Sie willigt ein, sich für ein Interview mit mir zu treffen.

An dem Morgen, als ich mich fertig mache, um nach Berlin zu fahren, meldet sich Achim Levi mit einer Mail. Er arbeite an einem Blog. Ob ich mal einen Blick darauf werfen wolle? Er schickt mir einen Link, der mir erlaubt, auf eine noch nicht veröffentlichte Version dieses Blogs zuzugreifen. Ich muss laut auflachen, als ich den Text lese. So ein Schlitzohr. Der Webblog ist eine Art Tagebucheintrag aus dem gemeinsamen Leben von Achim Levi und DK alias Daniela Klette. Die beiden sind jetzt ein Paar und erleben allerhand Abenteuer: Schießereien mit dem Verfassungsschutz und romantische Momente der Zweisamkeit im Untergrund. Während ich mich abstrampele, ist Achim Levi offenbar in seiner Phantasiewelt ein ganzes Stück weitergekommen.

---

12 Sarah Khan: »Generation Unwichtig. Der Burkhard war in der RAF? Na so was!«, in: *Süddeutsche Zeitung am Wochenende*, 14./15. April 2007, S. 3.

KAPITEL 16

BURKHARD GARWEG AM TRESEN

Es muss Ende der achtziger Jahre gewesen sein, sagt Sarah Khan. Es war reiner Zufall. Burkhard Garweg saß am Tresen in einer Kneipe auf dem Kiez in Hamburg. Eine von diesen Kellerkneipen, die mal kurz in und dann wieder weg waren. Weil Khan nicht wusste, dass Garweg untergetaucht war, dachte sie sich nichts dabei, ihn da sitzen zu sehen, nickte ihrem alten Bekannten vielleicht zu, vielleicht auch nicht, wer weiß das noch so genau, und das war's.

Erst als sie ihrem Opa ein paar Wochen später davon erzählte, begriff sie, was diese zufällige Begegnung bedeutete. Khans Opa war mit dem Vater von Burkhard Garweg befreundet.

Ihr Opa reagierte aufgeregt. Nein, das hast du nicht! Du hast ihn nicht gesehen! Doch sagte sie, sie sei sicher, sie habe ihn gesehen. Sie kenne doch Burkhard. Da erzählte er ihr, dass der verschwunden sei. Seine Mutter sterbe fast vor Angst. Die Eltern seien in Kurdistan herumgefahren und hätten ihn gesucht. Sie solle ihm sagen, wann und wo sie den Verschwundenen gesehen habe. Er wolle das Garwegs Mutter ausrichten.

»Und?«

Sarah Khan zuckt mit den Schultern.

»Die Mutter ist dann wohl auch hingegangen in die Kneipe.«

Die Schriftstellerin erzählt mit rauer Stimme, ruhig und präzise. Wir sitzen in einem Café in der Nähe der Berliner S-Bahn-Station Bellevue. Ihr aktuelles Buch heißt *Das Stammeln der Wahrsagerin*. Es geht um »Unglaubliche Geschichten hinter Kleinanzeigen«.

Als Garweg verschwand, fiel das außer seiner Familie erst einmal niemandem auf. Er war über 18, konnte machen, was er wollte. Auch wenn er noch Schüler war, als er von zu Hause auszog – es gab keinen Grund für eine Vermisstenanzeige. So kam es, dass erst Anfang der Neunziger, als die Bundeswehr ihn zum Wehrdienst einziehen wollte, offiziell auffiel, dass er untergetaucht war.

»Wahrscheinlich hat er einfach in der Hafenstraße gewohnt, nachdem er von zu Hause weg ist«, sagt die frühere Bekannte. Die Kneipe, in der sie ihn am Tresen sitzen sah, war gleich um die Ecke. Ich mache mir eine Notiz dazu. Es heißt ja, dass die Hafenstraße der letzte Ort war, an dem auch Klette und Staub gesehen wurden.

Sarah Khan beobachtet mich. Ihre tiefschwarzen elegant geschwungenen Augenbrauen sind leicht nach oben gezogen. Jedes Mal, wenn ich eine Frage stelle, durchleuchtet sie mich mit einem Blick wie ein Körperscanner am Flughafen. Es scheint fast, als würde sie lieber mich zu meiner Suche nach dem Trio interviewen als anders herum.

Burkhard Garweg lernt sie kennen, als sie zum Schülermagazin *Clinch – Magazin für die aufgeweckte Jugend* stößt. Sie hat mir eine Ausgabe mitgebracht. »Die Reichen macht ihr immer reicher, die Armen macht ihr fertig«, lautet die Überschrift eines Artikels. Garweg war nicht der Hauptverantwortliche des Magazins, aber es war seine Telefonnummer, die im Impressum stand. Stolz genug auf das Heft, um seine Nummer anzugeben, war er wohl. Ich blättere durch die Seiten. Es ist ein buntes, wildes Magazin und hat etwas im besten Sinne Selbstgemachtes. Man kann spüren, dass hier niemand reinredete. Keine Erwachsenen, keine Vorschriften. Die Jugendlichen entwarfen das Magazin selbst – wir sprechen hier vom analogen Zeitalter, als das nicht mit ein paar Klicks am Computer geschah, sondern mit Schere und Papier. Sie brachten es auch zur Druckerpresse und sorgten für den Verkauf.

Bei den Redaktionssitzungen saß man auf dem Boden. Die *Clinch*-Truppe traf sich dazu auch ein paarmal in Garwegs Elternhaus, »eine Arztfamilie, große Wohnung, sehr sympathisch alles«. In der Gruppe sei manchmal ganz schön gestritten worden. Es seien wie überall auch Leute dabei gewesen, mit denen man nicht diskutieren konnte, »dominierende Arschlöcher, die alle niederbrüllen«, erzählt Khan. Sie zieht eine Augenbraue hoch. Was willste machen.

»Warst du damals radikaler als heute?«, frage ich.

»Ich war eher so eine grüne Müslifresserin«, sagt sie. »Damals war man drei Monate Punk, dann drei Monate Popper, dann Biomüslifresser.« Es sei auch immer ein bisschen vom Geldbeutel abhängig gewesen, in welcher Subkultur man mithalten konnte. »Also Poppersein zum Beispiel war einfach extrem teuer.«

Sie überlegt einen Moment.

»Es war eine besondere Zeit. Eine aggressive Zeit«, sagt sie. »Man hatte so eine komische Opferidentität, ich kann mir vorstellen, dass es heute bei Pegida oder AfD genauso ist, dass man sich so total einigelt in einer Bedrohungslage.«

»Aber untereinander seid ihr eine verschworene Gemeinschaft gewesen?«, frage ich.

»Es war völlig unangemessen, über sich selbst zu sprechen.«

Sie verzieht den Mund.

»Ich meine, es gab ein Mädchen, das immer viel von ihren Gefühlen gesprochen hat. Die wurde von allen verachtet. Man nannte sie die ›spontane Dani‹.«

Khan lacht bei der Erinnerung peinlich berührt.

»Das war gemein. Sie war eigentlich ganz nett, aber sie war weich, und das hat man ihr gnadenlos angelastet.«

Jeder bemühte sich damals darum, anders zu sein, und doch war der Konformitätsdruck sehr stark. »Sogar bei den Punkern. Wenn man den gleichen Gürtel oder das gleiche T-Shirt hatte, war das eine Lebenskatastrophe.«

»Was trug Burkhard Garweg für Klamotten?«

»Lederhosen.«

»Lederhosen?«

»Das war damals sehr in, diese handgeschneiderten hautengen, dicken Lederhosen. Indianerstyle. Nicht dieses schwarze Punkerding.«

Er kommt ihr in der Erinnerung vor wie ein weicher, wolliger, lockiger Typ – mit Gewaltphantasien.

»Mit Gewaltphantasien?«

»Er hatte so was Verzücktes, wie das heute bei religiösen Fanatikern häufiger zu erleben ist, wenn sie sich high träumen.« Der Satz senkt sich wie eine Glasglocke über unseren Tisch. Das Mahlen der Kaffeemaschine, das Gläserklirren und die Gespräche an den Nachbartischen scheinen zu verstummen.

In diese unwirkliche Stille hinein erzählt mir Sarah Khan von einer Erinnerung an Garweg, die sich in ihr Gedächtnis eingebrannt hat. Vielleicht, weil es ihr im Nachhinein wie eine Vorwegnahme seines Schicksals erscheint.

Es war an einem Tag, als sie sich in einem Park trafen, dem Wohlers Park in Hamburg-St. Pauli, und da »bei eitlem Sonnenschein auf der Picknickdecke« saßen. »Und dann hat er gesagt: Wenn die Revolution kommt, dann wird es auch Gewalt geben.«

Sie lehnt sich zurück und macht mit der Hand eine »Vorsicht«-Geste. Denn so etwas zu sagen, sei andererseits nichts Ungewöhnliches gewesen. Das war sozusagen eine stehende Rede unter Linken: Was tun, wenn die Revolution kommt?

Ein Beispiel: »Mein Freund Klaus damals war Wehrersatzdienstleistender und betreute einen Schwerbehinderten. An der Grindelallee, da gab es so einen tollen Luxus-Badezimmer-Laden, Gold-Armaturen. Und immer wenn Klaus ihn da vorbeigeschoben hat, hat der gesagt: Wenn die Revolution kommt, dann wird dieser Laden als Erster enteignet!«

Ich muss schmunzeln. Wie putzig, dieser Glaube an eine baldige Revolution. Heute kaum mehr vorstellbar.

»Hast du, nachdem du Burkhard Garweg am Tresen gesehen hast, noch einmal was von ihm gehört?«

Sie schüttelt den Kopf.

»Jemand von *Clinch*«, erzählt sie, »hat mir mal gesagt, Burkhard sei vom Schwarzen Block angeworben worden.«

Kurzes Nachdenken.

»Die haben Typen gesucht. Ist ja heute auch so bei den Islamisten. Das sind Menschenfänger. Er war so eine offene Seele.«

Für ihren Zeitungsartikel 2007 fragte Khan alte Freunde und Bekannte aus der damaligen Szene nach ihren Erinnerungen an Garweg. Es war keine angenehme Recherche, erzählt sie. Sie fühlte sich bedroht. Schon eine kaputte Fensterscheibe in ihrem Treppenhaus reichte aus, um ein Kopfkino in Gang zu setzen. Galt das mir? Ist das eine Warnung?

»Man hat ja das Gefühl, Leuten näherzutreten, die das nicht wollen, die einen sehr starken Schutz aufbauen, die sich auch verteidigen würden und die auch gefährlich sind wahrscheinlich ...«, Khan verstummt kurz. »Ich habe sofort gemerkt, wie Paranoia funktioniert.«

Ich nicke.

Erst jetzt, als Sarah Khan es ausspricht, gestehe ich es mir ein: Dieses Gefühl in etwas Unheilvollem herumzustochern, von dem man besser die Finger lassen sollte, begleitet mich inzwischen ständig. Das Unausgesprochene rund um die RAF-Zeit hat etwas Bedrohliches. Ich sehe gehässige Kommentare in linken Foren über RAF-Historiker und Journalisten und denke mir unwillkürlich: Darauf kannst du dich schon mal freuen. Mein Telefon klingelt, eine unterdrückte Nummer, und ich zucke zusammen. Ich gucke einen bescheuerten Film, in dem eine tote Katze als Warnung an eine Haustür genagelt wird und denke, gut, dass ich in einem Mehrparteienhaus wohne.

Meinem Vater erzähle ich nichts davon. Diese Genugtuung will ich ihm nicht gönnen, vor allem aber will ich die Gedanken nicht aussprechen und damit zugeben, dass ich sie wirklich habe. Solange ich sie mir nur denke, kann ich sie verdrängen. Was für eine perverse Verdrehung des Satzes »Die Gedanken sind frei« betreibe ich da eigentlich?

»Schade, dass du deinen Vater nicht mitgebracht hast«, sagt Sarah Khan und reißt mich aus meinen Gedanken.

Ich richte mich auf.

»Hättest du ihn gerne kennengelernt?«, frage ich.

»Ja klar, spannend so ein Ex-Bulle.«

Ich schaue sie verblüfft an.

»Ich wär auch gern Bulle geworden«, erzählt Khan weiter. »Aber alle in meiner Umgebung haben mir damals davon abgeraten.« Ihre Stimme bekommt einen vorwurfsvollen Ton. »Jahre später rief mich einer an und meinte, dass die Kripo da gewesen sei und die hätte ihn so an mich erinnert. Da bin ich richtig böse geworden: ›Ja, hättest du mich damals mal unterstützt!‹«

Ich bin es nicht gewohnt, dass jemand bei dieser Recherche so positiv auf den Beruf meines Vaters reagiert und lache auf. Da stoße ich erneut auf ihren Röntgenblick. Ein beständiges »Was sagt mir deine Reaktion über dich?« scheint darin zu liegen. Verdammt, ja, sie wäre eine gute Polizistin geworden.

Sie schaut mich an.

»Viele Journalisten sind ja verhinderte Kommissare.«

KAPITEL 17

IN DER HAFENSTRASSE

Sonntags beim Kaffeetrinken zu Hause mit meinem Vater: Ich erzähle von den Recherchen der vergangenen Wochen. Im Internet hatte ich eine Solidaritätsbekundung für Daniela Klette, Ernst-Volker Staub und Burkhard Garweg gefunden: »Wir wünschen unseren ehemaligen Mitbewohner*innen Freiheit, Glück und immer eine Handbreit Wasser unter dem Kiel. Liebe und Kraft. Für die Einstellung aller Verfahren und das Ende der Fahndung. Bewohner*innen der Hafenstraße – 13. Februar 2016«.

Am Tag darauf, vergangenen Mittwoch, stand ich in der Hafenstraße. Ich wollte herausfinden, wer das geschrieben hatte. Lange suchen musste ich nicht. An einer der mit Graffiti, Postern und Aufklebern überzogenen Hausfassaden flatterte ein riesiges weißes Plakat: »Freiheit und Glück für Burkhard, Dani + Ernst«. Den Leuten, die hier wohnen, scheint das Schicksal des Trios offenbar bis heute wichtig zu sein. Weil sie die drei von früher kennen? Weil sie ihnen heute noch helfen?

Das Gerücht, RAF und Hafenstraße seien eins, existiert fast so lange wie die acht Altbauten an der Elbe besetzt sind: seit Anfang der achtziger Jahre. Der Vorwurf lieferte der Stadt einen weiteren Grund, die Häuser zwangsweise räumen zu lassen. Doch sie wurden immer wieder zurückerobert und neu besetzt.

Noch eine Weile stand ich in der Winterkälte vor dem Haus herum, und fragte mich, ob jemand drinnen Notiz von mir nahm. Auf einem Hinweisschild an einem der Häuser hatte ich die Warnung

gelesen, man solle hier nicht rumhängen oder fotografieren, wenn man keinen Eimer Wasser auf den Kopf wolle.
Ob die das ernst meinen?
»Das kannst glauben!«, sagt mein Vater.
Er lehnt sich zurück und verschränkt die Arme.
»Pati, du hast ja in der Zeit nicht gelebt.«
»Ich habe also mal wieder keine Ahnung.«
»Die Hafenstraße war früher ungefähr so Thema wie man heute über den Syrienkrieg berichtet.«
»Ach komm, jetzt übertreibst du.«
»Da gab's regelrechte Straßenkämpfe!«

Für mich war die Hafenstraße bis jetzt ein Symbol für so verschwommene Begriffe wie Rebellion und Freiheit. Schwer fassbar, aber wann immer sie verwendet werden können, greift man gerne zu: »Die Freiheit nehm ich mir« – Werbung für eine Visa-Kreditkarte aus den neunziger Jahren. An Gewalt dachte ich bei der Hafenstraße nicht. Besetzte Häuser waren einfach cool. Nebenan gibt es heute eine Grünfläche, den »Park Fiction«. Leute wie ich, die brav zu horrenden Preisen in Mietwohnungen leben, treffen sich hier für ein Feierabendbier. Vor einem liegt dann der Hafen und schräg links im Rücken die einst besetzten Häuser. Prost. Die Hafenstraße war meine Kulisse, um mich ein bisschen unangepasster zu fühlen.

Erst jetzt schaue ich mir die gewaltsame Auseinandersetzung mit der Stadt Hamburg genauer an. Die Hausbesetzer bauten Barrikaden aus Straßenplatten, alten Waschmaschinen und Stacheldraht, warfen Molotowcocktails und Pflastersteine. Die Polizisten zielten mit Wasserwerfern in Wohnungen, sprühten Reizgas auf Betten, warfen Murmeln in Toiletten, um die Rohre zu verstopfen. Dass in den dreizehn Jahren Auseinandersetzung niemand gestorben ist, grenzt fast an ein Wunder. Seit 1995 gehören die Häuser den Mitgliedern einer Genossenschaft ehemaliger Hausbesetzer.

»Die Stadt hätte ihnen die Häuser ja einfach mal früher überlassen können. Das hätte ihr eine Menge Ärger gespart«, sage ich zu meinem Vater.

»Ist vollkommen egal, ob diese Häuser zehn Jahre lang brach g'legen sind. Da kann nicht einfach jemand kommen und die besetzen, Pati.«

»Wäre es dir lieber, wenn da heute eine Starbucks-Filiale und Büros wären?«

Mein Vater schiebt seinen Kopf wie einen Rammbock über den Tisch.

»Sie hätten es trotzdem auf dem rechtlich korrekten Weg machen müssen.«

Ich beuge mich ebenfalls nach vorne.

»Du weißt genau, dass dann nie was passiert wäre!«

»Dann muss man es eben lassen!«

Wir starren uns wütend an.

»Deiner Meinung nach muss man also immer schön Untertan sein, ja?«

»Pati, ansonsten bist ein Bananenstaat!«

★ ★ ★

Zurück in Hamburg, schreibe ich einen Brief an die Bewohner des Hauses mit dem Plakat für das Trio und lese mich durch die Papierquellen zur Hafenstraße. Im St.-Pauli-Archiv, einem kleinen Archiv zur Geschichte des Stadtteils in der Paul-Roosen-Straße stoße ich auf einen 27 Jahre alten Artikel. Es geht um eine gigantische Durchsuchung der Hafenstraße am 15. Mai 1990. Zwei mutmaßliche RAF-Unterstützer sollen festgenommen werden, eine Frau und ein Mann. Die Polizei rückt an, obwohl die Behörden wissen, dass sie die beiden mit großer Wahrscheinlichkeit nicht in der Hafenstraße finden werden. Sie sind schon seit Wochen untergetaucht. Trotzdem umstellen und durchsuchen 2200 Einsatzkräfte die Hafenstraße.

In einer Wohnung im Haus Nummer 110 finden die Beamten unter anderem einen Scanner zum Abhören des Polizeifunks, einen Farbkopierer, einen Computer mit zahlreichen verschlüsselten Disketten und die Kopie einer RAF-Erklärung. Laut der Bundesanwaltschaft Beweise dafür, dass die Hafenstraße eine »Schaltzentrale der RAF« sei.

Ich finde das ganz schön dünn als Beweis für eine Terrorzentrale und frage mich, ob die Festnahme der beiden mutmaßlichen RAF-Unterstützer nur ein Vorwand war, um die Hafenstraße durchsuchen zu können – und dann eben etwas zu finden, was man brauchen kann, um sie endlich zwangsräumen zu können. Andererseits: Was kann man schon finden, was wirklich als RAF-Beweis taugen würde?

Die rund 100 Bewohner der Hafenstraße wehren sich mit einer Pressekonferenz gegen die Verdächtigungen: »Wer hier lebt, ist nicht RAF.« Vier Monate nach der Durchsuchung, im September 1990, meldet sich die RAF selbst zu Wort, mit einer »Erklärung zur Hafenstraße«:

»Wir sagen gegen diese Lüge: Es gab und gibt keine Pläne von uns in der Hafenstraße, noch gibt es ›legale‹ Mitglieder der RAF – weder im Hafen noch gibt es sie überhaupt.«[13]

Ich seufze und stütze die Hände auf dem großen Arbeitstisch des St.-Pauli-Archivs. Wie spannend es wäre, mit jemandem darüber sprechen zu können anstatt bloß davon zu lesen. Die freundliche Dame hinter der Rezeption wirft mir einen fragenden Blick zu. Ich lächle und mache mit der Hand eine Bewegung: Nichts weiter, alles gut. Im trüben Licht eines wolkenverhangenen Nachmittags gehe ich nach Hause. Keine Antwort aus der Hafenstraße.

Abends pinne ich Kopien der Fotos vom Tag der Durchsuchung 1990 an meine Recherchewand. Sie zeigen, wie Polizisten mit Helmen und teilweise maskiert in einer riesigen Kette die acht Häuser umzingeln. Am Straßenrand stehen ein Wasserwerfer und mehrere Gefangenentransporter bereit.

Da fällt mir ein: Was ist eigentlich aus dem verdächtigen Paar geworden, dem eigentlichen Anlass für die Durchsuchung? In dem Artikel, den ich gelesen hatte, werden sie verdächtigt, den Anschlag

---

13 RAF zur Hafenstraße, Erklärung vom 24.9.1990, in: *Rote Armee Fraktion – Texte und Materialien zur Geschichte der RAF*, ID Verlag, Berlin 1997, S. 399.

auf Alfred Herrhausen 1989 mit vorbereitet zu haben. Es werden ihre vollen Namen genannt und sogar Fotos von ihnen abgedruckt. Beide sind bereits als RAF-nah bekannt. Er soll eine wissenschaftliche Einrichtung in Itzehoe ausspioniert haben. Sie wird wegen Verabredung zum Bankraub per Haftbefehl gesucht.

Was wurde aus den beiden? Ich setze mich an den Laptop und suche nach einer Auflösung der Geschichte. Doch die beiden mutmaßlichen RAF-Unterstützer tauchen nicht wieder in der Berichterstattung auf. Als wären sie nie in den Schlagzeilen gewesen. Ihr Schicksal ist eine von diesen Nachrichten aus der RAF-Zeit, die zuerst für große Aufregung in der Öffentlichkeit sorgten und dann komplett vergessen wurden.

Ich überlege: Die beiden wohnten in der Hafenstraße, zur selben Zeit, als sich dort auch Klette, Staub und Garweg aufhielten. Anfang der neunziger Jahre verschwinden sie von dort, sollen untergetaucht sein, weil die Polizei sie als RAF-Unterstützer suchte – und können nie festgenommen werden. Gibt es da eine Verbindung?

Knapp 27 Jahre später versuche ich nun also, die beiden zu finden – und stoße auf ihre Adresse. Hier werde ich sie Hildegard Krämer und Paul Tiene nennen. Es ist keine besondere Leistung, sie heute ausfindig zu machen. Sie verstecken sich nicht mehr, müssen sich nicht mehr verstecken. Der Haftbefehl ist inzwischen verjährt.

Als ich mir ihren Wohnort auf einer Landkarte ansehe, zieht sich mein Magen zusammen. Das passt ja perfekt ins Bild. Die Ermittler des LKA halten Niedersachsen für den Schwerpunkt des Trios. Aus irgendeinem Grund kehren sie immer hierher zurück. Acht der Überfälle, also fast alle, fanden in dieser Region statt. Die Frage ist: Was verbindet das Trio mit diesem Teil Deutschlands? Naheliegend wäre, dass sie hier Verbündete haben.

Der Wohnort von Hildegard Krämer und Paul Tiene liegt genau in dieser Region. In einem kleinen Ort in der niedersächsischen Provinz. So einsam er ist, so praktisch liegt er – jedenfalls wenn man auf Raubzüge in diesem Teil Deutschlands gehen will. Zwei Tatorte der Überfälle, die dem Trio zugeschrieben werden, liegen nicht einmal eine Stunde Fahrtzeit von dort entfernt.

Ich wähle die Nummer meines Vaters. Ich glaube, wir haben unsere erste heiße Spur.

★ ★ ★

Wenige Tage später trudelt eine Mail ein. Eine Antwort, mit der ich schon kaum mehr gerechnet hatte, von einem Bewohner der Hafenstraße. Später rekonstruiere ich, wie meine Anfrage zu ihm gelang. Ich hatte zuvor mit einer Angestellten des St.-Pauli-Archivs gesprochen, dann mit einem Hausverwalter in der Hafenstraße und dann mit einer prominenten Hausbewohnerin telefoniert.

Ein gewisser Frank John schreibt mir, er habe mit Burkhard Garweg in der Hafenstraße zusammen gewohnt und sich »im kontext militanter und bewaffneter gruppen bewegt«. Ich solle mich melden, wenn ich Interesse an einem Gespräch hätte, dann könne man ja mal sehen.

Mal sehen? Ich greife sofort zum Handy.

KAPITEL 18

PHANTASMAGORIO

Wir treffen uns an einem Freitagmorgen im Februar 2017. Als ich ihn zum ersten Mal sehe, bin ich überrascht. So hatte ich mir Frank John nicht vorgestellt.

Bis auf uns ist die Ein-Raum-Kneipe in der Hafenstraße leer. Ausdünstungen von Bier und kaltem Zigarettenrauch hängen schwach in der Luft.

John arbeitet als selbstständiger »kommunistischer Buchhalter«, heißt, er ist ausgebildet im Steuerfach und man kann ihn für die Buchhaltung engagieren – die wird dann auf kommunistische Art und Weise erledigt. Was auch immer das heißt.

Er deutet auf zwei Stühle. Ich stelle die beiden Kaffees, die ich beim Späti an der Ecke gekauft habe, zwischen uns auf einen kleinen Holztisch.

Ich hatte einen Althippie erwartet, mit langen Haaren und selbstgestricktem Pulli, zumindest jemanden, der wenig auf sein Aussehen gibt, einen »Gammler« wie »Spießer« in den achtziger Jahren zu jedem sagten, dessen Haare auch nur ein My über die Ohren gingen. Stattdessen hat Frank John kurze, leicht wellige Haare mit elegantem Grauschimmer, trägt karierte Stoffhosen, Lederschuhe und eine übergroße, ungewöhnlich flache Uhr am Handgelenk. Sie erinnert mich an die zerlaufenen Uhren im Gemälde des Surrealisten Salvador Dalí. *La persistencia de la memoria.*

1982 wird er wegen »Bildung einer terroristischen Vereinigung« verhaftet. Da ist er noch nicht einmal 18 Jahre alt, wohnt zu Hause bei seinen Eltern. Er soll der RAF 1977 geholfen haben, den entführten Hanns Martin Schleyer in Wuppertal, Frank Johns Heimat, zu verstecken. John schüttelt den Kopf und wirft mir einen harten Blick zu. Eine alte Verletzung glimmt darin auf. Nichts als ein »Phantasmagorio des Verfassungsschutzes«, sagt er.

Die andere Sache, die Brandanschläge auf eine Ausbildungsschule von Justizangestellten in Wuppertal, ja, das stimme. »In flagranti« sei er erwischt und von zwei Soldaten festgenommen worden.

Ich spüre, wie meine Halsmuskeln starr werden, wie immer, wenn ich versuche, ruhig zu bleiben, während es in mir arbeitet. Es gebe tausend Fragen zum »Phantasmagorio« und zu den Brandanschlägen, zum Beispiel, wie er damals tatsächlich zur Schleyer-Entführung stand – er spricht davon, dass Schleyer »verbracht« wurde, als handelte es sich um ein Paket – oder seine lapidare Art die Brandanschläge zu beschreiben: »Der Zündzeitpunkt war leider schlecht gewählt. Beinahe wäre mir das Ding noch in den Rücken geflogen.«

Aber ich bin hier, um über Burkhard Garweg zu sprechen.

»Wann bist du in die Hafenstraße gezogen?«

»So '82.« Eine Zeit, wie er lakonisch hinzufügt, als diese Gegend »eher der Arsch von Hamburg« war. Die besetzten Häuser seien damals kein »unschuldiger Ort« gewesen, fügt der frühere Hausbesetzer an und wirft mir einen ernsten Blick zu wie um zu überprüfen, ob angekommen ist, dass er nicht an einer Verklärung der Hafenstraße interessiert ist. Da gab es Alkoholismus, »Junkietum«, »Formen von Vergewaltigungen«. Er war damals Mitte 20.

Als er Garweg kennenlernt, lebt er in einer Wohnung mit einem gemeinsamen Schlafraum: »Du bist in der Regel morgens zu viert oder fünft oder siebt oder zu acht aufgewacht.«

»Wie hast du Burkhard Garweg denn genau kennengelernt?«, frage ich.

»Burkhard stand irgendwann bei uns vor der Tür und wollte einziehen. Man guckt, ob das passt.« Er macht eine Bewegung mit der Hand: keine große Sache.

Ich nicke, warte auf mehr. Doch weiter sagt er nichts zu ihrem WG-Leben.

»Und kamen dann auch mal Ernst-Volker Staub und Daniela Klette vorbei?«

»Ja, die kamen vorbei.«

Pause.

»Natürlich«, fügt er hinzu.

Ich schaue ihn an. Es ist das erste Mal, dass John mit einer Journalistin darüber redet, und dieses Gespräch verläuft gerade so zäh, wie ich mir eines mit dem Pressesprecher des Vatikans über Verhütung vorstelle. Erst jetzt wird mir klar, dass ich davon ausging, ich müsse es nur schaffen, einen Kontakt aufzubauen, um in dieser Szene etwas zu erfahren. Das Gespräch selbst würde sich dann von alleine entwickeln.

Ich hake nach: »Das waren damals also schon Freunde von Burkhard?«

John ruckelt in seinem Stuhl herum.

»Weiß ich gar nicht, ob ›Freunde‹. Zuerst ist man im Kontext ›Genosse‹. Das ist nicht das Gleiche. Auch wenn man sehr große Lebensentscheidungen teilt. Freunde kann man sich aussuchen, Genossen häufig nicht.«

Pause. Ein süffisantes Lächeln umspielt seine Mundwinkel.

»Auch Genossen haben gesellschaftlichen Umgang miteinander. Da redet man jetzt nicht ständig beim Köpfen des Frühstückseis über Politik.«

Ich kneife die Augen zusammen.

»Warum sprichst du mit mir überhaupt darüber? Und warum jetzt?«, frage ich.

Er zuckt mit den Schultern.

»Im besten Fall hast du mit deinem Versuch, ein Gespräch über eine beschwiegene Vergangenheit in Gang zu setzen, Erfolg«, sagt er. »Also, warum nicht?«

Kryptisch fügt er hinzu: »Was das wird, wird sich zeigen.« Und falls dieses Gespräch juristische Konsequenzen für ihn hätte, nun, »*shit happens*«.

Ich versuche, in ihn hineinzusehen, aber es gelingt mir nicht. Trotz seiner 55 Jahre hat er ein jugendhaftes Gesicht, gepaart mit dem Blick eines Hundertjährigen, der gelernt hat, der Welt unbeeindruckt entgegenzublicken. Als ich ihm erzähle, dass mein Vater ein Ex-Bulle ist, zuckt er auch nur mit den Schultern. *Shit happens.*

Er räuspert sich.

»Der Punkt ist – ich überlege gerade, wie viel ich darüber erzählen möchte.«

»Ich verstehe, dass du keine Geschichten über diese Zeit erzählen willst«, sage ich.

»Nein, über die Personen«, unterbricht er mich. »Wir sind jetzt gerade an einem Moment, der erklärt, warum es so schwierig ist, über die RAF zu sprechen.«

Ihm sei klar, dass mich als Reporterin »die handelnden Personen« interessieren würden, also das Trio, aber diese drei Gesuchten könnten mich ja nicht einfach anrufen.

Ich nicke. Tatsache.

»Und warum ist es so schwer, über die RAF zu sprechen?«

Einmal sei da die drohende Strafverfolgung, und zum anderen die Szene selbst: »Da hängt die Dunstglocke drüber, da muss erst zwischen uns gesprochen werden«, sagt John, und seine Stimme bekommt einen leicht resignierten Unterton, »und da nicht drüber gesprochen wird, hast du da ein Schweigen.«

Er gibt mir ein Beispiel: Nach dem Mord an Pimental wollte die Hafenstraße ein öffentliches Gespräch über die Geschehnisse führen, darüber, wie man sich zu dieser Tat verhalten soll. Der US-Soldat Edward Pimental war in der Nacht auf den 8. August 1985 von der RAF im Stadtpark von Wiesbaden getötet worden. Mit einem Schuss in den Hinterkopf. Man wollte seinen Ausweis haben, um damit einen Anschlag auf die Rhein-Main Air Base, dem Stützpunkt der US-Luftwaffe in der Nähe des Frankfurter Flughafens, verüben zu können. Er starb für ein Stück Papier. Viele Linke, die mit der RAF sympathisiert hatten, wandten sich nach dieser Tat von ihr ab. Manche sprachen von SS-Methoden.

Aus dem öffentlichen Gespräch der Hafenstraße wurde nichts. Denn »sobald man eine öffentliche Veranstaltung dazu macht, ist das Wort in der Welt, und man kann damit machen, was man will«, sagt John.

»Nämlich?«

»Man kann sagen: ›Linke distanzieren sich von der RAF.‹« Und das sei damals der Worst Case gewesen.

Die Hafenstraße-Bewohner balancieren zwischen Nähe und Distanz zur RAF. Ich weiß nicht, was ich von diesem Drahtseilakt halten soll. Sie wollten nach dieser Tat öffentlich Kritik an der RAF üben, gleichzeitig wollten sie sich nicht von ihr distanzieren. Doch muss man sich nicht distanzieren, um Kritik üben zu können? In Edward Pimentals Heimat sagt man dazu: *You can't have your pie and eat it, too.*

Vielleicht steckt auch Angst hinter dieser Weigerung, sich von den Taten der RAF zu distanzieren, überlege ich. Weil es bedeuten würde, sich von untergetauchten Freunden abzuwenden. Trotz allem Gerede über Politik und »Genossen« sind vielleicht vielmehr zwischenmenschliche Motive der Grund für die Solidarität.

Die sicherste Bank in dieser Gemengelage ist es dann wohl, zu schweigen.

»Deswegen wirst du vermutlich keine Antwort auf deinen Brief bekommen, weil diese Regel immer noch so drin ist«, sagt John.

Na klar, schießt es mir durch den Kopf. Das ist der Grund, warum er sich mit mir getroffen hat. Deshalb hat er gesagt, er habe irgendwann im Leben beschlossen, »nach vorne zu treten«, anstatt still zu halten. Er will das, was das Kollektiv nicht schafft, wenigstens für sich erreichen: das Schweigen brechen.

Im Verfassungsschutzbericht vom Oktober 2017 heißt es, in der linksextremistischen Szene herrsche »bis heute ein Gefühl der inneren Verbundenheit zur RAF«. Doch während meines Gesprächs mit Frank John wird mir klar, dass dies nicht annähernd die Realität wiedergibt. Die Wahrheit ist, die Szene weiß gar nicht, wie sie zur RAF stehen soll. Und jeder, der sich wie John hervorwagt, betritt vermintes Gebiet.

★ ★ ★

»Hast du selbst auch einmal überlegt, zur RAF zu gehen?«, frage ich.
Er schüttelt den Kopf.
»Für mich war eine Entscheidung wie Burkhard sie getroffen hat, ziemlich weit weg.«
»Hat Burkhard Garweg dir denn erzählt, dass er untertauchen wird?«
John fixiert mich einen Moment lang.
Dann sagt er: »Jetzt wechseln wir mal in den Konjunktiv.«
Was kommt jetzt?
»Die Beziehungen in diesen Häusern sind so gewesen: Wenn man aufs Land gefahren wäre, um sich über bestimmte wesentliche Fragen zur Zukunft der Häuser zu unterhalten«, sagt Frank John, »wenn dann da auch ein Ort gewesen wäre, idealerweise eine Sauna, [...] wo man sich über solche Fragen unterhalten hätte können, sich auch austauschen konnte: machste es, passt es oder tust du es nicht.«
Wäre, hätte, könnte. Alles nur theoretisch, was John sagt. Praktisch würde es bedeuten: Burkhard Garweg sitzt mit ihm in der Sauna und erzählt ihm von seinem Entschluss, sich der RAF anzuschließen. Warum ausgerechnet in der Sauna? Weil man da »unverkabelt sitzen muss«, wie John sagt, also alle nackt sind und keine Gefahr besteht, dass ein Spitzel das Gespräch heimlich aufnimmt.
»Was sagt man zu jemandem, der so etwas tun will?«, frage ich.
Frank John zuckt mit den Schultern.
»Wenn eine Person an dem Punkt angekommen ist, hat sie sich einen Haufen Gedanken gemacht. Es ist nicht wie bei einer Hochzeit, wo jemand im letzten Moment laut ›Nein‹ ruft.«
»Zieht man dann aus oder bleibt man da noch wohnen?«
Er blickt mir ernst in die Augen.
»Das sind zwei vollkommen getrennte Welten. Du bist dann woanders, alle Fäden sind zerrissen.«
Ein Hauch Wehmut ist da in seiner Stimme und mir kommt der Gedanke, dass es auch eine ziemlich egoistische Entscheidung ist unterzutauchen. Freundschaften und Beziehungen werden zu Kollateralschäden für »die Sache«.

»Wenn du dann miteinander kommunizierst«, sagt John, »hat das ganz andere Formen als ein tête-à-tête, wie wir das hier gerade haben.«

Ich nicke, denke an den Brief von Birgit Hogefeld. Ein Sauerbraten zum Geburtstag.

»Hast du ihn noch mal gesehen danach?«, frage ich.

Er wirft mir einen amüsierten, glitzernden Blick zu und sagt: »Nein.« Dann schmunzelt er. »Es wäre jetzt einigermaßen dumm, das mit ›Ja‹ zu beantworten.«

★ ★ ★

Diese Geschichte erzählt mir mehreres, überlege ich, als ich nach dem Gespräch heimradele: Burkhard Garweg war sich seiner Sache sicher, er hat sich bewusst für die RAF entschieden. Sonst würde er kaum vorab davon erzählen. Zweitens: Frank John muss ein enger Vertrauter Garwegs sein. Sonst hätte der ihn nicht in seinen Plan eingeweiht.

Für meine Recherche ist diese Sauna-Story der erste Beweis für eine RAF-Mitgliedschaft Burkhard Garwegs. Laut John hat Garweg ihm seine Entscheidung 1991 oder 1992 mitgeteilt. Eine Zeit, als die RAF bereits weitgehend isoliert dastand, nicht nur durch den Pimental-Mord. Die Zeit hatte sie gewissermaßen überholt. Die Mauer war gefallen, DDR und Sowjetunion untergegangen, der Sozialismus zusammengebrochen, die Gegenwelt zum imperialistischen, kapitalistischen Westen zerstört. Und dennoch entschied sich Garweg, zur RAF zu gehen. Haben ihn die Ereignisse nicht verunsichert? Dachte er sich, jetzt erst recht?

Als ich meinem Vater abends am Telefon von dem Gespräch erzähle, bekommt er wieder seine angespannte Ermittlerstimme wie beim Besuch im Matratzengeschäft.

»Und er hat g'sagt, er hat ihn seitdem nicht mehr g'sehen?«

»Ja, aber du meinst, dass er noch Kontakt hat?«

»Der ist einer«, sagt mein Vater, »bei dem bin ich mir sicher: der weiß, wo die sind.«

KAPITEL 19

IN DER WALDHÜTTE

Ein kalter Frühlingstag. Mein Vater und ich fahren durch dichten niedersächsischen Wald. Ich starre auf mein Handy. Das blaue Symbol unseres Standorts auf der Karte hat sich von der Straße entfernt und hüpft unentschlossen über grüne Flächen. Kein Funken Netz in dieser Pampa!

»Ich bin nicht sicher, ob wir noch auf der richtigen Straße sind«, sage ich.

Mein Vater seufzt.

Je länger wir fahren, desto weniger Autos kommen uns entgegen. Bis wir die Einzigen auf dieser Landstraße sind. Irgendwo hier müssen Hildegard Krämer und Paul Tiene wohnen. Ich hatte den ehemals untergetauchten Hafenstraße-Bewohnern einen Brief geschrieben, aber keine Antwort bekommen. Also fahren mein Vater und ich sie diesen Samstag »besuchen«. Wir wollen sie fragen, ob sie das Trio von früher kennen und wie es den beiden gelungen ist, zehn Jahre im Untergrund zu leben. Vor allem wollen wir damit herausfinden, ob sie Daniela Klette, Ernst-Volker Staub und Burkhard Garweg möglicherweise unterstützen, ihnen etwa Unterschlupf gewähren.

Jedenfalls will *ich* das. Meinen Vater musste ich wieder einmal überreden. Er versuchte es erneut mit dem Hund, gab seinen Widerstand aber schneller auf als beim letzten Mal. Irgendetwas treibt auch ihn an.

Die Fahrt zu Krämer und Tiene ist die längste, die wir bis jetzt für die Recherche unternommen haben, acht Stunden Fahrt von München, und es ist auch die heikelste. Denn wenn alles klappt, treffen wir die beiden früheren vermeintlichen RAF-Unterstützer zu Hause an. Das wäre für meinen Vater so, wie die Höhle des Löwen zu betreten.

»Vielleicht ist da auch gar nichts dran«, sage ich.

Mein Vater zieht fragend die Brauen hoch.

»Die Polizei konnte ihnen damals ja nicht nachweisen, dass sie RAF-Unterstützer waren.«

»Und das bestätigt ihre Unschuld, oder was? Ach, Pati, hör doch auf mit dem Käs'!«

Ich schweige. Es wäre nicht das erste Mal in der Geschichte der RAF, dass der Staat versucht, sogenannte »Sympathisanten« zu Terroristen hochzustilisieren. Mein Vater wirft mir einen scharfen Blick zu, als ahne er meinen Gedanken.

»Es ist eben so: Über den Sympathisanten-Kreis kommt man in den Kreis der Terrorunterstützer und von dort zu den Tätern«, sagt er.

»Aber du kannst doch Leute nicht als Terroristen verknacken, nur weil sie Sympathisanten sind.«

»Wo gehobelt wird, da fallen Späne«, sagt mein Vater, bemühte Gelassenheit in seiner Stimme.

Ich starre ihn an. So einfach ist das also? Hat er sich nicht erst aufgeregt, dass er als Streifenpolizist von der RAF wie ein Kollateralschaden behandelt wurde? Und bei der Gegenseite ist das in Ordnung?

»So darf ein Rechtsstaat doch nicht reagieren, verdammt!« Meine Stimme überschlägt sich fast.

Es folgt eine grimmige Stille. Nur der Motor ist zu hören.

Dann sagt mein Vater nachdenklich:

»Ich hab damals ja teilweise die gleichen Gedanken gehabt wie du.«

Ich blicke vorsichtig zu ihm hinüber. Er zuckt mit den Achseln, als er meinen Blick bemerkt.

»Aber wenn dann wieder so ein Anschlag wie der auf den Schleyer 1977 g'wesen ist«, er schüttelt den Kopf, »der Fahrer und drei Polizisten, kaltblütig da'schossen. Da hab ich mich g'fragt: Wenn die keine

Rücksicht nehmen, wieso soll man die dann mit Glacéhandschuhen anfassen?«

Er schaut mich an.

»Verstehst?«

»Mir war nicht klar, dass du dir damals solche Gedanken gemacht hast.«

Er sagt nichts.

Endlich erreichen wir unser Ziel. Kaum sind wir in den Ort hineingefahren, auf der einzigen Straße, die es hier gibt, sind wir auch schon wieder an dessen Ende. Als wir aussteigen, um uns die Beine zu vertreten, umfängt uns eine Stille. Es ist nicht nur die starre Ruhe eines Winterwaldes. Es liegt eine Verlassenheit über den teils verwitterten Häusern. Hier und da sehen wir ein Auto in der Einfahrt stehen, Bewegung und Licht hinter den Fenstern.

Langsam fahren wir die Straße hoch und runter, auf der Suche nach der richtigen Hausnummer. Das Motorengeräusch hört sich unnatürlich laut an, und als wir das dritte Mal wenden, vermute ich alle Hausbewohner hinter ihren Gardinen.

»Ich glaub, die Hausnummer 3 gibt es nicht«, sagt mein Vater.

»Aber im Internet steht die halt«, beharre ich.

»Ja, im Internet. Kann auch eine Fake-Adresse sein.«

Wir halten am Straßenrand vor dem Haus Nummer 1, dem gegenüber eigentlich Nummer 3 sein müsste, doch da ist nichts. Neben Haus Nummer 1 ist bloß Wald. Mein Vater ist bereit, umzudrehen und heimzufahren. Doch so schnell gebe ich nicht auf. Bevor er widersprechen kann, springe ich aus dem Auto und laufe die Treppenstufen zum Haus Nummer 1 hinauf.

Ein dicker, kleiner Mann in Jogginghose öffnet, etwa 50 Jahre alt, und schaut an mir hoch. Für einen Moment bin ich sprachlos. Er hat eine Brille auf der Nase, mit den dicksten Gläsern, die ich je gesehen habe. Seine Augen sind groß wie unter einer Lupe. Der Rest seines Gesichts ist im Kontrast unnatürlich schmal, als wäre kein Platz mehr für Nase, Mund und Stirn.

»Ähm«, staunte ich, »entschuldigen Sie, können Sie mir sagen, wo ich Haus Nummer 3 finde?«

»Wir haben mit dem Ort hier nichts zu tun.«

»Aber Sie wohnen doch in Haus Nummer 1 – das sind doch Ihre unmittelbaren Nachbarn.«

Er glotzt mich ausdruckslos an.

Eine ältere Frauenstimme ruft im Hintergrund: »Essen!«

Er schließt die Tür.

Auch bei anderen Bewohnern haben wir kein Glück. Niemand weiß, wo sich in diesem Eine-Straße-Ort die Nummer 3 befindet. Kann das sein? Werden wir von einer verschwiegenen Gemeinschaft auf den Arm genommen? Du und deine Paranoia, sage ich mir und klingele an einer weiteren Tür. Eine alte Dame öffnet. Nur einen Spaltbreit. Misstrauisch schaut sie mich an. Ein Schwall warmer Luft versetzt mit Katzenpisse steigt mir in die Nase.

»Es gibt da ein Holzhaus im Wald am Ortseingang, versuchen Sie es mit dem Feldweg«, sagt die Katzenlady und schlägt die Tür zu.

Mein Vater und ich fahren zurück zum Ortseingang. Tatsächlich: neben dem Brillenmann-Zuhause führt ein schmaler Feldweg von der Straße weg und in den Wald hinein. Ich kneife die Augen zusammen. Okay, da lang also. Ich steige aus, um mir anzusehen, wo der Pfad hinführt. Von der Straße aus ist das nicht zu sehen.

»Pass auf!«, ruft mir mein Vater hinterher.

»Ja, ja.«

»Wenn was ist, dann schreist!«

Ich lache auf, es klingt selbst in meinen Ohren falsch, schlage die Autotür zu und laufe seitlich an einer Schranke vorbei, die den Feldweg für Autofahrer sperrt. An der Schranke steht ein kleines Hinweisschild: Videoüberwachung. Ich zögere. Dann marschiere ich los. Der Pfad führt tiefer in den Wald. Blätter rascheln im Wind. Plötzlich endet der Weg, und ich stehe am Rande einer kleinen Lichtung.

Halb versteckt unter Bäumen steht links vor mir ein verwitterter Wohnwagenanhänger und rechts ein kleines altes Auto. Über allem liegt eine dicke Schicht vergangener Zeit: schmierige Schmutzpartikel und getrocknetes Laub. Kein Laut ist zu hören. Hinter dem Auto sehe ich ein Holzhäuschen, genauer, die dunkelbraune Rückseite

davon. Scheint mir verlassen zu sein, denke ich gerade, da sehe ich Rauch aus dem Schornstein der Hütte aufsteigen.
Jemand ist zu Hause.

★ ★ ★

Am 30. November 1989 wird Alfred Herrhausen, der Vorstandssprecher der Deutschen Bank, durch einen Bombenanschlag der RAF getötet. Die Polizei sucht in den nächsten Monaten erfolglos nach den Tätern. Gerade nach diesem Attentat lechzt der Staat danach, Fahndungserfolge vorzuweisen. Dass die RAF über derart hohes technisches Wissen verfügt, um eine panzerbrechende, zielgerichtete Bombe zu konstruieren, schockiert die Behörden. Zu gerne versuchte man sie als »Chaotentruppe« abzutun. In einem Radiointerview aus dem Jahr 1990[14] mit dem damaligen Präsidenten des BKA, Hans-Ludwig Zachert, fragt der Reporter – übrigens der heutige RAF-Experte Butz Peters:
»Heißt das, dass im Fall Herrhausen [...] die RAF das perfekte Verbrechen verübt hat?«
Der BKA-Präsident windet sich:
»Wir wollen das nicht so hochstilisieren, ähm, ›perfekt‹, ähm, ist das Merkmal von außerordentlich professionell und hochintelligenten Tätern. Diese Attitüden möcht ich den RAF-Leuten nicht so zusprechen.«
Fieberhaft wird nach Drahtziehern und Hintermännern des Attentats gesucht. Eine Frau meldet sich bei der Polizei und beschreibt ein verdächtiges Paar, das in einer Bauernkate in Norddeutschland lebt. Die Ermittler hoffen, endlich eine Spur zu haben. Auf dem Hof werden ein gestohlenes Auto und gefälschte Papiere gefunden. Das verdächtige Paar wird festgenommen. Es sind Bekannte von Paul Tiene und Hildegard Krämer. Tiene wird als Mieter des Hofs identifiziert, obwohl er offiziell in der Hafenstraße gemeldet ist. Ein Doppelleben, unkt die Presse. Er und seine Freundin Hildegard

---

14 Radiointerview mit Moderator Butz Peters, in: *Redezeit*, NDR 4, August 1990.

Krämer gelten nun als Komplizen des verhafteten Pärchens – und verschwinden.

★ ★ ★

Als ich um die Hütte auf der Waldlichtung herumgehe, um an die Haustür zu klopfen, sehe ich durch das große Fenster neben der Tür einen Mann auf dem Sofa sitzen. Wie ein Eichhörnchen beim Nüsse sammeln erstarre ich, winke dann vorsichtig. Er guckt ebenso erschrocken zurück. Dann schlägt er die Decke auf seinen Knien zurück und macht die Tür auf.

»Hallo, ich bin Patrizia Schlosser, ich ...«

Er unterbricht mich.

»Ah ja. Sie haben den Brief geschrieben.«

Wir gucken uns einen Moment schweigend an. Er sieht aus, als hätte ich ihn beim Winterschlaf gestört: tief in den Höhlen liegende Augen, hager, die halblangen Haare ungewaschen. Mit dem Paul Tiene auf dem Foto aus den achtziger Jahren hat er kaum noch etwas gemein. Es liegt nicht daran, dass seine schwarzen Haare nun grau sind. Es ist die Nase. Sie scheint doppelt so groß geworden zu sein und gibt seinem einst so feingeistigen Gesicht einen miesepetrigen Ausdruck.

Ich rechne damit, weggeschickt zu werden, doch dann bittet er mich herein, »wenn Sie jetzt schon einmal da sind«. Einen Moment zögere ich, dann folge ich ihm in die Hütte.

Ich lege meine Tasche auf einen Stuhl und sehe mich um. Ein Ofen bollert und gibt dem Raum, Küche und Wohnzimmer in einem, eine gemütliche Wärme. Alles in der Hütte – das große Sofa am Fenster, der Holztisch mit Stühlen vor der Küchenzeile, Schränke und Anrichten – wirken abgenutzt, wie aus einer früheren Zeit. Ich fühle mich, als wäre ich mit dem Tritt über die Schwelle aus dem Jahr 2017 in das Jahr 1980 eingetreten.

Dann fällt mir die Videoüberwachung am Anfang des Feldwegs ein, und ich frage mich, ob es irgendwo in dieser Zeitkapsel ein modernes Überwachungssystem gibt. Ich entdecke einen älteren Computer und erinnere mich daran, auf eine Homepage von Paul Tiene mit wüsten linksradikalen Texten gestoßen zu sein. So ganz hinter dem Mond, wie es den Anschein hat, leben sie nicht.

In dem Moment macht sich Tiene an einem Telefon zu schaffen. Es ist tatsächlich noch ein Apparat mit Schnur. Er drückt auf die Tasten.

»Ja, Hildegard, komm mal rüber. Die Frau Schlosser ist da.«

Ich staune. Darüber, dass die beiden offenbar eine Telefonverbindung zwischen Hütte und dem Wohnwagenanhänger draußen haben. Und darüber, dass sie meinen Namen wie einen feststehenden Begriff verwenden. Der Brief ist bestimmt schon zwei Monate her. Sie müssen mehr als einmal darüber gesprochen haben. Was hat sie davon abgehalten, zu antworten?

Ein paar Sekunden später betritt eine dünne Frau mit blonden, nachlässig zu einem Zopf gebundenen Haaren und Gummistiefeln die Holzhütte. Alles an ihr ist scharfkantig und spitz: Wangenknochen, Schultern, Blick. Ihre Klamotten sind abgetragen. Ich sehe Löcher in ihrem Oberteil. Entweder legen beide keinen Wert auf materiellen Besitz, oder sie sind arm. Hildegard Krämer steht mit verschränkten Armen da und guckt mich an. Ein distanzierter, spröder Blick. Dann sagt sie: »Wollen Sie einen Kaffee?«

Es scheint eher ein Gebot der Höflichkeit in dieser gottverlassenen Gegend zu sein als die große Lust, mich als Gast zu bewirten.

»Ja, gerne, aber mein Vater, also der sitzt draußen im Auto. Wir waren gerade zufällig in der Gegend, und da dachte ich …«

Hildegard Krämers Gesichtszüge werden weicher.

»Na, dann holen Sie ihn doch rein«, sagt sie.

Ich gehe den Feldweg zurück, mit immer weiter ausholenden Schritten, renne die letzten Meter zum Auto, als würde ich verfolgt. Ich will meinem Vater sagen, dass er seine Polizistenvergangenheit erst einmal für sich behalten soll. Wer weiß, ob wir sonst noch einen Kaffee bekommen. Als ich das Auto erreiche, ruft mein Vater zum Fenster raus: »Ich hab mich schon g'fragt, wo du bleibst. Ich hab ja schon Angst bekommen!«

»Papa, hör zu!«, sage ich. Das Geräusch von Schritten lässt mich verstummen und herumfahren. Hildegard Krämer steht ein paar Meter hinter mir.

KAPITEL 20

MEIN VATER AUF DER COUCH

Fünf Minuten später nimmt mein Vater bei Leuten auf dem Sofa Platz, mit denen er *niemals* etwas zu tun haben wollte: zwei früheren RAF-Sympathisanten.

Alles war so schnell gegangen, dass ihm keine Zeit blieb nachzudenken. Hildegard Krämer stand plötzlich vor dem Auto, schüttelte ihm die Hand, und wir gingen gemeinsam zur Hütte. Mein Vater setzte sich vorsichtig auf den Platz, der ihm angeboten wurde. Schwitzend in seiner Jacke, die er partout nicht ausziehen will, rutscht er nun auf dem Polster herum, den Kopf zwischen die Schultern gezogen wie eine Schildkröte, die aus dem Panzer lugt.

Während Hildegard Krämer Espresso ausschenkt, blickt sich mein Vater nervös um. Wie ich fragt er sich, wo Paul Tiene abgeblieben ist. Man hört jemanden im Nebenzimmer hantieren. Mein Vater wirft hektische Blicke in die Richtung, aus der die Geräusche kommen. Später erzählt er mir, er habe in dem Moment Angst gehabt, Tiene hole eine Knarre.

Als dieser endlich zurückkommt, kleben ihm seine Haare glatt am Kopf. Er hat sie gewaschen und gekämmt. Deswegen war er also verschwunden. Mein Vater wirft mir einen verlegenen Blick zu.

Tiene kramt auf einer Anrichte herum und setzt sich dann neben meinen Vater auf die Couch. Es ist ein altes Sofa, und jede Minute, die wir drei nebeneinander hocken, sinken wir tiefer ins Polster und näher zueinander.

Krämer bedankt sich dafür, dass wir die Handys im Auto gelassen haben. Sie werde krank von den Strahlungen. Es sei chronisch und so schlimm, dass sie nach einem Tag in der Stadt völlig erledigt sei. Ich nicke und sage so etwas wie, dass das bestimmt sehr anstrengend sei.

Tiene zeigt uns, was er von der Anrichte geholt hat: meinen Brief. Er wedelt damit vor seinem Gesicht herum und sagt, zuerst wollten sie darauf antworten, aber dann kamen ihnen Zweifel. Steckt da vielleicht was anderes dahinter?

»Wir haben uns gefragt: was wollen Sie wirklich von uns?«

Es erinnert mich an Günter Sonnenbergs Brief. Fast genau seine Worte. Paul Tiene erzählt weiter, er habe den Brief daraufhin »unter die Lupe genommen« und entdeckt, dass auf der Briefmarke ein Schiff abgebildet sei, das er aus seiner Heimatregion kenne. Er frage sich, ob ich ihn, wie er es ausdrückt, habe »einseifen« wollen, also, ob ich die Briefmarke absichtlich auf den Brief geklebt habe, um bei ihm positive Gefühle hervorzurufen. Das Wort »einseifen« spricht er mit genüsslicher Verachtung aus. Dann blickt er mich mit seinem miesepetrigen Gesichtsausdruck an.

Einen Moment sitze ich wie vor den Kopf gestoßen da, bestürzt von der Heftigkeit ihres Misstrauens. Zehn Jahre Untergrund machen einen offenbar paranoid. Nur so überlebt man wahrscheinlich.

»Ne, also so einen ausgereiften Plan hatte ich nicht«, sage ich und lache auf. Es soll unbeschwert klingen. Niemand stimmt ein.

Ich räuspere mich.

»Wenn ich fragen darf: Stimmt es denn, dass Sie sich zehn Jahre lang versteckt haben?«

»Der Staat hat uns zu Unrecht verfolgt. Kam sogar irgendwann mal eine Art Bestätigung davon ins Haus geflattert«, sagt Paul Tiene.

»Aber keine Entschuldigung«, ergänzt Hildegard Krämer.

★ ★ ★

»Können Sie uns etwas darüber erzählen, wie das war unterzutauchen? Wie das funktioniert?«, frage ich.

Sie schweigen einen Moment, tauschen einen Blick aus.

»Das muss ein Geheimnis bleiben, damit alle, die sich verstecken müssen, auf dieses Wissen zurückgreifen können«, erwidert Krämer.

»So wie die drei, die jetzt noch gesucht werden?«

»Wir kennen die nicht«, sagt sie und schaut mich ausdruckslos an. Tiene ebenso. Ich versuche, irgendeine Emotion bei ihnen hervorzurufen, erzähle von meiner Suche nach dem Trio, darüber, dass ich gerne mehr über ihre Vergangenheit erfahren würde, über ihr Schicksal. Da platzt es aus Krämer heraus:

»Für die drei ist jede Art von Öffentlichkeit tödlich! Sie sollten sich überlegen, warum Sie tun, was Sie tun!« Ihr Unterkiefer zittert.

Ich starre sie an.

»Das BKA hat uns deswegen auch schon heimgesucht«, schaltet sich Tiene ein und verzieht den Mund. BKA-Leute seien nach der Überfallserie da gewesen, um sie zu warnen: falls das gesuchte Trio vorbeikommt – wir haben euch im Blick. Er lächelt abfällig, und ich ahne, was er denkt: Sie versuchen einen zu quälen, selbst wenn sie nichts gegen dich in der Hand haben. Der Staat ist der Feind, wird es immer sein.

Während ich bei ihren Aussagen wahrscheinlich ein interessiertes, aber einigermaßen neutrales Journalistengesicht zur Schau stelle, macht mein Vater jedes Mal, wenn die beiden ihre Abscheu für den Staat demonstrieren, eine ruckartige Bewegung mit seinem Kopf, als hätte er einen Hieb abbekommen.

»Würden Sie mir erklären, was die RAF Ihrer Meinung nach gebracht hat?«, sagt er irgendwann, sehr plötzlich und sehr hochdeutsch.

Tiene fixiert ihn. Jetzt fange auch ich ein bisschen an zu schwitzen. Ich hätte nicht gedacht, dass sich mein Vater einschaltet, hatte eher erwartet, dass er neben mir sitzen und zuhören würde. Und plötzlich bestimmt er das Gespräch.

»Ich habe in einem Manager-Magazin gelesen, dass durch die RAF-Taten viel weniger junge Menschen einen Beruf in der Wirtschaft anstreben. Sie haben Angst vor Anschlägen«, sagt Tiene. Er schaut uns triumphierend an. Nach dem Motto: Das ist doch was.

Mein Vater und ich schweigen verdattert. Meint er das ernst?

»Die große Revolution ist das ja nicht«, sagt mein Vater schließlich.

»Ich denke auch heute noch, dass die Sache der RAF richtig war«, antwortet Tiene. Seine Augen funkeln. Na los, versuch's doch, scheinen sie zu sagen.

Krämer beschwichtigt. Sie kann sehen, wie die Äußerung Tienes auf meinen Vater wirkt.

»Wir meinen nur, dass es wichtig ist, sich politisch einzumischen. Wir versuchen auch heute noch, uns zu engagieren. Mit Jugendlichen. Da gibt es so viel zu tun«, sagt sie.

Kurzes Schweigen.

Dann wieder Tiene, schnell und kalt: »Dass jemand wie Schleyer beseitigt wurde, war gut so.«

Er schaut meinen Vater von der Seite an. Neugierig darauf, was jetzt kommt. Ich halte die Luft an. Es macht Tiene Spaß, meinen Vater zu provozieren, das ist klar. Aber da ist noch etwas anderes: Es macht ihm auch Spaß, mit jemandem zu diskutieren, der eine *andere* Meinung hat. Verblüfft erkenne ich an, dass meine um Neutralität bemühten Journalistenfragen bei weitem nicht so gesprächsbereichernd sind wie die unverblümte Art meines Vaters.

»Und was hat das alles gebracht? Nichts. Keine Veränderung der politischen und wirtschaftlichen Verhältnisse«, sagt mein Vater.

Hildegard Kramer zuckt mit den Achseln. »Für uns war es entscheidend, anders zu leben.«

Paul Tiene nickt.

»Es gibt Wichtigeres als Karriere. Geld ist uns bis heute egal.«

★ ★ ★

Als wir uns zwei Stunden später schließlich verabschieden, sagt Krämer: »Ach, das war jetzt aber nett!« Und es stimmt, wir fühlen uns alle auf eine positive Art durchgerüttelt und gelockert. Mein Vater schüttelt beiden fest die Hand, wünscht ihnen alles Gute. Tiene sagt, sie würden mal darüber nachdenken, ob sie mich ein Interview zum Leben im Untergrund aufnehmen lassen wollen.

Zurück im Auto fährt sich mein Vater, noch immer aufgekratzt, mehrmals durch die Haare.

»Das war so irreal: Da sitzen zwei ältere Leute, gebrechlich und a bisserl runter'kommen vor dir, du weißt aus welchem Umfeld die kommen und dann ich – als der Bulle!«

Er atmet schnaufend aus.

»Also ein leicht ungutes G'fühl hab ich die ganze Zeit gehabt, leicht transpiriert hab ich in meiner Jacke. Trotzdem war das gut.«

Ich knuffe ihn in die Schulter.

Er kichert, dann wird er ernst.

»Die waren mir nicht unsympathisch die beiden. Zwei kluge Köpfe, aber politisch so verbohrt«, sagt er. »Sie tun mir leid, wie sie da in ihrer Hütte sitzen, als wär die Zeit stehen geblieben.«

Wir fahren durch den Wald, müde, aber gelöst. Vielleicht ist jetzt ein guter Moment, um nach seinem Einsatz bei den Olympischen Spielen 1972 zu fragen? Ich beäuge ihn vorsichtig. Er macht ein Gesicht wie Indiana Jones nach einem Dschungelabenteuer. Nein, entscheide ich, ein anderes Mal. Es würde die gute Stimmung zerstören.

Stattdessen frage ich: »Glaubst du, sie haben tatsächlich keinen Kontakt mehr zum Trio?«

»Hm, ich glaub schon. Die sind raus.«

»Und trotzdem dieses wahnsinnige Misstrauen?«

»Wenn du zehn Jahre im Untergrund gelebt hast, dann siehst du hinter jedem Baum jemanden. Das prägt, das sitzt fest in deiner Psyche bis an dein Lebensende.«

Ich nicke und denke an Daniela Klette, Burkhard Garweg und Ernst-Volker Staub, und wie es bei ihnen aussieht, nach fast dreimal so langer Zeit in der Illegalität.

»Wäre gut, mit jemandem sprechen zu können, der noch heute in einer ähnlichen Situation ist wie das Trio«, sage ich.

»Ja, das wär's. Ruf halt mal an bei einem im Untergrund«, frotzelt mein Vater. Wir wissen beide noch nicht, dass ich das sechs Wochen später tatsächlich tun werde.

KAPITEL 21

IM UNTERGRUND VENEZUELAS

An einem Sonntag im Juni schicke ich über den Messenger-Dienst Signal eine Nachricht an eine venezolanische Handynummer. Ich nehme Kontakt auf mit jemandem, der sich seit über 20 Jahren vor dem BKA versteckt. Verschlüsselte Sprachnachrichten sind der Kommunikationsweg, auf den wir uns geeinigt hatten.

Ein Blick auf die Uhr: Der Zeitunterschied zwischen Deutschland und Venezuela beträgt sechs Stunden. Während dort gerade die Sonne aufgeht, ist es bei mir schon Mittag. Ich muss mich noch etwas gedulden.

Um 9 Uhr morgens venezolanischer Zeit bekomme ich über den Messenger eine Sprachnachricht zurück.

»Hallo, Patrizia. Ich bin der Thomas. Ich bin gerade in der Nähe von Caracas, hab eine ganz gute Verbindung. Ich trink meinen ersten Kaffee. Im Hintergrund kannst du vielleicht die Wellen hören.«

Tatsächlich höre ich im Hintergrund eine Brandung. Ich sitze in Hamburg unter einer grauen Wolkendecke und höre das Karibische Meer rauschen. Die Stimme ist angenehm dunkel. Ein badischer Dialekt klingt durch – »erschter«, »kannscht« – und lässt die Stimme trotz der Entfernung nah klingen.

Vor 23 Jahren versuchte Thomas Walter ein Gefängnis in die Luft zu sprengen. So der Vorwurf der Bundesanwaltschaft. Seitdem ist er auf der Flucht. Viel an seiner Geschichte erinnert mich an die des Trios, auch wenn Walter diesen Vergleich nicht gern hört. Die RAF fand er immer »zu elitär«. Die Gemeinsamkeiten sind dennoch da: Thomas Walter tauchte gemeinsam mit Bernhard Heidbreder und Peter Krauth ab. Die drei sollen die linksextremistische Gruppe »Das Komitee« gegründet haben. Wie das mutmaßliche Ex-RAF-Trio verschwindet das Komitee-Trio Anfang der neunziger Jahre. Thomas Walter ist zu diesem Zeitpunkt 32 Jahre alt, genauso alt wie Daniela Klette, als sie zwei, drei Jahre zuvor in den Untergrund ging. Beiden Gruppen wird die Sprengung eines Gefängnisses – beziehungsweise im Fall des Komitees der Versuch – vorgeworfen. Doch im Gegensatz zum mutmaßlichen RAF-Trio scheinen die Beweise für die Täterschaft des Komitees recht eindeutig zu sein.

In der Nacht auf den 11. April 1995 bemerkt eine Polizeistreife zwei Autos, die auf einem Parkplatz stehen, ganz in der Nähe des Abschiebegefängnis Berlin-Grünau, ein noch leerer Neubau. Eines der Autos, ein Kleintransporter, ist als gestohlen gemeldet. In dem Kastenwagen finden sich vier Propangasflaschen, eine Zündvorrichtung und ein Zettel: »Achtung Lebensgefahr! Sprengung des Knastgebäudes! Das K.o.m.i.t.e.e.«.

Einen kleineren Sachschaden hat die Gruppe bereits auf dem Kerbholz: den Brand im Speisesaal einer Bundeswehreinrichtung in Brandenburg ein halbes Jahr zuvor.

Im zweiten Auto auf dem Parkplatz findet die Polizei alles, was sie braucht, um das Komitee zu enttarnen: Führerschein und Fahrzeugpapiere, ausgestellt auf die Namen Thomas Walter, Bernhard Heidbreder und Peter Krauth sowie Fingerabdrücke von Krauth und Heidbreder.

Ab jetzt sind sie auf der Flucht.

»Ich hatte tatsächlich daran gedacht, meine Katze mitzunehmen«, sagt Thomas Walter. »Völlig idiotisch, aber solche Sachen gehen einem durch den Kopf.« Dabei sei gerade das Wichtigste beim Untertauchen, der Versuchung zu widerstehen, etwas aus dem alten Leben einzupacken. »Man geht nackt auf die Flucht«, sagt er. Alles, was mitkommt, ist Bargeld und auch nur das, was bereits im Geldbeutel ist oder von anderen stammt. Die eigenen Konten werden natürlich von der Polizei überwacht.

Am Anfang, erzählt mir Walter, kommen sie bei Freunden unter, werden von dort aus weitergeleitet an andere Leute, die sie wiederum weiterempfehlen an Bekannte, die ein Ferienhaus oder eine Berghütte haben, in der sie eine Weile bleiben können.

Walter ändert sein Aussehen. »Du wirst jemand Neues.« Er sei eigentlich »eher ein Hippie«, musste sich erst antrainieren, »geschniegelt durch die Weltgeschichte zu gehen«. Inzwischen sei das Vortäuschen einer anderen Identität Normalität geworden, und manchmal müsse er eher aufpassen, nicht zu vergessen, wer er eigentlich sei.

Er ist heute 55 Jahre alt.

Ist es möglich, sich in Deutschland im Untergrund zu verstecken, wie das mutmaßliche Ex-RAF-Trio es vielleicht tut?

»*Claro*«, sagt Thomas Walter mit spanisch gerolltem R. Dort falle man immerhin weniger auf als im Ausland. »Aber die Chance, von jemandem erkannt und verraten zu werden, ist wesentlich höher, als wenn man an einem Platz ist, wo einen bis dato niemand kennt.« Sie entschieden sich damals, nach Südamerika zu gehen. Getrennt voneinander.

Walter erzählt, wie wichtig es sei, bei Grenzübergängen und Kontrollen gesund und stark zu wirken. »Sobald man Schwäche ausstrahlt, oder auch nur Ungepflegtheit, fallen die über dich her wie die Fliegen.«

Als Walter 1995 flüchtet, werden auf ihn, Bernhard Heidbreder und Peter Krauth Haftbefehle wegen »Gründung einer terroristischen Vereinigung« ausgestellt. Die verjähren laut Paragraph 78 Strafgesetzbuch nach zehn Jahren. Doch nach dem Komitee wird auch heute noch gefahndet.

»Hätten wir von Anfang an gewusst, wie lange unsere Flucht andauern wird, hätten wir uns vielleicht entschlossen, ins Gefängnis zu gehen«, sagt Walter. Aber so genau könne er das im Rückblick nicht mehr sagen. Die Idee damals war jedenfalls: erst einmal in Sicherheit bringen und dann sehen, wie es weitergeht.

Daraus wurde sein Leben.

Ob das beim mutmaßlichen Ex-RAF-Trio auch so gewesen sein könnte? Es ist ein neuer Gedanke. Vielleicht hatten sie nie vor, bis heute im Untergrund zu leben, aber aus irgendeinem Grund fanden sie keinen Weg mehr an die Oberfläche.

Fünf Monate nach der Flucht taucht bei den Zeitungen *taz* und *Junge Welt* ein Schreiben des Komitees auf: Sie verkünden ihre Selbstauflösung. Ob aus Kalkül, um Berliner Staatsschutz und BKA den Wind aus den Segeln zu nehmen, oder nicht: Auf die Strafverfolgung hat es keinen Einfluss. Nach dem Trio wird weiter mit großem Aufwand gefahndet. Sogar die Privatwohnung einer *taz*-Redakteurin wird nach dem Original-Auflösungsschreiben durchsucht.[15]

2015 verjährt der Haftbefehl. Doch im Nu wird ein neuer ausgeschrieben: wegen »Verabredung zu einem Verbrechen« nach Paragraph 30 der Strafprozessordnung. Das klingt verquer: Gesucht werden sie jetzt also nicht mehr wegen des missglückten Sprengstoffanschlags selbst, sondern wegen der Verabredung dazu.

Der Grund ist wohl, dass diese Straftat erst nach 20 Jahren verjährt. Und weil es laut Bundesanwaltschaft, »diverse Unterbrechungen«[16] der Fahndung gegeben habe, kann der Haftbefehl bis 2036 bestehen bleiben.

Ich rechne nach: Ermittlungen mit einem Zeitrahmen von insgesamt 42 Jahren – wegen eines Sachschadens und eines versuchten Sachschadens, verursacht durch eine inzwischen aufgelöste Gruppe. Nach dem massiven Ausbau des BKA zu einer RAF-Fahndungsmaschine in den siebziger Jahren muss es eine Menge auf Linksextremismus spezialisierte Mitarbeiter gegeben haben, überlege ich. Vielleicht brauchen die schlicht eine Aufgabe?

»Was denkst du, warum ist das BKA so hinter euch her?«, spreche ich in mein Handy und schicke die Sprachnachricht ab.

»Ich weiß es ja auch nicht, Patrizia«, antwortet Walter am anderen Ende der Welt.

Einmal werden Thomas Walter und die beiden anderen beinahe von den Zielfahndern erwischt. Etwas geht schief, was genau, will er

---

15 Barbara Bollwahn: »Mein subversives Sitzkissen«, in: *taz, die tageszeitung*, 16.02.2005, S. 14.
16 Christoph Scheuermann: »Mein Großcousin Thomas, der Terrorist«, in: *Der Spiegel*, Ausgabe 52/2017, S. 54.

mir nicht erzählen, um die Fluchtroute nicht zu verraten. Sie rechnen jedenfalls damit, aufgeflogen zu sein. Es ist ein Moment, in dem sie beschließen, anders als viele Male zuvor, nicht weiter zu flüchten, sondern auszuharren und abzuwarten. Sie wollen es darauf ankommen lassen: Entweder klopft es demnächst an die Tür, und sie werden abgeholt – oder nicht.

»Ich glaube, ich hab noch nie so intensiv gelebt wie in diesen Wochen, in denen ich jeden Tag mit einer Festnahme gerechnet habe. Jeden Moment habe ich ausgekostet: Könnte das letzte Mal sein, dass ich mit meiner Freundin rede, das letzte Mal, dass ich ein Stück Kuchen esse, das letzte Bier ...«

Nichts passiert. Falscher Alarm.[17]

Inzwischen hat Venezuela Walter und den beiden anderen eine Art Asylstatus genehmigt. Solange er im Land bleibt, ist er vor den deutschen Behörden sicher. Nun kann ihn endlich seine Familie besuchen kommen. Er holte seine Mutter dieses Jahr zum ersten Mal am Flughafen in Caracas ab.

Sein venezolanischer Flüchtlingsstatus ist auch der Grund, warum ich mit ihm Kontakt aufnehmen konnte. Meine Anfrage wurde über eine deutsche »Soli-Gruppe«, also eine Unterstützergruppe, an ihn weitergeleitet. Über verschlüsselte Dokumente in Mailanhängen tauschten wir uns vor dem Audio-Interview aus. Später werden ihn Kollegen vom *Spiegel* und der *taz* besuchen kommen. Thomas Walter sucht die Aufmerksamkeit der Presse – auch wenn er sich danach ärgert, von uns Journalisten nicht richtig dargestellt zu werden. Er hofft, seine Situation durch Veröffentlichungen zu verbessern. Denn wie lange ihn sein Asyl noch vor dem Zugriff des BKA schützen wird, weiß er nicht. Und dann ist da sein Vater. Er ist über 80, pflegebedürftig und dement. Wenn Walter ihn noch einmal sehen will, muss er nach Deutschland reisen. Bald.

Ich frage ihn, ob es das alles wert gewesen sei. Warum haben sie diesen Anschlag überhaupt gemacht? Was sollte das bringen?

---

17 Später wurde einer aus der Gruppe, Bernhard Heidbreder, tatsächlich einmal enttarnt und verhaftet – allerdings nicht nach Deutschland ausgeliefert, sondern wieder freigelassen.

Das Komitee habe damit »die Mutlosigkeit der Linken« überwinden wollen, entgegnet Thomas Walter.

»Wie kann man denn ein so theoretisches Ziel wie ›die Mutlosigkeit der Linken‹, wie du sagst, mit der Sprengung eines Gebäudes erreichen?«, frage ich zurück.

»Motivieren sollte das Beispiel, dass es möglich ist, etwas zu tun, dass man nicht nur zuschauen muss.« Er fügt hinzu, dass es nicht irgendein Abschiebegefängnis gewesen sei, sondern das erste, das in Deutschland gebaut wurde. Es sollten auch Kurden darin inhaftiert werden und den Kampf der Kurden für ein eigenes Land wollte das Komitee unterstützen.

Er räumt allerdings ein: »Heute würde ich das auch anders sehen mit diesem Vorreitercharakter, dieser Avantgarde-Rolle. Ich denke, das war falsch zu denken, dass man Verantwortung für alle übernehmen muss, in dem Sinn, dass man ihnen zeigen muss, wo es langgeht.«

»Bereust du es?«

»Ich bereue nur eines an der Geschichte des Komitees: dass die Aktion in Grünau nicht funktioniert hat.«

Es wäre heute einfacher für ihn, damit zu leben, wenn es wenigstens geklappt hätte, sagt er. »Meine Geschichte als Linker, als Revolutionär, als jemand, der versucht hat, Grundsätzliches zu ändern? Nein, in keinem Moment, ich bereue nichts, ich bin sehr stolz darauf, so gelebt zu haben.«

★ ★ ★

Wahrscheinlich muss er sein Schicksal mit solchem Stolz betrachten, denke ich mir nach dem Gespräch. Wie soll man es sonst aushalten, zu einem Leben auf der Flucht verdammt zu sein?

Es ist inzwischen spätabends, und ich sitze im Schein meines Handys in der ansonsten dunklen Wohnung. Wie halten das Daniela Klette, Ernst-Volker Staub und Burkhard Garweg aus? Sitzen sie auch irgendwo am Meer und sind stolz darauf, »Revolutionäre« zu sein?

Vielleicht haben sie wie das Komitee-Trio eine Zeit lang in Berghütten oder Ferienhäusern von Helfern gelebt und sich nach der Auflösung der RAF ins Ausland abgesetzt. Geld genug hätten sie gehabt: bei dem Geldtransporterraub in Duisburg 1999 sollen sie über eine Million D-Mark erbeutet haben. Ihr nächster Raubüberfall war 2011. Nach zwölf Jahren Pause. Möglicherweise haben sie in dieser Zeit im Ausland gelebt und sind dann 2011 für ihre Überfallserie zurückgekehrt. Der vorerst letzte Raub ereignete sich Mitte 2016.

Vielleicht sitzen sie längst wieder irgendwo am Meer.

KAPITEL 22

SPUR NAHOST

Die Auslandsspur im Hinterkopf, rufe ich an einem sonnigen Tag Klaus Pflieger an, zuletzt Generalstaatsanwalt von Württemberg, nun in Rente und ein gefragter, weil selbstkritischer Zeitzeuge der RAF-Ära. Die Stationen seines Arbeitslebens lesen sich wie eine Zeitleiste der RAF-Geschichte: Er ist dabei, als die Todesnacht von Stammheim 1977 untersucht wird, koordiniert die Anklage der Bundesanwaltschaft im Prozess gegen Christian Klar 1984 und ist Anklagevertreter beim Verfahren gegen Eva Haule fünf Jahre später.

Schnell dreht sich unser Telefonat um den möglichen Rückzugsort des Trios. Ich erhoffe mir einen neuen Impuls für meine Suche. Und bekomme ihn auch. Es ist jedoch nicht die Schuld dieses seriösen Juristen, dass ich nach diesem Telefonat meine vielleicht verrückteste Recherche-Idee habe.

»Jetzt wo wir doch neue Bilder haben, da verwundert es schon«, sagt Pflieger. »Sie wirken wie Gespenster.« Er vermute deswegen, dass die drei nur für die Überfälle nach Deutschland kommen, wo sie ihre Waffen irgendwo »gebunkert« haben, und sich sonst woanders aufhalten.

Ich bin also nicht allein mit meiner Auslandstheorie.

Gut möglich wäre, dass alte Genossen in angrenzenden Ländern dem Trio helfen, überlege ich. In ganz Westeuropa bildeten sich in den siebziger und achtziger Jahren linksextremistische Terrororganisationen, zum Beispiel die »Brigate Rosse« in Italien, in Belgien die »Cellules Communistes Combattantes«, in Frankreich die »Action directe«. Mit der Action directe arbeitete die RAF bei zwei Anschlägen in den Achtzigern zusammen.

Ganz oben auf der Liste möglicher Verstecke standen lange Zeit die Niederlande. Denn im Fluchtauto des Trios nach dem Überfall vor dem Matratzengeschäft im Juni 2016 hatte die Polizei den winzigen Fetzen einer niederländischen Zeitung gefunden. Zudem konnte das LKA Niedersachsen ein Handy orten, welches das Trio nach einem Überfall an der Grenze zu den Niederlanden ausgeschaltet haben soll. In der niederländischen Presse meldete sich ein Mann, der behauptete, das Trio an einer Raststätte bei Heerenveen in der Provinz Friesland, knapp vier Autostunden von Hamburg entfernt, gesehen zu haben. Einer der Männer habe auf die Wiese neben dem Rastplatz gepinkelt.

Nach einem EU-weiten Fahndungsaufruf des LKA Niedersachsen ging ein Hinweis aus Italien ein: Ein deutscher Urlauber und früherer Polizist wollte Ernst-Volker Staub auf einem Campingplatz in der Nähe von Venedig gesehen haben, bekleidet mit einem roten T-Shirt.

Doch trotz dieser und anderer Hinweise passiert weiter nichts. Keine heiße Spur in Europa.

Klaus Pflieger sagt mir, er könne sich vorstellen, dass das Trio sich auch anderswo als im europäischen Ausland aufhalte.

»Einige aus der RAF sind ja früher in den Nahen Osten«, spinne ich seine Überlegung weiter.

»Ja, in der 1. wie in der 2. Generation hatte es Kontakte zu den Palästinensern der PFLP gegeben«, sagt er. Gemeint ist die »Volksfront zur Befreiung Palästinas«, eine palästinensische Terrororganisation.

Auf einem Notizblock skizziere ich mir einen möglichen Weg ins Ausland: Vielleicht flüchten sie nach ihren Überfällen in Deutschland mit der Hilfe alter Genossen ins EU-Ausland und von dort aus weiter, in die langen Schatten der Gassen arabischer Großstädte. Dorthin, wo sich niemand für sie interessiert und niemand die *BILD*-Zeitung liest.

»Aber wenn sie ihre Überfälle hier begehen, wie schaffen sie es, jedes Mal unerkannt aus Deutschland hinaus und für den nächsten Überfall zurück?«, sage ich, eher zu mir selbst als zu Klaus Pflieger.

Ich finde es schwer vorstellbar, dass sie dabei nicht gefasst werden. Da müssten sie aalglatte Papiere haben. Gut, überlege ich, die könnten sie sich in den Wirren des DDR-Zusammenbruchs besorgt haben.

Pflieger erinnert mich daran, dass schwer Vorstellbares in der Geschichte der RAF gut möglich ist. Im Jahr 1990 seien alle »völlig überrascht« gewesen, dass ein Großteil ehemaliger RAF-Leute sich über zehn Jahre in der DDR aufgehalten hatte.

Ich nicke. Daher stammt auch die Theorie, das Trio verstecke sich mit Hilfe alter Stasi-Kontakte in Deutschland. Ich hatte mich dazu an Dr. Tobias Wunschik gewandt, wissenschaftlicher Mitarbeiter der Behörde für die Stasi-Unterlagen in Berlin (BStU).[18] Er hält wenig von dieser Stasi-Connection. Begründung: Die zehn RAF-Mitglieder hätten damals vom Kalten Krieg profitiert. Klette, Staub und Garweg sollen ja erst nach dem Fall der Mauer untergetaucht sein. Sie sind schlicht zu spät dran. Klingt logisch.

Dennoch ist eines an dieser Theorie sicherlich wahr: Überraschende Allianzen gab es in der Geschichte der RAF, und sie könnten auch im Fall des Trios möglich sein.

»Sodass man eigentlich«, folgert Pflieger, »ja, das Undenkbare denken muss.«

Nach dem Gespräch lege ich das Handy auf den Schreibtisch und lehne mich zurück. Gut, denken wir das Undenkbare: Verstecken sich Daniela Klette, Ernst-Volker Staub und Burkhard Garweg im Nahen Osten?

Als ich nach Hinweisen für eine PFLP-RAF-Verbindung suche, fällt mir als Erstes die Auflösungserklärung der RAF von 1998 ein. Wurde die PFLP da nicht sogar explizit erwähnt? Ich durchsuche meine Unterlagen. Tatsächlich, da heißt es: »Wir werden die GenossInnen der palästinensischen Befreiungsfront PFLP nie vergessen, die im Herbst 1977 in internationaler Solidarität beim Versuch, die politischen Gefangenen zu befreien, ihr Leben ließen.«

---

18 Tobias Wunschik: *Baader-Meinhofs Kinder. Die zweite Generation der RAF*, Westdeutscher Verlag, Opladen 1997.

Wie kam es zur Allianz zwischen PFLP und RAF? Die PFLP wollte die Welt in den siebziger Jahren mit allen Mitteln auf ihre Sicht des Nahostkonflikts aufmerksam machen. Der ehemalige Arzt und Mitbegründer der PFLP George Habasch sagte in einem Interview mit dem Magazin *Der Stern* 1970: »Wenn wir ein Flugzeug entführen, dann hat dies mehr Wirkung, als wenn wir hundert Israelis im Kampf töten.«[19] Für öffentlichkeitswirksame Aktionen schloss die PFLP Verbindungen mit Terrororganisationen auf der ganzen Welt. Sie nahm, was sie kriegen konnte, auch die RAF.

Je weiter ich mich in die Geschichte der PFLP, der »Volksfront zur Befreiung Palästinas«, einlese, desto mehr Verbindungslinien kann ich ausmachen: 1970 absolvierten zehn RAF-Mitglieder in einem PFLP-Ausbildungslager in Jordanien ein Schießtraining. Dann ist da der Anschlag 1972 bei den Olympischen Spielen in München, als ein PFLP-Kommando versuchte, palästinensische Gefangene und deutsche RAF-Mitglieder aus dem Gefängnis freizupressen. Es ist der Anschlag, bei dem mein Vater als Polizist im Einsatz war. 1976 sollten deutsche Genossen den Palästinensern helfen, ein israelisches Flugzeug in Nairobi abzuschießen. 1977, im »Deutschen Herbst«, entführte die PFLP das deutsche Flugzeug »Landshut«, um RAF-Gefangene freizupressen.

Das sind eine Menge Verbindungen – doch sie stammen alle aus den siebziger Jahren. Wie sieht es Ende der Achtziger aus, als sich das Trio mutmaßlich bereit machte abzutauchen? Nach neueren Recherchen des Journalisten Egmont R. Koch ist es gut möglich, dass die PFLP der RAF jene Bombe beschaffte, die 1989 Alfred Herrhausen tötete.[20] Wenn das stimmt, würde es beweisen, dass die PFLP-Verbindung viel länger bestand als nur bis Ende der Siebziger.

Auf der Suche nach weiteren Hinweisen durchforste ich Akten der Stasi-Unterlagenbehörde in Berlin. Tatsächlich trafen sich mutmaßliche RAF-Unterstützer bis 1989 mit PFLP-Vertretern in Ost-

---

19 Edmund L. Andrews und John Kifner: »George Habash, Palestinian Terrorism Tactician, Dies at 82«, in: *The New York Times*, 27. Januar 2008, S. A31.
20 Egmont R. Koch: »Die Spur der Bombe – Neue Erkenntnisse im Mordfall Herrhausen«, ARD, 01.12.2014.

Berlin. Meine Recherchewand füllt sich mit gelb markierten Ausschnitten von Staatssicherheitsprotokollen. Die Stasi führte fleißig Buch über Zeitpunkt und Dauer dieser Treffen, mischte sich aber nicht ein. Mit dem Fall der Mauer endeten diese Geheimtreffen.

Im Nahen Osten wird die PFLP auch heute noch ganz offen von vielen Palästinensern verehrt. Ihr Prestige ist hoch, der Einfluss ehemaliger Akteure sicher immer noch groß. Groß genug, um dem Trio helfen zu können?

Es wäre natürlich interessant, mit jemandem von der PFLP zu sprechen. Gibt es noch Akteure von damals? Ich beuge mich wieder über meinen Laptop.

Mitgründer Wadi Haddad starb 1978 in Ost-Berlin. Angeblich wurde er vom Mossad vergiftet. George Habasch starb 2008 in Amman an einem Herzinfarkt. Am Sterbebett, so berichtet Al Jazeera, trauerte eine Verbündete aus alten PFLP-Zeiten. Als ich ihren Namen lese, bin ich plötzlich wieder hellwach: Leila Khaled. Ende der sechziger Jahre war sie eine Flugzeugentführerin, gerade mal Mitte 20, kaum älter als mein Vater zu dieser Zeit.

Ich muss über mich selbst lachen. Da durchforste ich das Internet nach Lebenszeichen früherer PFLP-Akteure und hatte dabei einen passenden Kontakt schon seit langem an meine Wand gepinnt: Leila Khaled. Ein Foto von ihr hängt am unteren Rand der Collage. Ich wusste bis jetzt nicht, was ich damit machen soll. Es lag zwischen RAF-Unterlagen in einem der Kartons meines Vaters auf dem Dachboden. Warum hat mein Vater es eigentlich aufgehoben?

Ich löse das Bild von der Wand.

KAPITEL 23

DIE SCHÖNE TERRORISTIN

Kurz vor Ostern bekomme ich Post aus dem Wald, von Hildegard Krämer und Paul Tiene. Sie wollten sich ja noch wegen eines möglichen Interviews bei mir melden. Es hat gedauert, aber sie halten Wort. Es sind ein paar handgeschriebene Zeilen mit Ostergrüßen – und einer Absage.

Mein Vater nickt, als ich ihm den Brief zeige.

»Ich hab mir's fast scho' gedacht.«

Er lehnt sich auf der Eckbank zurück. »So ist das mit diesen Radikalen.«

Wart du nur ab, denke ich mir, und hole das Foto von Leila Khaled aus meinem Rucksack.

»Und für die Position eines Radikalen hattest du noch nie Sympathie?«, frage ich.

»Pati, die ganzen Idealisten, die sich radikalisieren, machen ihre Ideale durch die eigene Handlung kaputt.« Er hebt einen Finger wie Lehrer Lämpel aus *Max und Moritz*. »Das ist immer so.«

Ich halte das Foto hoch. Er lehnt sich nach vorne, und als er die Frau auf dem Bild erkennt, weiten sich seine Augen.

»Mei, die Leila!«

Am 29. August 1969 entführt die damals 25-jährige Leila Khaled zusammen mit einem weiteren Mitglied der PFLP ein Flugzeug auf dem Weg von Rom nach Tel Aviv. Das neue Ziel: Damaskus, aber nicht auf direktem Weg. Leila Khaled zwingt den Piloten, einen Umweg über Haifa zu fliegen, damit sie ihre Heimatstadt sehen kann. Ihre Familie musste 1946 vor den Israelis in den Libanon fliehen.

In Damaskus dürfen die Passagiere und die Crew das Flugzeug verlassen, dann sprengt die PFLP die Nase der Maschine in die Luft. Die Pressefotos davon gehen um die Welt. Khaled wird mit einem Schlag berühmt, zur Heldin für die einen und zur international gesuchten Terroristin für die anderen. Später unterzieht sie sich mehreren Operationen an Nase und Kinn, um trotz ihrer Bekanntheit weitere Flugzeuge entführen zu können.

»Ja, was heißt, ich hätt für sie g'schwärmt?«, sagt mein Vater.

Er verschränkt die Arme vor der Brust. Sein Gesichtsausdruck ist abwehrend, doch mir entgeht nicht, wie seine Augen aufleuchten, wenn er ihren Namen in den Mund nimmt. Er gibt sich viel Mühe, ihn arabisch auszusprechen, zieht das *I* im Vornamen in die Länge und haucht das *K* des Nachnamens zu einem hingebungsvollen *Ch*.

»Da war immer der Zwiespalt zwischen Abscheu und Bewunderung«, sagt er. Seine Stimme hat einen verteidigenden Unterton. Ich grinse, sage nichts, genieße einfach nur seine Verlegenheit.

»Da war ich ja erst seit kurzem bei der Polizei, grad 20 Jahre alt. So eine junge hübsche Frau und dann eine Flugzeugentführung.«

Mein Grinsen wird breiter.

Er tippt auf das Foto. Es ist das Porträt einer zart lächelnden Frau, das mädchenhafte Gesicht zur Seite gedreht, ein Palästinensertuch lose um den Kopf gewickelt. In einer Hand hält sie, vorsichtig wie eine Mutter ihr Kind, eine AK-47. Die Spannung auf dem Bild entsteht durch den Kontrast von jungem Mädchen und alter Knarre, eine Kreuzung zwischen Jungfrau Maria und Pin-up-Girl.

1972 wurde Khaled in Deutschland vermutet, auf der Münchner Dienststelle meines Vaters wurden Fahndungsaufrufe verteilt. Auch den hat er aufbewahrt, wie sich nach kurzem Herumkramen auf dem Dachboden herausstellt.

»8.9.1972, Sonderfahndungsblatt, Betreff: arabische Flugzeugentführerin und Terroristin Leila Khaled alias Mrs. Radja alias Aida Rachid«, lese ich vor, und mein Vater nickt schmunzelnd, als hätte ich eine schöne Jugenderinnerung zitiert.

»Es bestand der Verdacht, dass sie mit irgendeinem arabischen Ehepaar unterwegs ist, in einem deutschen Fahrzeug«, erzählt er lächelnd. Dann tippt er wieder auf das Foto.

»Die Waffe ist deplatziert. Das passt nicht zu ihr.«

Ich ziehe die Augenbrauen übertrieben hoch. Wie bitte?

»Zu ihrem Gesichtsausdruck«, ergänzt er schnell.

»Und was hat sie da an ihrem Finger?«, sage ich und deute auf ihre rechten Hand, mit der sie den Gewehrlauf umfasst.

Mein Vater wirft nur einen flüchtigen Blick auf den Finger, er weiß genau, wovon ich rede.

»Weiß ich nicht.«

»Echt? Hab ich recherchiert.«

Er verdreht die Augen.

»Ach, nein.«

»Ihr Fingerring war mal der Ring einer Handgranate, und das da«, ich deute auf den klobigen, lang gezogenen »Stein« am Ring, »ist die Patronenhülse einer Kalaschnikow – soll heißen, sie ist verheiratet mit dem Krieg.«

Er zuckt mit den Schultern.

»Ja gut, das kann man ihr aufgezwungen haben. Zu dem Foto.«

Ich nehme mein Handy und zitiere aus einem Interview. Darin sagt Khaled, sie habe sich diesen Ring selbst gebastelt.[21]

Mein Vater verzieht den Mund, als wäre ich eine Spielverderberin.

»Warum willst du dir nicht eingestehen, dass sie selbst die treibende Kraft für ihre gewalttätigen Handlungen war?«, frage ich, halb amüsiert, halb verärgert.

»Ach, Pati, ich red ja jetzt mit dem Empfinden der damaligen Zeit!«, verteidigt er sich unwirsch.

»Voll süß, dass du dir gedacht hast: Diese hübsche Frau, die kann doch unmöglich freiwillig so böse Sachen machen.«

Mein Vater wirft mir einen Blick zu, in dem Scham und Wut miteinander ringen.

---

21 Katharine Viner: »I made the ring from a bullet and the pin of a hand grenade«, in: *The Guardian*, 26. Januar 2001, https://www.theguardian.com/world/2001/jan/26/israel

»So kindisch war meine Aussage nicht!«

»Nein, nicht kindisch, du wolltest sie gut finden dürfen.«

Er überlegt kurz.

»Ja scho'.«

Ich sehe, wie sich in seinem Inneren eine Erkenntnis ausbreitet, die ihn selbst überrascht. Einen Moment wird sein Gesicht ganz weich, dann sagt er: »Als Polizist war man ja auch nicht unbedingt immer linientreu.«

Als er sieht, wie das bei mir einschlägt, fügt er fast beleidigt hinzu, »mit so manchen politisch linkslastigen Einstellungen hab ich früher ja auch sympathisiert«.

Ach, da schau her. Plötzlich hat er auch politisch linke Ideale. Wird ja immer besser. Es ist das erste Mal, dass er mir so etwas erzählt. Zugegeben: Ich war auch noch nie auf den Gedanken gekommen, ihn danach zu fragen.

»Und mit was hast du sympathisiert?«

»Ich war zum Beispiel gegen die Stationierung von Atomwaffen bei uns.«

Neben der Stationierung der Pershing-II-Raketen Anfang der achtziger Jahre habe er auch das Säbelgerassel des Kalten Krieges abgelehnt und sich für die Friedensbewegung begeistert.

In meinem Kopf formt sich eine Idee.

»Würdest du Leila Kahled denn gerne mal treffen?«

Ein baffer Blick, dann sagt er vorsichtig:

»Ja, scho'.«

Er nestelt an seiner Halskette herum.

»Aber das geht ja nicht.«

KAPITEL 24
IN JORDANIEN

»Was willst du mit dem Schirm da?«, frage ich.
Mein Vater zuckt mit den Achseln.
»Na mitnehmen.«
»Falls es in Jordanien bei 30 Grad im Schatten regnet?!«
»Ja mei, ich will auf alles vorbereitet sein.«
Ich nehme den Regenschirm aus seinem Koffer und lehne ihn an den Schrank im Hausflur meiner Wohnung.
»Der bleibt da.«

★ ★ ★

Über Nidal, eine palästinensische Kontaktfrau, mit der ich vor zwei Jahren bei einer Recherche im Westjordanland zusammengearbeitet habe, bekam ich die Telefonnummer Khaleds heraus. Sie lebt heute in Amman, Jordanien. Eines Abends rief ich sie an. Sie war freundlich, erzählte, dass sie immer noch politisch aktiv und stolz auf ihre Vergangenheit sei. Nein, von einer Daniela Klette, einem Burkhard Garweg und einem Ernst-Volker Staub wisse sie nichts, sagte sie. Überhaupt klingle bei »Red Army Fraction, RAF« überhaupt nichts.
»What about Baader-Meinhof-Gang?«
»What Gang?«
Ich war nicht besonders überrascht. Mir ist bewusst, dass die PFLP-Verbindung zum Trio nüchtern betrachtet fast so wahrscheinlich ist wie die Stasi-Connection.

Also so gut wie aussichtslos.

Doch ich dachte an meinen Vater. Wie wäre es, wenn er und Leila Khaled heute aufeinandertreffen würden? Der Ex-Bulle und die Ex-Terroristin?

Khaled lud mich ein. Ich könne sie gerne besuchen kommen in Amman.

»Wäre es in Ordnung, wenn ich meinen Vater mitbringe? Er ist ein Fan von Ihnen, obwohl er früher Polizist war ...«

»Sure«, sagte sie.

Sie klang kein bisschen überrascht.

★ ★ ★

Als ich meinem Vater davon erzählte, war ich sicher, dass er ablehnen würde. Irgendeine Ausrede würde er schon finden. Doch er sagte zu. Einfach so. Plötzlich war da kein Hund, der eine Reise unmöglich machte. Mein Vater packte seinen Koffer, fuhr zu mir nach Hamburg, übernachtete in meiner Wohnung. Zum ersten Mal.

»Können wir dann?«, rufe ich ins Badezimmer. Was macht er denn da drin? Unsere S-Bahn zum Flughafen fährt in 20 Minuten.

»Gleich!«

Fast war ich versucht, selbst Bedenken gegen die Reise anzumelden, so unwirklich erschien mir seine Zusage.

Ich kümmerte mich um Tickets, Hotel, Transfer. Dass wir beide miteinander auskommen, auf dieser unserer ersten gemeinsamen Auslandsreise, darauf habe ich nur bedingt Einfluss. Hoffentlich geht alles gut, denke ich mir, während wir mit den Koffern zur S-Bahn laufen.

Bei der zweiten Flugzeugentführung, an der Leila Khaled beteiligt ist, am 6. September 1970, als sie eine israelische El-Al-Maschine auf dem Weg von Amsterdam nach New York entführt, wird sie überwältigt und festgenommen. Wenige Wochen später presst die PFLP sie wieder frei – mit einer weiteren Flugzeugentführung.

Ich frage mich, ob die Erinnerung an Khaled bei meinem Vater eine andere, viel tiefer greifende Erfahrung wachruft, jene seines

Einsatzes am 5. September 1972 bei den Olympischen Spielen in München. Auch da ging es um palästinensische Terroristen, auch da spielte ein Flugzeug eine Rolle. Ich würde ihn gerne danach fragen, aber nie ergab sich bisher ein Moment dafür.

★ ★ ★

Als wir in der Abflughalle sitzen, mit Blick auf das Rollfeld im grauen Aprilwetter, gönnen wir uns zwei überteuerte Baguettes. Eines mit Schinken für meinen Vater, eines mit Käse für mich. Wenn wir uns auf eines einigen können, dann aufs Essen.

»Bist du aufgeregt?«, frage ich ihn, während wir nebeneinander vor uns hin kauen.

»Also aufgrund meiner Polizistenvergangenheit«, sagt er, das Flugticket zwischen die Oberschenkel gepresst, »hab ich so eine Reise ins Ungewisse nicht gern. Jordanien ist ein Pulverfass. Da kann immer mal was passieren.«

»Ach«, sage ich und mache eine wegwerfende Handbewegung. Sie beruhigt ihn nicht.

»Wollen wir uns noch einen Kaffee kaufen?«

Es fühlt sich merkwürdig vertraut und fremd an, mit meinem Vater eine Reise anzutreten. Wir sind überhöflich zueinander. Als wir im Flugzeug nach Wien sitzen, wo wir in den Flieger nach Amman umsteigen, sind wir beide ganz aufgekratzt, grinsen und blödeln für ein gemeinsames Foto herum.

Es dauert ungefähr eine halbe Stunde, bis wir uns wieder auf die Nerven gehen. Es beginnt mit einer hübschen, redseligen Frau Ende 30, die sich neben mich setzt. Sie hat einen Kaffeebecher mit ins Flugzeug gebracht, und ihre routinierte Art sich breitzumachen und Kaffee zu schlürfen, sagt einem sofort, dass sie diese Strecke ständig fliegt.

Mein Vater kann charmant sein, wenn er will, und es dauert nicht lange, da sind die beiden in ein Gespräch über ihre Pendelei, ihre Familie, und dies und das verwickelt. Ich sitze zwischen ihnen und versuche Zeitung zu lesen, was aber meinen Vater, der sich vom Fensterplatz aus über mich zum Gang beugt, kein bisschen stört.

»Das hier ist übrigens meine Tochter«, stellt er mich vor, »sie ist immer noch nicht verheiratet, aber die Hoffnung stirbt zuletzt.«

Nach einem sehr knappen Umstieg in Wien nehmen wir im Flugzeug nach Amman Platz, und ich habe endlich Zeit ihn anzuschnauzen: »Können wir bitte ausmachen, dass du nicht jedes Mal, wenn wir Leute treffen, erzählst, dass ich dir noch keine Enkelkinder geschenkt habe?«

»Mir sind grad die Ohren zug'fallen, ich hab nichts verstanden«, sagt mein Vater.

Eine Stewardess macht eine Ansage auf Arabisch und Englisch.

»Bist jetzt beleidigt?«

»Jetzt bin ich beleidigt.«

Am Nachmittag kommen wir im Arab Tower Hotel an, in der Al Hashimi Straße, inmitten der Altstadt Ammans. Der Fotograf des Hotels hat anscheinend ein wirklich gutes Weitwinkelobjektiv. Die Zimmer sind viel kleiner und schäbiger, als sie im Internet aussehen.

»Oh Mann! Schau dir mal das an. Mei, Pati, was hast denn da gebucht?«

»Ach komm, so schlimm ist es nicht.«

Mein Vater schnaubt und macht das Licht im Bad an. Ich luge über seine Schulter in die Nasszelle mit Schimmel in der Dusche, rostigem Wasserhahn und dünnen Handtüchern.

»Komm, wir gucken uns mal den Ausblick an, komm mal aus dem Bad!«

Mein Vater reagiert nicht, guckt starr auf die ausgeleierten schwarzen Gummilatschen, die vor der Dusche stehen.

»Ich glaub, da kann ich nicht duschen! Da graust es mir ja.«

»Schau mal: der Blick!«

Ich deute aus dem Fenster: ein Häusermeer mit arabischen Schriftzügen an den Fassaden, Tauben, Straßenhändlern und einer Moschee. Mein Vater nickt matt, dann legt er sich auf das Bett, seine Beine baumeln seitlich von der Matratze. Er hat immer noch Schuhe an.

Später, bei einem starken schwarzen Kaffee, geht es meinem Vater schon besser. Wir haben gerade eine Straßenüberquerung absolviert, ohne dabei zu sterben. Um in Jordanien über eine verkehrsreiche Straße zu kommen, muss man in gleichmäßigem Tempo hinübergehen, die heranrasenden Autos ignorieren und, ganz wichtig, niemals stehen bleiben. Ich hatte meinem Vater das erklärt, ganz welterfahrene Tochter, und war dann losmarschiert in der Annahme, er würde sich an mich hängen.

Von wegen.

Er dachte offenbar, ich würde *ihm* folgen. Als wir beide unseren Irrtum erkannten, blieben wir verärgert stehen. Mitten auf der Straße.

Ich kühle mir die Stirn mit einer Coladose, mein Vater blättert in der englischen Ausgabe der *Jordan Times*, »Streik im Westjordanland«, lautet eine Schlagzeile.

Am nächsten Morgen sitze ich auf dem Bett, schaue noch mal in meine Mails, mein Vater steht am Fenster. Nidal, die palästinensische Kontaktfrau, wird uns am Hotel mit einem Taxi abholen und zu Leila Khaled bringen.

»Ach, langsam verlieb ich mich in Amman«, sagt mein Vater. Er lächelt, hat entgegen seiner gestrigen Behauptung sogar geduscht. Es ist ein schöner Moment. Bis ich ihn mit einem Aufschrei zerstöre.

»Ach du Scheiße!«

»Lies vor! Ich kann es nicht lesen. Ich hab meine Brille nicht auf«, drängt mein Vater

»Good morning, I just heard from Leila«, lese ich stockend vor. »Scheiße, das glaub ich jetzt nicht, also sie schreibt: I called her she is not in the country. Because of the prisoner hunger strike.«

Hungerstreik! Mir fällt wieder die Schlagzeile in der Zeitung gestern ein. Online erfahre ich, dass es heute einen Protestmarsch in Ramallah gibt, um den Hungerstreik palästinensischer Gefangener in israelischen Gefängnissen zu unterstützen. Sogar die Schulen sind geschlossen.

Ich schaue auf. Die Frau ist imstande, ein Interview sausen zu lassen. Wegen einer Demo. Das nennt man wohl Prinzipien. Verdammt.

»Jetzt sind wir umsonst gefahren«, sage ich. »Die ganze Kohle. Du! Ich kann es gar nicht glauben«, stammle ich. »Es tut mir leid.«

»Das macht doch nichts, mach dir da keine Gedanken.« Mein Vater ist merkwürdig entspannt, während ich hektisch an meinem Handy herumfuhrwerke.

Ich rufe Khaled an, bekomme jedoch nur eine automatische Ansage auf Arabisch und Englisch: *»This number is currently not available.«* Offenbar hat sie ihr Handy ausgemacht.

»So fies wurde ich noch nie abgesägt«, sage ich.

Mein Vater winkt ab.

»Jetzt machst das Scheißgerät aus.« Er deutet auf mein Aufnahmegerät.

»Denkst ein bisschen nach, und dann gehen wir raus.«

Ich starre ihn an. Fast könnte man meinen, er sei ganz erleichtert, dass wir Leila Khaled nicht treffen.

Ich überlege fieberhaft, wie ich diese Recherchereise noch retten kann.

»Eine Sache fällt mir ein, die wir machen könnten«, sage ich. Mein Vater duckt sich unmerklich. »Und zwar hat mir letzte Woche ein Journalistenkollege die Nummer von einem Palästinenser gegeben und gemeint, wenn wir sowieso schon in Amman sind und Leila Khaled treffen, dann solle ich den mal anrufen.«

Die Nummer gehört Bassam Abu-Sharif, dem früheren Chefrekrutierer der PFLP. Er hielt in den siebziger Jahren den Kontakt zu Gruppen wie der RAF. 1972 schickte ihm der Mossad eine Paketbombe in sein Beiruter Büro, getarnt als Buchsendung. Abu-Sharif verlor dabei vier Finger und einen Teil seines Augenlichts. Es war ein Buch über Che Guevara.

Ich wähle die Nummer.

»Aber Treffen irgendwo neutral«, flüstert mein Vater. »Nicht in einem Palästinenserlager oder so.«

Es klingelt.

Mein Vater fährt sich durch die Haare.

Es nimmt niemand ab.

»*Sightseeing*«, frohlockt mein Vater.

»Na toll.«

Geschlagen sitze ich auf meinem Bett. Von draußen dringt der Lärm der jordanischen Hauptstadt herein. Autohupen, Rufe von Händlern, Rollergeknatter.

Plötzlich fällt mir mein lange schon gehegter Plan wieder ein, meinen Vater nach seinem Einsatz bei den Olympischen Spielen 1972 zu fragen. Bis jetzt hatte ich nie den richtigen Zeitpunkt dafür gefunden. Und auch jetzt fühlt es sich eigentlich falsch an. Doch die Verzweiflung darüber, dass das Interview geplatzt ist, gibt mir Mut. Ich werfe ihm einen Blick zu. Er zuckt leicht zurück, als er den bestimmten Ausdruck in meinem Gesicht sieht.

Der Arme.

In all den Monaten, die wir jetzt zusammen unterwegs waren, habe ich nie ein Wort darüber verloren. Nun konfrontiere ich ihn aus heiterem Himmel mit einer Frage zum vielleicht schmerzhaftesten Teil seiner Polizistenvergangenheit.

»Du, wie wär's, wenn du mir erzählst, wie das damals war, 1972 bei den Olympischen Spielen?«, frage ich so sanft ich kann.

Er braucht einen Moment.

»Das meinst doch nicht ernst jetzt?«

Seine Stimme ist nicht aufbrausend wie sonst, wenn ich eine Idee habe, die er für »Schmarrn« hält. Es ist eher, als würde er vor etwas zurückweichen. Ich sehe, wie viel ich von ihm verlange und füge entschuldigend hinzu: »Das hast du mir noch nie wirklich erzählt.«

»Ja, das ist irgendwie so ... aufwühlend.«

Er schweigt einen Moment, sein Gesicht ist schmal geworden bei der Erinnerung.

»Weißt, ist ja doch stressig für mich g'wesen damals. Viel Blut und Tod. Viel Angst.«

Seine Stimme ist rau.

»Jetzt sind wir in einer anderen Zeit und einem anderen Raum. Das macht es vielleicht einfacher als zu Hause«, sage ich vorsichtig.

Er denkt darüber nach, die Augen auf einen nichtexistenten Punkt gerichtet. Dann nickt er zögerlich.

»Heute Abend?«

KAPITEL 25

DER OLYMPIA-ANSCHLAG, TEIL 1

Und so kommt es, dass mein Vater und ich an einem schwülen Abend 2017 in Amman auf unseren Betten liegen und er mir von seinem Einsatz bei den Olympischen Spielen 1972 erzählt. Ich schalte das Aufnahmegerät ein. Die Nacht senkt sich über das Arab Tower Hotel in der Al Hashimi Straße.

★ ★ ★

München, 5. September 1972, 6 Uhr früh:
»Also«, mein Vater räuspert sich, »ich war damals 21 Jahre alt, Polizeihauptwachtmeister. Wir, also die 1. Einsatzhundertschaft der Stadtpolizei München, waren rund um Olympia eingesetzt. In erster Linie für Verkehrssachen und als Auskunftspersonen für Touristen. Es waren ja die ›heiteren Spiele‹, also hätten es werden sollen. Waffen sind verpönt gewesen, Polizisten sollten freundlich sein und ohne sichtbare Bewaffnung in der Gegend herumstehen. Es sollte ein friedlicher Eindruck erweckt werden.

Am Tag vor dem Attentat hatte ich tagsüber Dienst. Es war ein ganz normaler Arbeitstag. Abends hatt ich frei, und wir sind zum Feiern ins Bundeswehrcasino nach München-Erding gefahren. Ein Kollege aus unserer Einsatzhundertschaft hatte Geburtstag. Wir haben richtig gebechert und unter großem Jubel die Goldmedaille der Ulrike Meyfarth im Hochsprung ang'schaut. Es war ja einer der erfolgreichsten Tage der Deutschen während dieser Olympiade.

Um vielleicht zwei, halb drei sind wir dann heim'kommen in die Unterkunft, in der wir kaserniert g'wesen sind. Wir waren in Gemeinschaftsräumen untergebracht. Immer zu zweit in einem Zimmer. Am nächsten Tag hätten wir erst mittags wieder arbeiten müssen. Wir hätten also erst einmal lange ausschlafen können.

Aber dann sind wir in aller Früh, etwa um 6 Uhr, aufgeweckt worden. Ein Kollege ist rein'kommen und hat g'sagt, wir müssen aufstehen. Es ist was passiert. Es gab ein Attentat auf die israelische Olympiamannschaft.«

★ ★ ★

Knapp zwei Stunden zuvor, gegen 4.20 Uhr steigen acht Mitglieder der palästinensischen Terrorgruppe »Schwarzer September« über den Zaun des Olympischen Dorfs in der Connollystraße 31 und brechen in das Apartment der israelischen Olympiamannschaft ein. Der israelische Ringertrainer Mosche Weinberg wird bei diesem Überfall von mehreren Kugeln getroffen und stirbt sofort, der Gewichtheber Josef Romano wird angeschossen und verblutet wenig später. Die Palästinenser bringen neun israelische Geiseln in ihre Gewalt.

Dann lassen die Geiselnehmer ein Blatt vom Balkon des Apartments fallen. Darauf stehen ihre Forderungen: 234 in Israel gefangene Palästinenser sollen freigelassen werden sowie die deutschen RAF-Mitgründer Andreas Baader und Ulrike Meinhof, die in Stuttgart-Stammheim einsitzen. Die Geiselnehmer selbst wollen mit einem Flugzeug in ein Land ihrer Wahl ausgeflogen werden.

Das ist die Ausgangslage als mein Vater aufgeweckt wird.

★ ★ ★

»Es hieß: Wir müssen alle in einer halben Stunde einsatzbereit sein. Die anderen Kollegen waren alle schon ausgerückt. Nur wir waren noch da. Man hat uns scheinbar aussortiert, weil wir noch ein bisschen ang'soffen waren.

Auf jeden Fall kam dann jemand Höheres, einer aus dem Polizeipräsidium, zu uns in den Speisesaal, wo wir herumg'sessen sind, auf weitere Befehle gewartet und Kaffee getrunken haben. Er fragte uns, ob wir uns vorstellen könnten, an einem Sondereinsatz teilzunehmen.

Das war ungefähr um 9 Uhr.

Dieser Einsatz wäre absolut freiwillig, keiner wird gezwungen, und es kommen bloß die infrage, die nicht verheiratet sind und keine Kinder haben, hat dieser Höhere g'sagt. Nur die sollen sich dazu melden.

Da hat sich natürlich keiner getraut, nein zu sagen.

Danach haben wir erfahren, dass im Olympischen Dorf Geiseln genommen worden sind und dass nun versucht werde, mit den Geiselnehmern zu verhandeln. Sollte es nicht dazu kommen, dass das Ganze im Olympischen Dorf gelöst werden könne, dann müsse man sich eine Alternative, irgendeine zweite Möglichkeit am Fliegerhorst von Fürstenfeldbruck ausdenken. Dafür wären wir dann vorg'sehen. Aber nur, wenn alle Stricke reißen. Wie diese zweite Möglichkeit aussehe, sei noch nicht klar. Aber, so hieß es beruhigend, ihr braucht euch nichts denken, ihr kommt sowieso nicht zum Einsatz. Aus, Amen. Ihr wartet jetzt hier drinnen und richtet euer Einsatzgepäck her.

Und dann haben wir gewartet.

Freilich hat ein jeder Muffe g'habt, aber man hat denen geglaubt, dass da nichts ist, dass das im Olympischen Dorf entschieden wird und wir nur so eine Notlösung sind, zu der es wahrscheinlich nicht kommt.«

KAPITEL 26

EIN SCHUSS DURCH DIE DECKE

Zurück in Deutschland, empfängt mich der dunkelblaue Regenschirm meines Vaters im Wohnungsflur, und ich muss bei dem Anblick unwillkürlich lächeln. Als wir uns am Flughafen verabschiedeten, umarmten wir uns lange, und ich hatte einen Kloß im Hals.

Wir haben Leila Khaled nicht getroffen. Und doch gingen wir mit einem Gefühl auseinander, als hätten wir eine Aufgabe gemeinsam erfolgreich bestanden. Mein Vater hat mir nicht nur seine Erinnerungen an den Anschlag auf die Olympischen Spiele 1972 geschildert, er hat mir damit auch einen Blick in seine persönlichsten Gedanken gewährt.

Ich hüte die Audio-Aufnahmen wie einen Schatz.

In den nächsten Wochen werde ich mir seine Erzählung erneut anhören. Etappe für Etappe. Unterwegs auf Recherchereise, beim Spazierengehen, zu Hause am Schreibtisch. Seine Erinnerungen werden zum Hintergrundrauschen meiner weiteren Recherche, zum Sound der Suche.

Was da passierte, erscheint mir schicksalshaft für Deutschland. Hinweise auf den Anschlag hatte es vorab gegeben. Doch man nahm sie nicht ernst, wollte sie vielleicht nicht ernst nehmen. Es war die erste Olympiade in einem von den Nazis befreiten Deutschland. Die Bundesrepublik wollte zeigen, dass sie anders als ihre Vergangenheit war: friedlich und weltoffen. Doch die blutige Geiselnahme ließ die Idee der »heiteren Spiele« tragisch wirken, und die Strategie, Polizisten, »möglichst ohne sichtbare Bewaffnung in der Gegend herumstehen zu lassen«, lächerlich.

Der Anschlag leitet eine Zeitenwende ein: Ab jetzt setzt der Staat auf Stärke. Die nächsten Jahre der Auseinandersetzung mit der RAF wirken wie eine Bestätigung dieses Kurses.

»Wir werden den Terror mit aller Härte bekämpfen«, sagte Bundeskanzler Helmut Schmidt 1977 nach der Entführung Hanns Martin Schleyers in einer Rede an die Nation, die übrigens nach dem Anschlag auf den Weihnachtsmarkt in Berlin 2016 wiederentdeckt und tausendfach in den sozialen Medien geteilt wurde.

Ich spüre noch den leichten Sonnenbrand aus Amman auf der Nase, als ich mich zu Hause vor die Recherchewand setze und meine nächsten Schritte plane. Der Zettel mit der Zehnerliste von Professor Straßner sticht mir ins Auge: zehn Personen, die der Staatsschutz verdächtigt, zur letzten RAF-Gruppe gehört zu haben. Noch habe ich nichts Näheres dazu herausfinden können.

Dann das Trio selbst – wie weit bin ich da? Burkhard Garweg steht mir inzwischen plastischer vor Augen als die anderen beiden. Dabei war er am Anfang die Person, über die am wenigsten bekannt war. Ich sehe einen verwuschelten Lockenkopf, der sich im linksextremistischen Kreis von Hamburg radikalisiert, mit seinem bisherigen Leben bricht und in die Hafenstraße zieht, wo er auf die »Genossen« Daniela Klette und Ernst-Volker Staub trifft. Anfang der Neunziger kündigt er gegenüber Freunden an, sich der RAF anzuschließen.

Zeit, mehr über Ernst-Volker Staub herauszufinden. Er ist ein anderes Kaliber als Burkhard Garweg, galt den Ermittlern schon lange als RAF-Mitglied. Wenige Jahre bevor er mit Garweg und Klette abtauchen sollte, verbüßte er von 1984 bis 1988 eine Gefängnisstrafe wegen »Mitgliedschaft in einer terroristischen Vereinigung«.

Wie es dazu kommt, kann ich in Zeitungen von 1984 nachlesen. Der Vorfall ist gut dokumentiert, weil er damals für viel Aufsehen sorgte. Denn er schien zu zeigen: Die RAF lebt mitten unter uns.

★ ★ ★

Es ist der 2. Juli 1984, der Elektrikermeister Eduard Glowka sieht gerade in seinem Wohnzimmer in Frankfurt-Bornheim die Tagesschau, als er einen Schuss hört. Sein erster Gedanke: ein Stuhl im Nebenzimmer seiner Wohnung ist umgefallen, berichtet er später der Polizei.

Direkt im Anschluss an das Geräusch klingelt eine junge Frau bei dem 60-Jährigen. Sie sagt, sie passe auf die Katzen in der Wohnung über ihm auf, im dritten Stock, und ihr sei gerade das Aquarium umgestürzt und auf den Boden gefallen. Deswegen der Lärm. Hoffentlich tropfe es nicht durch die Decke. Die junge Frau geht wieder. Glowka findet keine Wasserflecken, dafür entdeckt er ein deformiertes Geschoss im Fußboden, und als er nach oben blickt, etwas, das wie ein winziger Durchschuss in der Zimmerdecke aussieht.

Als die Polizei die Wohnung über Glowka kontrolliert, kann sie den Zufallstreffer kaum fassen: Da sitzen sechs Leute auf einem Waffenlager. Später wird das BKA die Beute, auf einem Tisch ausgelegt, der Presse präsentieren: sowjetische Handgranaten, Zeitzünder, Handfeuerwaffen, mehr als 100 Pässe und über 16 000 D-Mark Bargeld. Was hatte die Gruppe damit vor?

Ihre Enttarnung hat schon fast etwas Amüsantes: junge Leute um einen Esstisch versammelt, gut versteckt in einer ruhigen Wohngegend, vereint in einer konspirativen Atmosphäre, und dann geht plötzlich beim Reinigen die Knarre eines Möchtegernguerillas los. Ich kann die sprichwörtliche Stille nach dem Schuss förmlich hören, und wie dann einer am Tisch in das Schweigen hinein sagt: Scheiße.

Die Polizei nimmt, natürlich, alle sechs fest: Helmut Pohl und Christa Eckes: beide saßen schon für einen Raubüberfall der RAF im Gefängnis. Ingrid Jakobsmeier und Stefan Frey: für sie gibt es Haftbefehle. Und dann sind da noch zwei weitere Personen, deren Identität erst einmal nicht geklärt werden kann. Später stellt sich heraus: Es handelt sich um Barbara Ernst und Ernst-Volker Staub.

Es ist das erste und – bis heute – einzige Mal, dass Staub verhaftet wird. Er ist ein Fisch, der den Ermittlern zufällig ins Netz geht. Wohl niemand im gigantischen RAF-Fahndungsapparat wusste von seiner Existenz.

Staub wird 1986 am Bayerischen Oberlandesgericht wegen Mitgliedschaft in einer terroristischen Vereinigung, unerlaubten Waffenbesitzes und Urkundenfälschung verurteilt. Er soll für die RAF zukünftige Anschlagsziele wie die Flint-Kaserne der US-Streitkräfte im bayerischen Bad Tölz ausgekundschaftet haben.

Der Oberstaatsanwalt wird in der Presse mit den Worten zitiert, es sei »nicht nachvollziehbar«, warum Ernst-Volker Staub sich »trotz seiner günstigen Ausgangsbedingungen« – er meint wohl dessen Jurastudium – einer Vereinigung angeschlossen habe, »die seit Jahren eine blutige Spur« durch Deutschland ziehe.

Im Gefängnis schreibt sich Staub mit Gleichgesinnten aus der linken Szene Briefe. Die Rote Hilfe veröffentlicht regelmäßig die Gefängnisadressen von RAF-Insassen in ihrer Mitgliederzeitschrift. So bekommen jene Post von Leuten, die sie gar nicht kennen, Bewunderer, Unterstützer, Genossen.

Eine solche Brieffreundin hat ihre damalige Korrespondenz mit Staub dem Amsterdamer »International Institute of Social History« übergeben. Ich kann mit ihr über das Archiv Kontakt aufnehmen. Sie war in den achtziger Jahren Mitglied der linksextremistischen Szene in Frankfurt am Main. Ich nenne sie hier Anja Weiß, sie möchte anonym bleiben.

Weiß erteilt mir die Erlaubnis, den Briefwechsel einzusehen. Zurück aus Amman, mache ich mich daran, die über vier Jahre währende, mehrere Hundert Seiten lange Korrespondenz zwischen den beiden zu lesen. Es ist ein Blick in Staubs Kopf und in sein künftiges Schicksal. Und es ist die Chronik einer Freundschaft, die im Streit enden wird.

Wie radikal war Ernst-Volker Staub, als er festgenommen wurde? Einerseits ist seine Nähe zur RAF unbestritten – sonst hätte er nicht in einer konspirativen Wohnung mit Waffendepot gesessen. Andererseits war er – bis dahin – noch an keinem Anschlag beteiligt.

1984 schreibt er Anja Weiß: »Es ist ein kampf, krieg hier. deshalb ist es ja so wichtig, dass man sich selbst sicher ist und weiß: wofür. denn darin hebt sich die anstrengung, ja quälerei, wieder auf – wenn was dadurch weitergeht.«

Ich würde gerne mit Anja Weiß sprechen. Wie sieht sie ihre Korrespondenz heute? Was war Ernst-Volker Staub für ein Mensch?

Er beschreibt in den Briefen an sie detailliert seinen Haftalltag: wann er Hofgang hat und wann nicht, wann er duschen darf und wann nicht. Und immer vermutet er dahinter perfide Strategien, um ihn zu quälen, zum Beispiel einen Hofgang am frühen Morgen, wenn es sehr kalt ist, danach sofort in die Dusche. Wovon man sich ja nur eine Erkältung holen könne – genau das, dass man krank werde, würden sie ja wollen.

Es hätte fast etwas Komisches, wie er selbst hinter einer morgendlichen Dusche Methode vermutet, wenn man nicht wüsste, dass damals eine erbitterte Debatte über die Haftbedingungen von RAF-Gefangenen tobte. Sieben RAF-Mitglieder hatten sich zu diesem Zeitpunkt bereits im Gefängnis umgebracht. Der erste Fall war Holger Meins. Er starb am 9. November 1974 an den Folgen eines 58 Tage dauernden Hungerstreiks. Er wollte unter anderem mit RAF-Gefangenen zusammengelegt werden.

Auch Staub wird sich 1984 auf 1985 an einem Hungerstreik beteiligen. Radikalisiert ihn die Haft weiter, weil sie seinen Glauben, es mit einem ungerechten System zu tun zu haben, bestätigt? Es ist eine überraschend aktuelle Frage, dieselbe, die sich heute bei sogenannten islamistischen Gefährdern aufdrängt: Kann man die Radikalisierung einer Person aufhalten? Hilft oder schadet ein Gefängnisaufenthalt dabei?

Als ich meinem Vater von meinen Überlegungen erzähle, schweigt er einen Moment lang. Dann sagt er:

»Wie stehst *du* eigentlich zu Gewalt? Wie weit würdst gehen für deine Ideale?«

Ich halte inne. Es ist das erste Mal, dass mein Vater von mir eine Antwort auf eine grundlegende Frage fordert statt ich von ihm.

Ich will sagen, dass man gegen Gewalt sein muss, da sie nur Gegengewalt erzeugt, aber dann denke ich an das Mahnmal für das Bombenattentat auf Hitler am 8. November 1939 in München, an dem ich früher auf meinem Weg zur Stadtbibliothek immer vorbeigelaufen bin.

»Angenommen, du hast es mit einem Unrechtsregime zu tun. Dann würden wir doch beide sagen, es ist richtig, dagegen mit Gewalt vorzugehen, oder?«, frage ich.

»Was ist ein Unrechtsregime deiner Meinung nach?«

»Nazi-Deutschland zum Beispiel.«

»Ja gut, da ist die Sache ja klar«, sagt er. »Aber bei der Bundesrepublik hat sich die RAF sauber getäuscht. Da gab's Mängel, sicher, aber das war kein Unrechtsstaat.«

Gudrun Ensslin, die Mitgründerin der RAF, sagte 1968 während ihres Gerichtsprozesses: »Ich weiß, warum sie sagen, man kann nichts tun, weil sie nichts tun können *wollen*, aber ich will etwas getan haben dagegen.«

Vielleicht wollten viele, die in der RAF waren, zeigen, dass sie mutig genug für Widerstand sind. Wehret den Anfängen. Nie wieder Hitler. Sie wollten ganz genau hinsehen bei allen Ungerechtigkeiten – und sahen dann nichts anderes mehr.

»Wie kann man sicher sein, es mit einem Unrechtsregime zu tun zu haben und Widerstand leisten zu müssen?«, frage ich.

»Tja«, sagt mein Vater und schweigt ratlos.

Auch ich weiß keine Antwort auf diese Frage. Ich weiß nur: Es berührt den Kern des Themas RAF: Wann ist Gewalt gerechtfertigt, und wer darf sie anwenden?

KAPITEL 27

DIE BRIEFFREUNDIN

Anja Weiß wird 2015 beim Sprayen erwischt. Sie wollte auf einen Fußgängerpoller »Kein Turm auf der Insel« sprühen – aus Protest gegen Luxuswohnungen auf einer Main-Insel bei Frankfurt. Doch sie kommt nur bis »Kein Turm auf der I« – dann nimmt die Polizei sie fest. Sie ist damals 56 Jahre alt.

»Die haben ganz schön gestaunt, dass jemand in meinem Alter so etwas macht«, sagt sie und lacht ansteckend herzlich ins Telefon. »Ich fand ja, es war eine Verschönerung des Pollers, aber na gut. Ich musste 1600 Euro Strafe zahlen.«

Eigentlich habe sie sich aber »ins Private zurückgezogen«. Ihr Lebensstil gehe heute in Richtung »Biedermeier«, schiebt sie scherzhaft hinterher. Es klingt, als würde sie sich dafür ein bisschen schämen.

1977, als Andreas Baader, Gudrun Ensslin und Jan-Carl Raspe tot im Gefängnis von Stuttgart-Stammheim aufgefunden werden, ist Anja Weiß 18 Jahre alt. Sie ist sich sicher, dass sie ermordet wurden.

»Viele junge Menschen hatten damals den Reflex, sich gegen einen Staat zu stellen, der seine Gegner umbringen lässt.«

In der Folge beginnt sie sich bei den »Anti-Imperialisten« zu engagieren, den »Anti-Imps« wie sie die linksextremistische Szene nennt. Sie wird ihr geistiges Zuhause für die nächsten zehn Jahre.

Immer, wenn RAF-Mitglieder oder Leute aus der Szene verhaftet werden, teilt sich die Gruppe auf: Wer schickt wem Zeitungen und Bücher ins Gefängnis? Wer kümmert sich um die Angehörigen? So auch nach der Festnahme der sechs Personen in der Wohnung über

Eduard Glowka. Weiß sucht sich Ernst-Volker Staub aus. Sie hatte ein Foto von ihm in der Zeitung gesehen.

»Er war ja ein absolut hübscher Junge«, sagt sie mit größter Selbstverständlichkeit. »Deswegen habe ich den gewählt.«

»Ach so«, sage ich. Wie unpolitisch.

Sie lacht, als sie die Verblüffung in meiner Stimme hört.

Ernst-Volker Staub nennt Anja Weiß in seinen Briefen »eine gute Seele«. Er schickt ihr Bücherwunschlisten: Rosa Luxemburg, José Ortega, *Der Aufstand der Massen*, Fidel Castro. Einmal fragt er, ob sie genügend Geld für die vielen Postsendungen habe. Sonst könne sie sich an seinen Bruder wenden. Doch davon will Weiß nichts wissen. Sie verdiente in ihrem Job als Buchhändlerin genug, erklärt sie mir. Niemals würde sie Geld für ihr politisches Engagement nehmen.

Staub mag Postkarten mit Motiven aus Nicaragua. Sie schickt ihm Dutzende davon. Postkarten sind beliebt, weil sie schneller ankommen als Briefe, in der Regel nach drei oder vier Tagen und nicht erst nach sechs.

Um den Überblick zu behalten, welche Postkarten und Briefe sie verschickt, macht sich Weiß Merkzettel mit Datum und Art der Post. Denn ständig bleiben Sendungen in der Gefängniskontrolle hängen. »Beschlagnahmebeschluss« nennt man das, wenn das Gefängnis einen Brief nicht weiterleitet, sondern »sicherstellt«. Ich will wissen, warum, und sehe mir einige der Begründungen genauer an.

1986 wird beispielsweise eine Postkarte mit dem kitschig-heroischen Motiv einer palästinensischen Frau nicht an Ernst-Volker Staub weitergeleitet. Das Bayerische Oberste Landesgericht begründet das so:

»Obgleich die bildnerische Darstellung auf Palästina bezogen ist, sind sie in Hinblick auf den gegen den Untersuchungsgefangenen bestehenden Tatvorwurf der Mitgliedschaft in einer terroristischen Vereinigung (RAF) geeignet, den vorgesehenen Empfänger im Eintreten für derartige Bestrebungen zu bestärken.«

Ich frage mich, ob die Verfasser am Bundesgerichtshof die Begründung wirklich ernst meinen und was schlimmer ist: wenn sie es ernst meinen oder wenn sie es gerade nicht tun.

Was sie damit erreichen, ist jedenfalls, dass sich Ernst-Volker Staub gegängelt fühlt. Er schreibt an Anja Weiß: »Manchmal ist das wie wenn man keine luft mehr kriegt, wenn man pro woche so 4 bis 6 beschlagnahmebeschlüsse kriegt.«

Trotzdem ist er optimistisch. Er schreibt, es beginne sich »das ende der inneren entwicklung des imperialismus abzuzeichnen«. Der feste Glaube, dass eine Zeitenwende ansteht, zieht sich durch all seine Briefe. Kann es sein, dass er wirklich daran glaubte, die bestehende Ordnung werde zusammenbrechen?

Anja Weiß sagt dazu: »Die Welt sah damals hoffnungsvoller aus als heute.« Es habe in dieser Zeit ein »Gegengewicht zum Kapital« gegeben. In Lateinamerika bekämpften kommunistische Guerillagruppen Diktaturen, in Nicaragua, Kolumbien, Kuba etwa. Es schien Weiß und Staub offenbar möglich, dass das westliche kapitalistische System in sich zusammenbricht.

Aus jetziger Sicht wirkt das realitätsfern. Doch dann denke ich an aktuelle Strömungen wie Pegida. Auch heute scheint für viele eine Zeitenwende in der Luft zu liegen. Wenn auch mit einer anderen Stoßrichtung.

In ihren Briefen hält Anja Weiß den Inhaftierten darüber auf dem Laufenden, was sich in der linksextremistischen Szene von Frankfurt am Main tut. Es geht um Verhaftungen und Durchsuchungen. Die Behörden versuchen über das sogenannte »Umfeld« etwas über die untergetauchten RAFler herauszufinden. Es ist eine Welt, in der es nicht ungewöhnlich ist, wenn morgens um 3 Uhr die Polizei an die Tür hämmert.

»Sie haben in der Nacht zwischen zwei und fünf Uhr fast alle von uns abgeklappert. Kripo FFM, Alibis wollten sie«, schreibt Weiß an Staub. »Bei mir waren sie um halb drei, haben sich auf die Klingel gelegt wie die Berserker, standen schon oben vor der Wohnungstür. Zwei Typen. Ich sagte, ich würde die Tür nicht aufmachen, und sie sollten wieder gehen. Der eine meinte dann, er hätte aber ein paar Fragen zu stellen. Dadurch wurde mir klar, dass es nicht speziell gegen mich geht, sondern, dass was passiert sein muss.«

Persönlich getroffen haben sich die beiden nie. Sie bekommt

keine Besuchserlaubnis, weil sie »zum terroristischen Umfeld« zählt, wie es in den Ablehnungsschreiben heißt.

Manchmal geht es in dem Briefwechsel auch um Privates, zum Beispiel fragt Staub seine Brieffreundin nach ihrem »3/4 Guerilla« – er meint ihre kleine Tochter. Sie hat sie im Herbst 1986 bekommen.

»Ist mit ihr alles ok?«, fragt er. »Sie hat ja den einjährigen grad hinter sich. Ich krieg auch gerade post von einer tochter sozusagen, sie ist acht oder neun und ich überlege, wie ich ihre frage, was ich eigentlich immer im knast mache, am besten beantworte.«

Staub meint hier nicht etwa eine eigene Tochter. Er hat keine Kinder, lehnt sie sogar ab, damit er sich besser auf »die Sache« konzentrieren kann. Dabei hat er sogar einmal in einem Kindergarten gearbeitet, wie er in einem Brief schreibt.

Weiß schreibt er: »In der dritten welt kriegen die frauen ja auch kinder und kämpfen. Man sollte in so ein gör, wenn's mal da ist, auch nicht so viel hineinlegen. Die in den slums, in den lagern, die werden ja auch gleich mit dem imperialistischen krieg konfrontiert.«

Weiß will solche kaltschnäuzigen Äußerungen heute wie damals nicht so ernst nehmen. Doch in ihrem Briefwechsel beginnt sich Ende 1987 ein Streit abzuzeichnen. Die bisher so engagierte Anti-Imp zieht mit ihrer Tochter raus aus der Stadt, geht seltener zu den Treffen ihrer Gruppe.

»So ein Kind verändert unglaublich viel. Ich dachte ja: egal, ich nehm die einfach immer mit, auch dorthin, wo geraucht wird. Das kommt natürlich in der Realität dann gar nicht infrage.«

Ernst-Volker Staub reagiert verärgert, als er merkt, dass Anja Weiß sich abzuwenden beginnt.

Er fragt: »Was ist eigentlich die ganze zeit dein ziel gewesen?«

Wenn sie heute auf ihre Zeit als Anti-Imp zurückblickt, sagt Anja Weiß: »Ich war bis zum 28. Lebensjahr Teil dieser Bewegung und ich war es total gerne. Aber ich war dann irgendwann an einem Punkt, wo ich nichts mehr wusste.«

Es folgen einige heftige Briefe darüber, wie sehr man an »die Sache« glauben und wie viel Energie man dafür aufbringen muss. Staub schreibt: »Du musst deine bedürfnisstruktur noch mal ernsthaft umpflügen + politisieren! Ein bedürfnis ist nicht deswegen echt, authentisch, revolutionär, weil es ein bedürfnis ist.«

Ihr Verhalten sei eine »kapitulation, weil du nicht selbst an dich rangegangen bist und es zugelassen hast, sozusagen innerlich platz gemacht hast fürs surrogat.«

Sie fände sein Verhalten ihr gegenüber »ziemlich unerträglich«, schreibt sie zurück. »Du legst dir ein Bild von mir zurecht wie es mit der Wirklichkeit nichts zu tun hat.«

Er entschuldigt sich und bittet darum, dass sie erneut einen Besuchsantrag stellt, damit man sich sehen könne. Nie war er sanfter ihr gegenüber. Er merkt, dass er sie verliert. Aus dem politischen Haudegen, der ihr von oben herab die Welt erklärt, ist ein Bittsteller geworden. Vergeblich.

»Nö, ich bin Sturkopf und er auch, also das war dann das Ende«, so Weiß. Damals sei ihr Politik »megawichtig« gewesen. »Das wäre für mich heute kein Grund mehr, mich zu trennen. Aber damals war das zentral.«

Als Staub ein Jahr später aus dem Gefängnis entlassen wird, ist sie nicht unter den Freunden und Bewunderern, die ihn abholen.

★ ★ ★

»Aber dass Ernst-Volker Staub später verschwand, bekamen Sie natürlich mit. Wie hat man darüber gesprochen?«, frage ich. »Hast du gehört, der Staub ist untergetaucht oder wie?«

Sie ist kurz irritiert über meine Frage. Dann lacht sie, als hätte ich einen guten Witz erzählt.

»Was ist daran so lustig?«

»So hat man nicht geredet. Erstens hat man natürlich nie den Nachnamen gesagt, und zweitens hat man niemals das Wort ›untergetaucht‹ benutzt«, sagt sie zwischen zwei Lachsalven.

»Sondern?«

»Es war klar, wenn einer aus dem Gefängnis kommt und nicht gleich beim nächsten Treffen auftaucht, dann ist er weg.«

»Dann ist er ›weg‹ hat man gesagt?«

»Oder man hat überhaupt nicht darüber geredet.«
Ihre Stimme klingt einen Ticken zu gleichgültig.
»Da hat man nicht drüber geredet, obwohl das so wahnsinnige Konsequenzen hat?«
Sie schweigt einen Moment.
»Was soll man da sagen? Das ist deine Entscheidung, ne?«
Wir plaudern noch ein bisschen, aber die entspannte Stimmung, in der Weiß von ihrer Zeit bei den Anti-Imps erzählte, ist verschwunden. Ich frage, ob sie Daniela Klette kannte, die habe ja ganz in der Nähe, in Wiesbaden, gewohnt.
Nein, nicht wirklich, sagt sie.
Sonst irgendwelche Kontakte?
Sie werde mal nachdenken.
Als wir das Telefonat beenden, ist es schon spät. Fast Mitternacht. Als ich im Bett liege, geht mir ständig Anja Weiß' Spruch zum Verschwinden von Ernst-Volker Staub durch den Kopf.
Das ist deine Entscheidung, ne?
Es erinnert mich an Sarah Khans Worte über die »spontane Dani«. Wer dazugehören wollte, durfte nicht »weich« sein. Das Politische stand über dem Menschen. Da war kein Platz für Gedanken an individuelle Schicksale.
Ich denke an die Olympischen Spielen 1972. Nach dem Anschlag öffnete die Polizei das Gepäck eines der getöteten palästinensischen Attentäter in dessen Hotelzimmer. Im Koffer lag ein Damenkleid, wohl als Mitbringsel gedacht, und Urlaubsprospekte für Spanien.
Ich stehe auf und hole mein Handy, um mir noch ein Stück der Erzählung meines Vaters anzuhören.

KAPITEL 28

DER OLYMPIA-ANSCHLAG, TEIL 2

München, 5. September 1972, 12 Uhr mittags:
»Wir saßen im Speisesaal und haben gewartet. Sieben Leute. Alle anderen Kollegen waren irgendwo im regulären Einsatz. Ein jeder war unter Strom. Eigentlich hätten wir einen ordentlichen Kater haben müssen, aber da ist nichts g'spürt. Die Anspannung hat uns aufrecht gehalten. Wir haben auf neue Informationen gewartet. Im Radio und Fernsehen haben wir verfolgt, was im Olympischen Dorf passiert. Dann ist es Mittag g'worden.«

★ ★ ★

Den ganzen Tag über verhandeln Politiker mit den Terroristen im Olympischen Dorf. Die verschanzen sich weiter mit ihren Geiseln im Apartment in der Conollystraße 31. Die israelische Regierung gibt zu verstehen, dass sie keine palästinensischen Gefangenen freilassen werde. Auch die deutsche Regierung will die beiden RAF-Mitglieder nicht gegen die israelischen Geiseln austauschen. Man will sich nicht erpressen lassen. Stattdessen bietet sich um 13 Uhr Innenminister Hans-Dietrich Genscher als Austauschgeisel für die Israelis an. Die Palästinenser lehnen ab. Bis in den Nachmittag bleiben die Verhandlungen ergebnislos.

Gegen halb 5 Uhr nachmittags klettern bewaffnete Polizisten heimlich über die Dächer der Apartments in Richtung Conollystraße 31. Doch die versuchte Befreiungsaktion wird von der Presse vereitelt: Fernsehkameras filmen, wie die Männer getarnt mit Sportklamotten auf den Dächern herumschleichen und übertragen es live. Ein Millionenpublikum sieht zu. Auch die Terroristen. Es gibt einen Fernseher in ihrem Apartment, und man hatte nicht daran gedacht, ihnen den Strom abzustellen. Die Aktion wird abgebrochen.

★ ★ ★

»Wir haben gewartet und gewartet, und dann, urplötzlich, sind wir mit Blaulicht in die Schwere-Reiter-Straße gefahren worden. Da haben schon Hubschrauber vom Bundesgrenzschutz g'standen. Die haben uns nach Fürstenfeldbruck auf den Fliegerhorst, einen kleinen Militärflughafen, gebracht. Als wir im Hubschrauber saßen, haben wir schon ein bisschen betretene Gesichter gemacht. Aha. Scheinbar läuft es doch nicht so, wie der Krisenstab sich das vorgestellt hat. Anscheinend geht's doch nicht im Olympischen Dorf zu Ende.

Draußen waren wir vielleicht so um 17 Uhr. Nachdem wir gelandet sind, haben wir gesehen, dass da auf dem Flugfeld ein Passagierflugzeug steht, eine Boeing 727. Die war vor dem Tower geparkt. Was macht das Flugzeug da, hab ich mir überlegt, immer wieder, was macht das Flugzeug da?«

★ ★ ★

Um 17 Uhr fordern die Terroristen, unverzüglich mit den Geiseln nach Kairo ausgeflogen zu werden. Innerhalb der nächsten Stunden. Andernfalls würden sie die neun israelischen Geiseln erschießen.

Der Krisenstab unter Leitung von Hans-Dietrich Genscher, Polizeipräsident Manfred Schreiber und dem bayerischen Innenminister Bruno Merk gibt nach. Aber nur zum Schein. Kein arabisches Land, so vermutet man, wird bereit sein, ein solches Flugzeug landen zu lassen.

Als die Terroristen mit den Geiseln in den Bus steigen, sieht die Polizei: Es sind insgesamt acht Terroristen. Bisher ist man davon ausgegangen, dass es sich nur um fünf handelt. Niemand denkt daran, diese wichtige Information den Einsatzkräften auf dem Fliegerhorst in Fürstenfeldbruck zu melden.

Gegen 22 Uhr bringt der Bus Geiselnehmer und Geiseln zu den beiden Hubschraubern, mit denen sie nach Fürstenfeldbruck geflogen werden. In einem hat mein Vater sieben Stunden zuvor gesessen.

★ ★ ★

»Auf dem Fliegerhorst hat man uns g'sagt, was los ist. Wir sind ja sieben Leute gewesen von der Einsatzhundertschaft. Dazu kamen noch sechs oder sieben von der Funkstreife. Uns ist g'sagt worden, sollte es im Olympischen Dorf nicht zu Ende gehen, und man müsste hier draußen die Entscheidung suchen, dann wären wir dran: Wir sollten uns in dieser Boeing 727 verstecken und die Terroristen überwältigen, wenn sie das Flugzeug betreten.

Als nächstes haben wir diesen Einsatz geübt. Wir haben uns mit dem Flugzeug vertraut gemacht, zum Beispiel gelernt, wie man die Flugzeugtüren aufmacht. Ich weiß noch, wie wir auf den Tragflächen der Boeing herumgelaufen und runterg'sprungen sind. Man macht Witze, man ist jung und cool, hat das runterg'spielt, das ganze Abenteuer.

Aber man hat sich schon auch überlegt: Was passiert, wenn einer von denen eine Handgranate wirft? Wie viel Benzin ist eigentlich in so einem Flugzeug? Wenn das Flugzeug in Flammen aufgeht, wie kommst da wieder raus?

Am Ende der Übung wusste jeder, wo er seine Stellung hat. Ich bin auf dem Notausgang beim Flügel, auf der rechten Seite g'wesen. Ich hätte also die Tür aufmachen sollen, wenn wir rausgemusst hätten.

Zwei von uns sind als Piloten verkleidet worden. Die sind im Cockpit gesessen. Alle anderen sollten sich im Flugzeug verteilen. Hinter jedem zweiten Sitz sollte ein Polizist mit seiner Pistole hocken. Jeder hat noch eine zweite Pistole von der Bundeswehr gesteckt bekommen, so eine Walther P1, eine uralte Waffe. Jeder hat also zwei Pistolen und zwei Magazine gehabt. Je 30 Schuss. Damit sollten wir sie überwältigen. Also überwältigen, das hieß, versuchen, die Terroristen auszuschalten, also umbringen. Da musst dann schon auf den Kopf zielen, klar. Das ist uns auch so g'sagt worden: Ein Kopftreffer wär das Beste.

Wir haben uns also hinter die Sitze im Flugzeug g'hockt und darauf gewartet, dass die Hubschrauber mit den Terroristen landen. In meiner Erinnerung ist es so, als wäre es in der Zwischenzeit dunkel geworden. Doch in Wirklichkeit sind die Hubschrauber erst nach 22 Uhr gelandet. Für mich hat es sich nur wie ein paar Minuten Warten angefühlt und dann hieß es schon: Sie sind im Anflug.«

KAPITEL 29

SCHNÜFFELBEHÖRDE

Ich drücke die Stopptaste. Wie dilettantisch dieser Einsatz vorbereitet wurde. Dabei ging es um Leben und Tod.
Auch um das Leben meines Vaters.
Ich nehme die Kopfhörer ab, schaue auf die Uhr. 20 Minuten noch. Wie ein ehemaliger Mitarbeiter des Staatsschutzes wohl aussieht? Ich beobachte die Menschen, die auf dem Bürgersteig an meinem Tisch vorbeilaufen, bestelle mir noch einen Kaffee. Es ist ein wolkenloser warmer Tag in Hamburg.

Da kommt jemand auf mich zugeschlendert: ein Mann mit kurzen blonden Haaren und dunkler Sonnenbrille. Wir machen zusammen einen Spaziergang durch die Straße, in der Ernst-Volker Staub nach seiner Haftentlassung 1988 wohnte und wo ihn dieser Ex-Staatsschützer regelmäßig observierte. Er will anonym bleiben.

Die Straße ist heute voller Kneipen und Restaurants. Man ist fast nie allein auf dem Bürgersteig. Mein Kontakt redet leise und bleibt immer wieder vor einem Geschäft stehen, um jemanden passieren zu lassen. Mit der Zeit gewöhne ich mich daran, dass er einen Satz abrupt beendet und eine Schaufensterauslage betrachtet, so lange, bis der Passant hinter uns vorbeigegangen ist.

Dabei arbeitet der Ex-Staatsschützer längst in einem ganz anderen Beruf. Das eingeübte Verhalten kann er offenbar trotzdem nicht abstellen. Oder er will mich mit seinem konspirativen Gehabe beeindrucken. Dieses ständige demonstrative Auf-der-Hut-Sein erinnert mich an jemanden: Achim Levi aus Pirmasens.

Der frühere Staatsschutzmann zeigt auf eine Schule. Links davon, auf dem Dach habe man einen guten Blick auf den Hauseingang zu Staubs Wohnung gehabt. Hier vorne an der Ecke, in dem schattigen Hauseingang, da habe er auch oft gestanden. Auf meine Frage, ob er etwas Wichtiges habe sehen können bei diesen Observationen, weiß er keine richtige Antwort. Sein Job war es, zu beobachten. Welche Schlüsse man daraus zog, war der Job eines anderen.

Besonders hilfreich ist das für mich nicht.

Doch vielleicht wollte der Mann mit diesem Treffen auch auf etwas ganz anderes hinaus. Denn am Ende des Rundgangs bleibt er stehen und sagt, ich dürfe niemandem vertrauen beim Thema RAF. Auch dem Staat nicht.

Ich frage, warum er sich dann bei mir gemeldet habe und ob das nicht auch verdächtig sei? Er geht weiter und nickt zufrieden, als hätte ich meine Lektion gelernt. Ja, sagt er, auch ihm könne ich nicht vertrauen.

Nach diesem rätselhaften Treffen laufe ich noch einmal auf demselben Weg durch Ernst-Volker Staubs ehemaliges Viertel. Plötzlich ist mein Blick auf die Geographie des Stadtteils ein anderer. Überall gibt es potenzielle Verstecke, von denen aus sich jemand beobachten lässt. Das scheint nur mir aufzufallen. Die Passanten um mich herum sind alle zu beschäftigt: gucken auf ihr Handy, schlecken an einem Eis, führen den Hund Gassi. Die schlafwandlerische Gleichgültigkeit, mit der sie sich durch die Welt bewegen, wirkt unecht, Schauspieler in einer inszenierten Realität.

Zu Hause mache ich mir eine Notiz zum Treffen. Ich kann nicht überprüfen, ob der Ex-Staatsschützer der ist, für den er sich ausgegeben hat. Doch die mysteriöse Begegnung bringt mich auf eine Frage: Schützt Überwachung vor Terror?

Ernst-Volker Staub wurde offenbar, kaum aus der Haft entlassen, sofort überwacht. Und doch wusste man nichts von seinem Vorhaben abzutauchen und konnte es auch nicht verhindern.

Ein paar Tage später stoße ich auf einen Zeitungsartikel, in dem es um den Tag der Haftentlassung Staubs geht, den 1. Juli 1988. Doch irgendetwas stimmt nicht mit diesem Artikel der *Welt am*

Sonntag.[22] Er beginnt mit einem roten Opel Kadett, der um 6:45 Uhr morgens vor das Gefängnistor der JVA Hamburg-Fuhlsbüttel fährt, um Staub abzuholen. »Der Beifahrer, ein junger Mann, hält eine rote Fahne aus dem geöffneten Schiebedach: Gesandte der Hafenstraße.« Derart detailliert geht es weiter: »8.00 Uhr: Ein Mädchen fällt Staub um den Hals und überreicht einen großen Blumenstrauß. Er hat Tränen in den Augen.« 20 Minuten später fährt die Gruppe nach St. Pauli und der Journalist, ein gewisser Andreas Schmidt, hinterher. Im Stundentakt erstattet er Bericht über Staubs Aktivitäten, bis dieser schließlich in einem der besetzten Häuser der Hafenstraße verschwindet, laut dem Artikel seine »neue Heimat«.

Ich schicke meinem Vater den Text per Mail. Ist das nicht komisch? Laut meiner Information wohnte Staub ja gar nicht in der Hafenstraße. Und überhaupt: Was soll dieser merkwürdige Protokollstil? Mein Vater findet, der Text bilde einfach ab, wo es hingehe mit dem frisch Entlassenen: erst in die Hafenstraße, dann zur RAF.

Ich finde: irgendetwas stinkt.

Anruf bei der Hamburger Redaktion der *Welt am Sonntag.* Ein Andreas Schmidt ist nicht mehr im Dienst, und in der früheren Mitarbeiterkartei taucht er nicht auf. Der damalige Chefredakteur der Hamburg-Redaktion der *Welt am Sonntag,* Uwe Bahnsen, ist in Rente. Ich schreibe ihm eine Mail, hänge den Artikel an und berichte von unserer Suche nach dem Trio.

Er antwortet prompt. Mit dem Namen Andreas Schmidt könne er nichts anfangen, vielleicht sei es ein Mitarbeiter der Schwesterredaktion gewesen. Die *Welt* und die *Welt am Sonntag* hätten zu der Zeit zwei getrennte Hamburg-Redaktionen und nicht, wie heute, eine für beide Zeitungen gehabt, erklärt er mir. Ach, schau her, die goldenen Zeiten des Journalismus, damals existierten sie offenbar noch.

»Diese Geschichte hätte ich im übrigen nicht gedruckt«, schreibt Bahnsen weiter. Und was dann kommt, muss ich zweimal lesen:

---

22 Andreas Schmidt: »Neue Heimat Hafenstraße«, in: *Die Welt am Sonntag,* 3. Juli 1988.

»Denn sie bildet doch lediglich die Observierung durch den Hamburger Verfassungsschutz ab.« Storys wie diese seien damals eine Art »Nachweis für die Existenzberechtigung des Verfassungsschutzes« gewesen. Die habe der gebraucht, weil nicht wenige Hamburger Politiker die »Schnüffelbehörde« abschaffen wollten.

Ich pfeife durch die Zähne. Ein politisches Machtspiel, brav ausgeführt von der Presse. Entweder hat sich der Journalist Andreas Schmidt vom Verfassungsschutz für dessen Zwecke einspannen lassen. Oder den Journalisten Andreas Schmidt gibt es gar nicht, und der Artikel ist das unter Pseudonym veröffentlichte Protokoll eines Geheimdienstmitarbeiters.

Was wohl in Staub vorging, als er, gerade aus dem Gefängnis entlassen, am Kiosk diesen »Observationstext« über sich entdeckte? Es ist auch ein Foto von ihm abgedruckt. Der »Journalist« Andreas Schmidt muss es heimlich vor dem Gefängnistor geschossen haben. Staub trägt einen herausgewachsenen Vokuhila, einen dicken Schnauzer und strahlt ahnungslos über das ganze Gesicht.

Mir fällt ein Interview ein, das ich vor einem Monat mit einer wissenschaftlichen Mitarbeiterin des Kriminalistischen Instituts des BKA führte. Saskia Lützinger verglich in einer Studie[23] die Lebensläufe 39 linksextremer, rechtsextremer und islamistischer Gewalttäter. Dabei machte sie einen kritischen Punkt aus, ab dem es für Radikalisierte kein Zurück mehr zu geben scheint:

»Wenn man erst einmal ein bestimmtes Level oder eine bestimmte Etikettierung aufgedrückt bekommen hat, also zum Beispiel in der Presse als Extremist bezeichnet wird«, sagte sie mir am Telefon, »entsteht eine Motivation, man müsse diesem Bild dann auch entsprechen, also eine selbsterfüllende Prophezeiung.«

Ich denke an die Worte des früheren Bundeskanzlers Helmut Schmidt zur RAF-Ära. 1978 sagt er im Bundestag:

»Ich glaube, dass wir bis an die Grenzen des Rechtsstaates gegangen sind. Aber wir haben sie nicht übertreten.«[24]

---

23 Saskia Lützinger: »Die Sicht der Anderen«, in: Bundeskriminalamt (Hrsg.), *Polizei + Forschung*, Bd. 40, Wolters Kluwer, Neuwied 2010.
24 Robert Leicht: »Alles was Recht ist«, in: *Die Zeit*, Nr. 38, 13.09.2007, S. 1.

Wo liegen diese Grenzen? Angesprochen darauf in einem Interview 2007[25] bleibt Helmut Schmidt dabei, dass es sich um eine »verfassungsmäßig einwandfreie« Gesetzeslage zur Bekämpfung des RAF-Terrors gehandelt habe, sagt allerdings auch, dass er nach seiner Amtszeit »überhaupt keinem Geheimdienst mehr« traue: »Das sind arme Schweine.«

Uwe Bahnsen, der frühere Chefredakteur der *Welt am Sonntag*, schreibt am Ende seiner Mail: »Ich darf vielleicht eine persönliche Bemerkung hinzufügen, zu der ich im Grunde nicht berechtigt bin: Sie bewegen sich auf einem Gelände, das auch jetzt noch vermint ist. Achten Sie auf Ihre Eigensicherung. Der Umstand, dass Ihr Vater an Ihrer Seite ist, lässt mich hoffen, dass er diesem Gesichtspunkt zur Geltung verhilft.«

---

25 Giovanni di Lorenzo und Helmut Schmidt, »Ich bin in Schuld verstrickt«, in: *Die Zeit*, 30.08.2007, S. 18.

KAPITEL 30

DER GUMMIELEFANT

Als sich Ernst-Volker Staubs frühere Brieffreundin noch einmal meldet, sitze ich gerade mit meinem Freund beim Abendessen. Eigentlich sehe ich dabei nicht auf mein Handy, aber seit der RAF-Recherche – nun ja. »Es ist Anja Weiß! Sie sagt, es geht um Daniela Klette!«, rufe ich und schaue erwartungsvoll vom Handy hoch. Doch statt Aufregung ernte ich nur einen finsteren Blick. Mein Freund ist nicht der Einzige, der von meiner beständigen Suche genervt ist. Genau genommen versteht mich nur noch ein Mensch.

Ich nehme mein Handy – »Gleich zurück!« – und verlasse die Küche.

Mein Vater nimmt sofort ab.

»Anja Weiß schreibt, sie hätte da vielleicht eine ›kleine Begebenheit‹, die mich interessieren könnte.«

»Da schau her!«, sagt mein Vater.

»Und jetzt pass auf zu wem: Daniela Klette.«

»Ach! Ich dachte, die kennt sie gar nicht!«

»Eben!«, sage ich.

»Rufst mich danach an, geh?«

Als ich zurück in die Küche komme, schüttelt mein Freund nur den Kopf. Dumm und Dümmer.

★ ★ ★

Über Daniela Klette weiß ich bis jetzt am wenigsten. Sie ist die große Unbekannte meiner Recherche. Staub ist der Veteran mit Gefängniserfahrung, Garweg der junge Lockenkopf, der sich als Schüler für den Kampf begeistern lässt – und Daniela Klette?

Alles was ich über sie weiß, habe ich den Akten der Stasi-Unterlagenbehörde in Berlin entnommen.[26] Demnach unterbrach Klette mit 21 Jahren eine Rede des damaligen Justizministers Hans-Jochen Vogel in der Paulskirche in Frankfurt am Main. Das war während des »5. Internationalen Kolloquiums über die Europäische Menschenrechtskonvention« vom 9. bis zum 12. April 1980. Klette und 16 weitere Aktivisten entrollten ein Plakat und störten »durch laute Zwischenrufe den weiteren Ablauf der Veranstaltung«, wie es in einem Protokoll der Stasi heißt.

In der DDR beobachtet man genau, welche »extremistischen Aktivitäten« es in der BRD gibt. Alles, was die linksradikale Szene tut, jede noch so popelige Veranstaltung wird von Stasi-Mitarbeitern vermerkt. Die Staatssicherheit tippt auch den Text des Flugblatts ab, das an diesem Tag von Klette und ihren Mitstreitern vor der Paulskirche verteilt wurde.

Darin wird die Behandlung zweier inhaftierter RAF-Mitglieder kritisiert. Beide Namen stechen mir sofort ins Auge. Da ist einmal Günter Sonnenberg. Wie in seinem Antwortbrief geht es auch auf dem Flugblatt um den Kopfschuss, den er bei seiner Festnahme erlitten hatte. Klette und ihre Mitstreiter fordern seine Freilassung. Er sei aufgrund des Kopfschusses verhandlungsunfähig.

Der zweite Name ist Christof Wackernagel, ebenfalls Ex-RAF-Mitglied der 2. Generation. Ihm hatte ich auch geschrieben – bislang ohne Antwort. In dem Flugblatt heißt es, die Polizei habe versucht, ihn bei der Festnahme zu ermorden. Was für eine Verdrehung der Tatsachen. Wackernagel schoss auf die Polizisten. Wie kann man ihn da als Opfer darstellen?

Wenn Klette auch nur die Hälfte von dem glaubte, was auf diesem

---

26 Behörde des Bundesbeauftragten für die Unterlagen des Staatssicherheitsdienstes der ehemaligen Deutschen Demokratischen Republik (BStU).

Flugblatt steht, muss sie als 21-Jährige politisch bereits sehr radikal gewesen sein. Sie soll damals mit Birgit Hogefeld und Wolfgang Grams in einer WG in Wiesbaden zusammengewohnt haben. Hogefeld und Grams sollen Mitte der achtziger Jahre zur RAF gestoßen sein. Die beiden sind die Einzigen, die mit großer Sicherheit zur 3. Generation der RAF gehört haben. Hogefeld bestätigte das in ihrem Gerichtsprozess 1995.

Zusammen mit diesen beiden engagierte sich Daniela Klette Anfang der achtziger Jahre intensiv bei der Roten Hilfe. Sie besuchten inhaftierte RAF-Mitglieder, nahmen an Demos und Protesten für die Rechte von RAF-Gefangenen teil.

Später muss sich Klette öfter in der Hamburger Hafenstraße aufgehalten haben. Vielleicht hat sie dort Ernst-Volker Staub kennengelernt. Es gibt das Gerücht, die beiden seien ein Paar gewesen, als sie abtauchten. In den Medien der neunziger Jahre ist oft von Staubs »Freundin« die Rede. In der Hafenstraße habe ich dagegen gehört, Klette sei mit Garweg zusammen gewesen. Beides klingt erst einmal nach: Sie folgte einem Mann in den Untergrund. Doch ihre Kontakte zu Birgit Hogefeld und Wolfgang Grams legen nahe, dass *sie* der Motor des Dreiergespanns war, dass *sie* die Kontakte in den Untergrund hatte.

Ich werfe einen Blick auf das aktuelle Fahndungsplakat des Trios an der Wand meines Zimmers. Für die Theorie, dass sie im Hintergrund die Fäden zieht, spricht auch, dass es von ihr als Einzige kein aktuelles Fahndungsbild gibt. Laut DNA-Spuren war sie an den letzten Überfällen beteiligt, doch scheint sie sich dabei so wenig zu exponieren wie möglich. Die Gebrauchtwagenkäufe zum Beispiel wurden bis jetzt immer von den beiden Männern erledigt.

★ ★ ★

Abends telefoniere ich mit Anja Weiß.

»Ich habe diese Geschichten noch niemandem erzählt«, sagt sie. Sie wolle sich nicht damit brüsten, jemanden zu kennen, der von der Polizei gesucht wird.

»Und warum haben Sie sich dann trotzdem entschieden, sie mir heute zu erzählen?«

»Weil meine Geschichte eine ist, die ein gutes Bild von der Daniela zeigt.«

Ich solle wissen, dass sie »unheimlich sympathisch« sei.

Die Geschichte spielt an einem Tag, als Weiß vor Gericht muss. Der Vorwurf: Werben für eine terroristische Vereinigung. Das sei damals »das Übliche« gewesen. Auf der Zuschauertribüne sitzen »ihre Leute«, die Anti-Imperialisten. Sie stärken ihr mit viel »Hallodri« den Rücken: Jedes Mal, wenn der Ankläger etwas sagt, kommt ein frecher Spruch von der Zuschauertribüne, oder es geht ein spöttisches Raunen durch die Reihen. Jedes Mal droht der Richter, den Saal räumen zu lassen.

Inmitten dieser angespannten Lage fliegt etwas von der Zuschauertribüne auf Weiß zu, durch eine Lücke in der Glaswand, die Tribüne und Gerichtssaal trennt. Geistesgegenwärtig fängt sie es auf. Es ist eine kleine Gummifigur, ein Elefant. Als Saaldiener versuchen, sie ihr wegzunehmen, verteidigt sie die Figur mit beiden Armen. Das sei doch nur eines von diesen Dingern, die man für 20 Pfennig das Stück aus Automaten ziehen kann, sagt sie dem Richter, Kinderspielzeug, erklärt sie, und darf den Elefanten am Ende behalten.

Es ist ein kleiner Triumph an einem demütigenden Tag. Der Elefant ist Weiß' Lieblingstier, sie dreht sich dankbar zu der Person um, die das wusste und die ihn ihr zugeworfen haben musste: Daniela Klette.

»Natürlich«, räumt Weiß ein, »hätte sie mir das auch draußen vor der Tür geben können, aber der Witz war ja, dass sie diese Schranke überwindet.«

Den Gummielefanten habe sie heute noch.

Mit Weiß werde ich über dieses Telefonat hinaus noch weiter in Kontakt bleiben. Wir stellen fest, dass wir beide viel lesen. Sie empfiehlt mir Cormac McCarthy, ich ihr John Williams. Sie schickt mir ihre alte Ausgabe von *kamalatta*, den linken »Klassiker« von Christian Geissler per Post mit der Notiz, sie könne heute damit überhaupt nichts mehr anfangen.

Irgendwann später, als ich sie für ein Fernsehinterview gewinnen möchte, sagt sie, sie kenne über eine Ecke den ehemaligen festen Freund von Daniela Klette. Sie wolle den mal treffen und fragen, ob er auch bereit wäre, mit mir zu sprechen.

Doch nach dem Treffen mit dem Ex-Freund Klettes sieht die Welt plötzlich anders aus. Weiß bittet darum, meine Telefoninterviews mit ihr zu löschen. Plötzlich hat sie Angst, dass ihre Aussagen der Polizei helfen könnten, Klette zu finden.

Was hat der Freund ihr gesagt?

Ich schicke ihr die Transkriptionen der Telefoninterviews, und sie erklärt sich schließlich doch damit einverstanden, dass ich sie verwende. Aber das war's dann auch. Mehr wolle sie nicht mehr dazu beitragen, bitte. Ihre Stimme klingt gequält.

Als ich am nächsten Tag im Zug sitze, unterwegs nach Hause zu meinem Vater, ist meine Stimmung so grau wie die Wolkendecke, die sich über Niedersachsen wälzt. Als Journalistin habe ich eine Verantwortung für meine Interviewpartner. Leute wie Anja Weiß sollen ihre Gespräche mit mir nicht bereuen müssen.

Mache ich mich zum Hilfsgendarm des LKA, wenn ich zum Trio recherchiere? Oder gehe ich einem berechtigten öffentlichen Interesse nach? Noch nie hatte ich bei einer Recherche so beständig das Gefühl, mich selbst hinterfragen zu müssen wie bei dieser.

Ich denke an die Worte von Frank John aus der Hafenstraße. Du musst einen Versuch machen, hatte er gesagt, und dann einen zweiten und einen dritten. Da hatte ich noch mit dem Kopf genickt. Jetzt wird mir klar, dass das nicht nur was mit Fleiß und zäher Arbeit zu tun hat, sondern auch damit, Druck von außen standzuhalten und mich nicht beeinflussen zu lassen.

Ich muss aufpassen, nicht zu nah dran zu sein an Daniela Klette, Ernst-Volker Staub und Burkhard Garweg. Über Wochen habe ich Schnipsel ihrer Persönlichkeiten eingesammelt und dabei Menschen aus ihrem früheren Umfeld kennengelernt, die mir sympathisch waren.

Mir kommt die nötige Distanz abhanden.

Du setzt dich mit dieser Recherche zwischen alle Stühle. Das ist dein Platz, sage ich mir selbst. Komm klar damit. Nach einer Phase des Aufschwungs kommt jetzt eben eine der Verwirrung. Da musst du durch, es wird vorübergehen. Irgendwann kommt der Gipfel, und du überblickst die Gemengelage. Doch eine kleine, gehässige Stimme in mir antwortet: Vielleicht liegt der Gipfel aber auch in ewigem Nebel.

Ich schaue aus dem Fenster und denke an den Yeti, den mir mein Vater damals auf dem Dachboden als Ersatzthema zur RAF vorgeschlagen hatte. Ewig her. Ich lächle. Eigentlich wollte er mir damit demonstrieren, wie aussichtslos eine Suche nach dem RAF-Trio ist. Wahrscheinlich ist es wirklich leichter, den Yeti zu finden.

★ ★ ★

Am nächsten Morgen beim Frühstück mit meinem Vater. Sonnenblumenkernbrot, Schinken, Marmelade, Apfelstücke.

»Wenn die Polizei sie schnappt, was wäre für dich eine angemessene Strafe?«, frage ich ihn.

»Lebenslänglich.«

»Aber so erfahren wir ja nie, warum sie zur RAF gegangen sind oder wie das Untergrundleben funktioniert. Was hältst du von Aussagen gegen Straffreiheit?«

Die Idee einer Amnestie ist nicht neu, wurde in der Geschichte der RAF immer wieder diskutiert. Das Problem beim Trio ist, dass sie *nach* ihrer mutmaßlichen RAF-Zeit weitere Straftaten begangen haben sollen. Der Überfall in Stuhr 2015, bei dem einer der Täter auf den Geldtransporter geschossen hatte, wird als versuchter Mord gewertet. Allein dafür dürfte sie eine hohe Haftstrafe erwarten.

Wie ist das mit einer Amnestie für ihre RAF-Zeit vereinbar?

»Wenn du denen Straffreiheit gewährst, ist das quasi, als wären sie besser als Verbrecher ohne politische Motivation«, sagt mein Vater.

»Aber vielleicht gibt es ja Wichtigeres als Strafen. Einen gesellschaftlich höheren Zweck: Aufarbeitung.«

»Der Staat kann doch nicht neun Morde vergessen!« Empörung in seiner Stimme.

Ich hebe beschwichtigend eine Hand.

»Bevor wir uns streiten, was anderes, Papa: Kannst du mich später wohin fahren?«

»Wohin denn?«

»Zu einem Ex-RAF-Mitglied.«

Es hat doch noch geklappt mit einer Gesprächsanfrage. Christof Wackernagel hat zugesagt. Er ist derjenige, für dessen Freilassung Daniela Klette als 21-Jährige Flugblätter verteilt hatte. Am 15. Oktober 1980 wurde er wegen »Mitgliedschaft in einer terroristischen Vereinigung« und »Mordversuch« zu fünfzehn Jahren Haft verurteilt. Er wohnt nur eine knappe Autostunde von meinem Elternhaus entfernt.

Mein Vater reißt die Augen auf, zieht die Brauen hoch.

Ich sage: »Du musst mich ja nur abliefern.«

»Wie, nur abliefern?«

»Wir treffen uns bei ihm zu Hause.«

»Du allein mit einem Terroristen in der Wohnung, ist das nicht gefährlich?«

Ich spüre, wie sich das zarte Band, das uns seit Amman miteinander verbindet, spannt.

»Der hat sich nach seiner Festnahme im Gefängnis von seiner RAF-Zeit distanziert.«

»Ach und jetzt ist er praktisch ein braver Bürger oder wie?«

Er macht eine wegwerfende Geste mit der Hand.

»Einmal Terrorist, immer Terrorist!«

KAPITEL 31

IM WIENERWALD

Christof Wackernagel öffnet beim ersten Klingeln, begrüßt mich überschwänglich und winkt mich hinein. Als ich ihm durch den düsteren Flur in die Küche folge, geht mir durch den Kopf wie er vor 40 Jahren mehrmals auf die Beamten schoss, die ihn festzunehmen versuchten. Er und sein Begleiter, das RAF-Mitglied Gert Schneider, verletzten drei Polizisten, lagen am Ende dann selbst am Boden, fast tot, von insgesamt 26 Polizeikugeln niedergestreckt. Es war der 10. November 1977.

»Kaffee mit oder ohne Zucker, mit oder ohne Milch?«, fragt mich Wackernagel und schaut in den Kühlschrank. »Oh. Ich glaube, die Milch ist nicht mehr gut.«

»Einfach schwarz, bitte«, antworte ich.

In der Küche hängen Kinderfotos, die Marmelade vom Frühstück steht noch auf dem Tisch, der fünfjährige Sohn ist im Kindergarten. Da gehe gerade das Norovirus um, erzählt Wackernagel, »hoffentlich klingelt nicht gleich das Telefon, und ich muss ihn abholen, weil er sich angesteckt hat.«

Ich beobachte ihn, während er Kaffee macht. Schlank, die Haare abrasiert, ein weiß-grauer Dreitagebart. Er sieht fitter aus als mein Vater, dabei ist Wackernagel nur ein Jahr jünger und erkältet.

Wir setzen uns ins Wohnzimmer, eingerahmt von hohen Bücherregalen. »Du hast also *es* wirklich gelesen?«, fragt er mich. Der Roman *es. Traumtrilogie*, meine Eintrittskarte in sein Haus. Es ist ein Monster von Buch: 4,2 Kilogramm schwer, 603 Seiten lang – und im konventionellen Sinne unlesbar. Auf jeder Seite befinden sich drei Spalten, in der jeweils eine Geschichte erzählt wird. Der Stoff beruht auf Träumen Wackernagels, gespeist von der RAF- und Gefängniszeit. In der *taz* äußert sich ein Rezensent »ratlos«.[27]

Ich sage Wackernagel, dass ich es eher so gelesen habe wie die Iraner ihren Hafis, also die voluminösen Gedichtbände des berühmten persischen Poeten: immer wieder irgendwo aufschlagen und ein Stück lesen wie ein Buch mit Orakelsprüchen.

Er springt auf.

»Das ist ja eine super Idee!«

Seine hellblauen Augen haben einen fiebrigen Glanz. Vielleicht die Erkältung. Er sagt, er würde es auch kaum glauben, wenn man ihm erzählen würde, dass man das ganze Buch gelesen hätte.

Dann setzt er sich wieder.

»Probier's! Frag mich einfach, was du wissen willst.«

Das geht ja verdächtig leicht, denke ich mir. Doch ich komme wohl einfach zur richtigen Zeit, um über seine Vergangenheit zu sprechen, er arbeitet gerade an einer Autobiographie zu seiner RAF-Zeit: *RAF oder Hollywood*.

Bevor Arbeitgeberpräsident Hanns Martin Schleyer am 5. September 1977 entführt wird, erhält Wackernagel von der RAF eine Nachricht. Zu dieser Zeit ist er noch kein Mitglied, aber die RAF weiß, dass er überlegt, sich ihr anzuschließen. Die Botschaft beinhaltet eine, wie Wackernagel es ausdrückt, »zarte Vorwarnung«: »Achtung, trete zurück oder geh ins Ausland. Demnächst passiert was.«

»Was bedeutet das?«, frage ich.

»Das hieß: Entscheide dich. Komm jetzt. Oder komm erst mal gar nicht.«

»Man wurde vor einem Anschlag gewarnt«, erzählt Wackernagel weiter, »weil man danach als ›Sympathisant‹ dran ist. Egal, ob du einfach in einer Kommune lebst oder mal ein Flugblatt verteilt hast – möglicherweise wirst du verhaftet. Und bei ›Kandidaten‹ wie mir,

---

[27] Michael Sontheimer: »Drei Spalten Widersprüche«, in: *taz, die tageszeitung*, 12.09.2011.

die sozusagen schon an der Kippe standen, war es Zeit, sich zu entscheiden.«

Es ist der Sommer 1977, auf den der sogenannte Deutsche Herbst folgen wird, der blutige Höhepunkt der RAF-Geschichte. Wackernagel taucht zur RAF unter – und nach der Schleyer-Entführung auf den Fahndungsplakaten auf: als Mittäter. 800 000 D-Mark werden auf seinen Kopf ausgesetzt. Er ist 26 Jahre alt.

Ich schweige einen Moment.

»Warum hast du dich der RAF angeschlossen?«

»Das war ein Entwicklungsprozess«, sagt er und springt erneut auf, um mir ein Video zu zeigen, das er damals selbst produziert hat. Es ist ein elfeinhalbminütiger Schwarz-Weiß-Film, der die RAF-Anschläge rechtfertigt, indem er das Leid der Zivilbevölkerung im Vietnamkrieg anprangert. Titel: *Der Vietnamkrieg ist in der BRD noch nicht zu Ende.*

Deswegen schloss er sich der RAF an? Ich verstehe kein Wort. Natürlich weiß ich um den Hintergrund: Alles ist miteinander verbunden, der Vietnamkrieg wird von Deutschland als US-Verbündeten mitgetragen und so weiter. Aber reicht das als Begründung aus, um sich dem Terror der RAF anzuschließen? Es wird auch nicht besser, als sich Wackernagel mitten im Wohnzimmer zwischen die Sofamöbel stellt und ruft: »Die Sucht nach der Befreiung und das Gefühl: Ich bin auf der richtigen Seite! Die geradezu größenwahnsinnige Überzeugung!«

Ich sitze auf meinem Stuhl und lehne mich so weit es geht zurück, um ein bisschen Distanz zwischen mich und diesen Mann zu bringen, der wie Super Mario von einem Punkt zum nächsten im Raum springt. Ich verstehe jetzt, warum Schauspieler der ideale Beruf für ihn ist. So viel Energie, so viel Emotion. Er scheint alles noch einmal zu durchleben, während er spricht. Trotzdem bleibt seine Begründung für seinen RAF-Beitritt für mich abstrakt.

»Wie bist du mit dem Thema RAF überhaupt in Kontakt gekommen?«, probiere ich es erneut.

Seine damalige Freundin Angelika Speitel habe Anfang der siebziger Jahre bei Klaus Croissant gearbeitet, dem Strafverteidiger von

Andreas Baader, dem »Terror-Anwalt«, wie ihn die Boulevard-Presse nannte, erzählt Wackernagel. Bald gehörte auch er zur Kanzleifamilie, half bei Vorbereitung und Durchführung der Gerichtsprozesse. Dann tauchte Angelika Speitel zur RAF ab.

»Dann ist erst die weg, und dann denkst du dir: dann will ich da aber auch hin. Wenn die das können, dann kann ich das auch und so, weißte?«, sagt er. Bei ihm sei dann auch noch dazugekommen, dass er von dem »Verdummungsapparat«, den er verurteilte, lebte. Gemeint ist seine Schauspielkarriere. Vom Jungfilmstar zum Terroristen, titelten die Zeitungen nach seinem Verschwinden.

Ich nicke. Man will es sich selbst und anderen beweisen: Seht her, ich kann auch anders. Wer gibt eine so unpolitische Motivation schon gerne zu? Wackernagel tut es. Offenbar hat er keine Angst vor profanen Wahrheiten. Vielleicht hat es etwas damit zu tun, dass er nur wenige Monate bei der RAF war, dass er sich von der Gruppe distanzierte, dass er niemanden tötete.

Seine Worte erinnern mich an einen Dokumentarfilm[28] über die RAF-Zeit. Darin sagt der Sänger und Schauspieler Marius Müller-Westernhagen, dass es in linken Kreisen als »cool« und »schick« galt, sich für die RAF auszusprechen.

»Und wie bist du dann konkret zur Gruppe im Untergrund gekommen?«, frage ich.

»Ich wusste zuerst auch nicht, wie das geht«, sagt er. Alles, was er an jenem Sommertag seines Verschwindens hatte, war eine Verabredung in einem Schnellrestaurant, dem Wienerwald. Wir treffen uns um 15 Uhr im dritten Wienerwald im Telefonbuch von Wuppertal, hieß es in einer RAF-Nachricht. Er schenkt seine geliebte Gitarre einem Freund, räumt sein WG-Zimmer – und macht sich auf den Weg. Er weiß, er muss vorsichtig sein, er wird überwacht, er gilt als »RAF-Unterstützer«. Um ohne Staatsschutzmitarbeiter im Wienerwald anzukommen, muss er, wie er sagt, »die Bullen loswerden«. Dafür kauft er sich am Schalter mit lauter, deutlicher Stimme, eine Fahrkarte. Von Stuttgart nach, er weiß es nicht mehr, vielleicht nach

---

28 Felix Moeller: *Die Sympathisanten – Unser deutscher Herbst*, 2018.

München. Dann steigt er bei der nächsten Station schnell wieder aus, fährt mit dem Taxi, dann wieder mit dem Zug woanders hin, macht das noch drei-, viermal und nimmt dann erst den Zug nach Wuppertal.

Als er das Wienerwald-Restaurant betritt, sieht er dort bereits vier andere Leute warten. RAF-Anwärter wie er. Genauer lässt er sich nicht über diese Leute aus. Nur so viel: Er ist der Einzige, der bleiben darf. Die anderen werden wieder zurückgeschickt.

Ein »furchtbar netter junger Mann« geht nach dem Restaurantbesuch mit ihm spazieren. Der Sinn des Gesprächs besteht darin, noch mal eine »Einschätzung zu kriegen«, also herauszufinden, ob Wackernagel als RAF-Mitglied geeignet ist oder nicht.

Ob es beim Trio auch so war? Haben sich ihre Wege in der Hafenstraße getrennt und erst nach einem Auswahlgespräch in irgendeinem Wienerwald Deutschlands im Untergrund wiedergetroffen? Oder war die RAF Anfang der neunziger Jahre schon zu klein, um es sich leisten zu können, so wählerisch zu sein wie 1977?

»Und weißt du, wie du diesen Test sozusagen bestanden hast?«, frage ich schon fast etwas belustigt über dieses Auswahlverfahren. Da schaut er mich stirnrunzelnd an. Ich beiße mir auf die Zunge.

»Ja, also das ist kein Bewerbungsgespräch bei BMW. Entweder es vermittelt sich oder nicht.«

Im Untergrund lernt Wackernagel Leute kennen, die er noch »auf keinem Fahndungsplakat« gesehen hat, wie er sagt. Es habe ihn auch nicht interessiert, wer das ist, ergänzt er schnell und hebt belehrend einen Finger: »Ein Grundprinzip der Guerilla: Womit du nichts zu tun hast, davon weißt du nichts.«

Alle hatten Tarnnamen, sollten sich möglichst getrennt voneinander bewegen. Wackernagel lacht auf. »Ich weiß noch, mir wurde zum witzigen Vorwurf gemacht, dass ich eine ›gefährliche Person‹ bin. Weil ich gut gekocht und damit die Leute zusammengeholt habe. Je mehr Leute auf einem Haufen sind, desto gefährlicher.«

Wackernagel wird Teil einer Art Reservetruppe der RAF. »So ein Neuling wie ich, so ein Frischling, der wird natürlich nicht in die Gruppe gehen, die hochgroße Aktionen macht.« Seine Aufgabe sei es gewesen, Dokumente zu fälschen, zum Beispiel falsche Pässe herzustellen. Es habe einen permanenten Bedarf an solchen Dokumenten gegeben.

»Wie sah der Alltag in der Illegalität denn aus?«, frage ich.

»Das Leben muss ganz normal organisiert werden«, sagt er und zuckt mit den Schultern. Die »befreite Gesellschaft« im Untergrund, in der alle ohne Konventionen und Zwänge zusammenleben, sei das nicht gewesen. Stattdessen: »Einkaufen, putzen, abspülen, Socken waschen.«

★ ★ ★

Als ich meinem Vater später vom Sockenwaschen im Untergrund erzähle, gibt er ein amüsiertes Schnauben von sich.

Eigentlich beschreibt die Aussage Wackernagels nur eine triviale Tätigkeit, doch genau das hat etwas Befreiendes. Vielleicht, weil es ein kleines Loch in die Schweigemauer bohrt. Das Untergrundleben ist ein Mythos. Je weniger man weiß, desto mehr Raum hat die Phantasie, und die Geschichten werden immer sagenhafter.

»Schau dir den Che Guevara an«, sagt mein Vater, »der hat so viele Leut' umgebracht, aber der Mythos ist bekannter als die Realität, und heute druckens ihn auf T-Shirts.«

Solange die Details verschwiegen werden, kann der Mythos die RAF überhöhen. Erzählungen von schmutzigen Socken und Geschirr wirken da wie Aufklärung: Sie zerstören den Mythos. Sie machen die Akteure menschlich – mit all ihren Fehlern und Schwächen.

Die palästinensischen Terroristen von den Olympischen Spielen 1972 werden bis heute im Nahen Osten als Helden verehrt.

KAPITEL 32

DER OLYMPIA-ANSCHLAG, TEIL 3

Fürstenfeldbruck, 5. September 1972, 22 Uhr:
»Wir saßen hinter den Sitzen im Flugzeug. Der Diensthöhere von der Einsatzleitung ist herkommen und hat uns noch einmal g'sagt: Kollegen, es hat sich nicht ergeben. Die kommen. Die kommen mit zwei Hubschraubern. Haben die Geiseln immer noch. Es wird also hier draußen zu Ende gehen. Ob verhandelt wird, weiß keiner. Kein Mensch. Ihr wisst, was ihr zu tun habt.
Dann ist er wieder gangen.«

★ ★ ★

Während die Hubschrauber mit Geiselnehmern und Geiseln nach Fürstenfeldbruck fliegen, versucht Bundeskanzler Willy Brandt den ägyptischen Staatschef Anwar al-Sadat zu erreichen. Er will ihn um Landeerlaubnis für das Flugzeug in Kairo bitten. Es ist ein letzter Versuch, die Geiselnehmer doch noch ausfliegen lassen zu können und damit das Problem loszuwerden. Doch Sadat lässt sich verleugnen. Kurz vor Ende der Frist bekommt Brandt Ministerpräsident Aziz Sidki an den Apparat. Der lässt ausrichten, man wolle sich nicht einmischen. Spätestens jetzt ist klar, es wird keinen Flug nach Kairo geben. Die Geiselnahme muss in Fürstenfeldbruck beendet werden.

★ ★ ★

»Und als der Höhere weg war, hat's eine Pause gegeben. Alle saßen hinter ihren Sitzen. Ganz still war's. Und dann hat unser Anführer g'sagt: Das ist doch ein Selbstmordkommando. Der war einer von der Funkstreife, der Älteste dort. Diese Einsatzgruppe gibt's heute nicht mehr. Das war eine Sondergruppe der Münchner Stadtpolizei. Die durften so kurze Lederjacken tragen. Die waren cool im Gegensatz zu uns normalen Polizisten.

Und dieser Kollege hat jetzt zu uns g'sagt: Überlegt mal: in einem Flugzeug! Wie willst du in einem Flugzeug groß schießen? Keiner hat ein Schussfeld, so eng ist das. Da müssen die Terroristen sich schon in den Mittelgang stellen, am besten einer nach dem anderen, damit's eine Chance hast. Das ist uns auch erst so richtig klar geworden, als wir drinnen gehockt sind.

Und dazu kommt: Man weiß, dass die Handgranaten dabeihaben, das hat man g'wusst, und Schnellfeuergewehre. Dass sie extrem brutal sind und schon Geiseln umbracht haben, war ebenfalls bekannt.

Und wir mit unseren Pistolen. Lächerlich einfach.

Wie der von der Funkstreife das ausgesprochen hat, war das wie eine Befreiung. Weil sich ein jeder gedacht, ja insgeheim g'wusst hat, dass wir die Scheißnummer in diesem Spiel haben.

Der von der Funkstreife hat g'sagt: Wir gehen raus! Wir müssen nur zamhalten, sagen, dass das eine gemeinsame Entscheidung von uns war, dann kann uns keiner was. Alle waren sofort einverstanden. Ich auch. Ich war froh.

Dann sind wir raus. Der Diensthöhere hat uns g'sehen und kam uns entgegen. Ich hab mit einem erheblichen Widerstand g'rechnet. Darauf hatten wir uns vorbereitet. Das hatten wir noch drinnen besprochen, dass wir bei dem Entschluss bleiben und uns nicht umstimmen lassen.

Was das soll, hat der Höhere g'fragt, und dann hat unser Anführer das erklärt. Es war fast so, als ob dem Höheren das auch lieber war. Es hat keine Diskussion gegeben.

Und auch später, nach der ganzen Sache, ist unser Abbruch nie diskutiert worden. Bis auf eine blöde Bemerkung des Münchner Polizeipräsidenten, dass das Befehlsverweigerung g'wesen sei, gab es keine Nachwirkungen. Kein Disziplinarverfahren, nichts. Das hat man unter den Tisch fallen lassen.

Wir haben lediglich eine Stellungnahme über das Geschehen da draußen in Fürstenfeldbruck schreiben müssen. Aber den Einsatz im Flugzeug sollten wir dabei nicht erwähnen. So als hätt es den Plan nie gegeben. Ich denke mal, im Nachhinein dacht man sich, dass es keine besonders glorreiche Idee g'wesen ist.

Jedenfalls: Der Höhere hat das so akzeptiert, und dann wurden wir neu eingeteilt. Alles musste ganz schnell gehen, denn man hat ja schon die Lichter der Hubschrauber im Anflug g'sehen. Ich bin als Melder eingesetzt worden, das heißt, ich sollte zwischen Einsatzleitung und der kämpfenden Truppe hin- und herlaufen. Was da auf mich zukam, wusst ich da natürlich noch nicht.«

KAPITEL 33

DIE RAF-UNTERSTÜTZERIN

»Die Fahrkarte, bitte!« Der Schaffner reißt mich aus der Erzählung meines Vaters. Ich nehme den Kopfhörer ab und wische auf meinem Handy herum, um das Ticket zu finden: Hamburg–Saarbrücken.

In Gedanken bin ich noch beim Beinahe-Selbstmordeinsatz meines Vaters. In der Rekonstruktion der Ereignisse vom 5. September 1972 ist dieser Einsatz meist kaum mehr als zwei Sätze wert – und nicht ganz korrekt. In der *Welt* ist die Rede von einem »zwölf Mann starken Kommando aus erfahrenen Zivilpolizisten«.[29] Im *Spiegel* heißt es, dass die Einsatzkräfte »Angst« bekommen hätten. »Sie baten um die Erlaubnis, abhauen zu dürfen – und bekamen sie auch.«[30] Letzteres trifft es, und trifft es gleichzeitig überhaupt nicht.

Ich packe meine Sachen. In Saarbrücken treffe ich mich heute mit einer sogenannten »RAF-Unterstützerin«.

Bei der Recherche zu Leuten im Umfeld des Trios stieß ich auf eine kleine Meldung der deutschen Presseagentur dpa vom 24. November 1994: »Die 36 Jahre alte mutmaßliche RAF-Unterstützerin Ursula Quack, die in Zweibrücken in Untersuchungshaft saß, ist wieder auf freiem Fuß. Das Ermittlungsverfahren wegen Verdachts des Unterstützens einer terroristischen Vereinigung läuft jedoch weiter.«

---

[29] Sven Felix Kellerhoff: »München 1972 – Das Protokoll einer Katastrophe«, in: *Die Welt*, 05.08.2012.
[30] Felix Bohr et al.: »Die angekündigte Katastrophe«, in: *Der Spiegel*, Ausgabe 30/2012, 23.07.2012, S. 42.

Vielleicht kennt sie jemanden aus dem Trio? Schließlich soll sie mit Birgit Hogefeld in Kontakt gestanden haben.

Weil ich wusste, dass ich nicht mit der Tür ins Haus fallen durfte, näherte ich mich ihr von der Seite. Mal wieder. Ich kontaktierte sie wegen ihrer Verwicklung in eine der folgenreichsten V-Mann-Affären in der Geschichte der RAF. Der Fall Klaus Steinmetz. Nicht, dass dieser Fall mich nicht interessierte. Dennoch, es war nur die halbe Wahrheit.

Wir setzen uns auf die Terrasse eines Cafés. Unter uns wuseln die Menschen in der Fußgängerzone von Saarbrücken.

Ursula Quack ist Industriekauffrau und arbeitet bei der deutschen AIDS-Hilfe, praktischer Kurzhaarschnitt, schwäbische Mundart, Jeans. Ich rechne damit, dass sie nichts sagen wird, wenn ich ihr Genaueres von meiner Suche nach dem Trio erzähle. Das tut sie auch nicht. Womit ich nicht rechne, ist, dass sie mir etwas erzählt, was die Suche nach dem Trio für einen Moment in den Hintergrund treten lässt. Denn ihre Erklärung, wie es zu der dpa-Meldung über sie selbst gekommen war, trifft einen Nerv bei mir. Es geht um die Frage, wie weit der Staat gehen darf, um Terrorismus zu bekämpfen.

Es ist der 8. November 1994 um 7:45 Uhr, als Quack verhaftet wird. Sie liegt noch im Bett und hört von draußen ein lautes Gerumpel. Die Müllabfuhr, denkt sie, klar, heute ist ja Dienstag. Doch es ist nicht die Müllabfuhr, es ist die Polizei.

Als Birgit Hogefelds Rucksack knapp anderthalb Jahre zuvor gefunden und durchsucht wurde, fand man Flyer von lokalen Initiativen, an denen sich auch Quack beteiligt hatte. Und ein Brief, den sie geschrieben haben soll.

Ob sie tatsächlich mit Birgit Hogefeld in Kontakt stand?

Sie sagt: »Ich denke, man muss nicht, oder musste nicht, Mitglied der RAF sein, um zu kämpfen. Was ist der bewaffnete Kampf ohne die sich verändernde Gesellschaft?«

»Was waren das für Initiativen, für die du dich engagiert hast?«

»Das ›Antifaschistische Notruftelefon‹, das war eine Nummer, wo Flüchtlinge anrufen konnten: Bei uns passiert gerade was!«, sagt sie. »Anfang der Neunziger ging das richtig ab mit Angriffen auf Flüchtlinge – Mölln, Solingen, das war zu der Zeit. Aber«, sie macht eine wegwerfende Handbewegung, »das waren nicht die Initiativen, die mich verdächtig gemacht haben. Man hat die nur benutzt.«

Das ist der Moment, in dem sich die Richtung des Interviews ändert.

»Benutzt für was?«, frage ich.

»Die Untersuchungshaft hat meiner Meinung nach nur dazu gedient, mich unter Druck zu setzen, um Dinge über Steinmetz zu erfahren.«

Steinmetz also. Ich wusste ja, dass sie mit diesem Fall verbunden ist. Doch dass er so zentral ist, war mir nicht klar.

Klaus Steinmetz ist bei seinen Freunden in der linksextremen Szene Anfang der neunziger Jahre als Kampfsportfan bekannt, für seine Computerspielleidenschaft – und seine engen Kontakte zur RAF. Was Bekannte wie Ursula Quack nicht wissen: Er führt ein Doppelleben, ist der wichtigste V-Mann des rheinland-pfälzischen Verfassungsschutzes, der erste, der es ins Innere der RAF schafft. Er trifft sich persönlich mit Birgit Hogefeld. Auch Daniela Klette will er bei einem Treffen im Oktober 1991 in Metz kennengelernt haben. So steht es in BKA-Unterlagen, die ich einsehen konnte. Diese Aussage hat er allerdings in späteren Vernehmungen abgeschwächt. Überhaupt ist bei Steinmetz selten klar, wann er die Wahrheit sagt.

Am 27. Juni 1993 verabredet er sich mit Hogefeld am Bahnhof von Bad Kleinen am Schweriner See. Es ist der Tag, an dem dort Daniela Klette nebst Begleiter im Auto gesessen haben soll. Die Verabredung ist eine Falle. Eine GSG-9-Einheit steht bereit, um Hogefeld festzunehmen. Die GSG 9 ist übrigens jene Spezialeinheit der Polizei, die als Reaktion auf das Olympia-Attentat 1972 gebildet wurde.

Während Hogefeld in der Bahnunterführung gefasst wird, entkommt ihr Begleiter Wolfgang Grams. Er rennt auf den Bahnsteig und erschießt bei seiner Flucht den GSG-9-Polizeikommissar Michael Newrzella, bevor er aufs Gleisbett fällt und dort stirbt. Doch wie stirbt er? Das war damals heftig umstritten. Die offizielle Todesursache lautet heute: Grams habe sich selbst erschossen.

Steinmetz wird beim Einsatz in Bad Kleinen pro forma festgenommen und anschließend wieder freigelassen. Hogefeld, die das nicht weiß, gibt ihrer Mutter aus dem Gefängnis die Anweisung, einen Anwalt für ihn zu besorgen.

Bald kocht die Gerüchteküche. Ein paar Wochen später, im Juli 1993, schreibt Steinmetz seinen Freunden in der linksextremen Szene, sie sollen die Gerüchte, er sei ein V-Mann, nicht glauben, man wolle ihn nur fertigmachen. »Lasst mich nicht im Stich«, heißt es in seinem Brief.

Er lebt heute unter einer neuen Identität an einem unbekannten Ort.

In den Vernehmungen von Steinmetz wird später klar, dass er sich öfter mit der RAF traf, als er dem Verfassungsschutz mitteilte, ja es steht sogar im Raum, ob er an RAF-Aktionen wie dem Anschlag auf das Gefängnis in Weiterstadt im März 1993 aktiv beteiligt war. »V-Männer seien eben keine Klosterschüler«, zitiert der *Spiegel* den rheinland-pfälzischen SPD-Innenminister Walter Zuber 1993.[31]

Der Verfassungsschutz versucht über Leute in der linken Szene mehr darüber herauszufinden, wo ihr V-Mann überall die Finger drin hatte. Hier kommt Ursula Quack ins Spiel. Sie kennt ihn ja seit vier Jahren.

»Ich hab relativ früh gesagt, dass ich mir vorstellen kann, dass er ein Spitzel ist«, sagt sie nüchtern.

»Warum?«

»Es gab nichts bei ihm, was dem widersprochen hätte, dass es sein kann. Ich finde, so muss man das auch fragen: Gibt es etwas, was beweist, dass er kein Spitzel sein kann?«

Sie sagt, sie habe jede Aussage über Klaus Steinmetz verweigert.

»Wie alt warst du da?«

»Ich glaube, ich war 34, als ich in U-Haft war.«

Bei dieser Erinnerung huscht ein halb zorniges, halb belustigtes Lächeln über ihr Gesicht.

»Der Richter hat gesagt, dass es nicht hätte sein dürfen, dass ich in

---

31 O. A., in: *Der Spiegel*, Ausgabe 30/1993, 26.7.1993, S. 28-33.

U-Haft genommen wurde. Das hat übrigens auch die stellvertretende Knastleiterin gesagt. Die kam zu mir in die Zelle: ›Frau Quack, mit diesem Haftbefehl dürfte ich sie gar nicht hierbehalten.‹«

Am 21. November 1994 wird sie aus der Untersuchungshaft entlassen: »Zwei Wochen war offenbar das zugestandene Maximum.« Das habe sie aber nicht gewusst, ergänzt sie düster, und ich kann nur erahnen, was es bedeutet, tagelang in einer Zelle zu sitzen ohne zu ahnen, wie lange man dort bleiben muss.

Sie zuckt mit den Schultern.

»In den achtziger Jahren wäre ich nicht so schnell draußen gewesen.«

Sie überlegt kurz.

»Da hatte ich sozusagen Glück.«

★ ★ ★

Nach dem Gespräch kaufe ich mir Wasser und gesalzene Erdnüsse für die Heimfahrt. Dann trödele ich durch die Fußgängerzone von Saarbrücken. Wie nah Quack damals wirklich an der RAF dran war, kann ich heute nicht beurteilen. Man muss kein Genie sein, um aus der Art, wie sie über die RAF spricht, zu schließen, dass sie zumindest mit ihr sympathisierte. Ich schätze allerdings: Hätte es nur den Hauch eines stärkeren Beweises gegen sie gegeben, hätte man sie nicht bereits nach zwei Wochen laufen lassen.

Was waren das für Anti-Terror-Gesetze, die Quack so leichtfertig in Untersuchungshaft brachten? Was war erlaubt, um die innere Sicherheit zu garantieren?

Da klingelt mein Handy. Mein Vater ist dran. Wann wir denn mal wieder zusammen auf Recherche gehen, will er wissen.

»Zum Wackernagel hast mich nicht mitgenommen und wo warst jetzt wieder?«

Ich erzähle ihm von Ursula Quack und ihrer Verhaftung. Da unterbricht er mich ungeduldig.

»Ja, und kannte die einen aus dem Trio oder wie?«

»Ne, aber –«

»Ja, warum triffst dich dann mit der überhaupt?« Er klingt verärgert.

»Gib mir ein bisschen Zeit, um was zu überprüfen«, sage ich.

»Was denn?«

»Kleinigkeit«, sage ich. »Den Rechtsstaat.«

Nach einer kurzen Pause, sagt er: »Aha. Nicht gleich den Weltfrieden?«

KAPITEL 34

ARAFAT-TÜCHER UND LANGLAUFWAFFEN

In den nächsten Wochen lese ich mich durch Prozessberichte von RAF-Unterstützern und sogenannten RAF-Sympathisanten in Zeitungsarchiven und Bibliotheken. Ich besuche erneut das »Archiv der Sozialen Bewegung« in der Roten Flora in Hamburg. Hier gibt es die ausführliche Sicht der Angeklagten – und kostenlosen Kaffee. Zudem schlage ich eine Menge juristischer Paragraphen nach.

Es dauerte eine Weile, bis sich die Puzzleteile zusammenfügen und ich erfassen kann, in was für einem enormen Ausmaß die Auseinandersetzung mit der RAF den deutschen Staat und vor allem sein Rechtssystem, veränderte.

Im April 1975 wird beim Bundeskriminalamt die Abteilung »TE Terrorbekämpfung« aus dem Boden gestampft. Zwischen 1970 und 1980 steigt die Zahl der Mitarbeiter des BKA laut eigenen Angaben von 1211 auf 3339. Das heißt: mehr als dreimal so viele Mitarbeiter wie zuvor. Das jährliche Haushaltsvolumen verzehnfacht sich im selben Zeitraum von 38,9 auf 300 Millionen D-Mark.[32]

Am 18. August 1976 wird das Strafgesetzbuch geändert, ein neuer Paragraph wird aufgenommen: Der Paragraph 129a, die Ahndung der »Bildung terroristischer Vereinigungen«.

---

32 Rede von Ludwig Zachert, Präsident a. D. des BKA anlässlich des 60-jährigen Bestehens des BKA: »60 Jahre Staatsschutz im Spannungsfeld zwischen Freiheit und Sicherheit: Historie des BKA – Von den Gründungsjahren zur Gegenwart«, S. 8. Siehe: https://docplayer.org/35092753-Historie-des-bka-von-den-gruendungsjahren-zur-gegenwart.html

Dieses Anti-Terror-Gesetzespaket ist nicht das erste, das als Reaktion auf die RAF verabschiedet wird, und es ist auch nicht das letzte. Eineinhalb Jahre zuvor, 1974 und 1978 werden weitere Anti-Terror-Gesetze vom Bundestag verabschiedet. Insgesamt erlebt die Strafprozessordnung der BRD die »einschneidensten Veränderungen seit Kriegsende«.[33]

Die Brisanz dieser Anti-Terror-Gesetze verbirgt sich etwa im Unterpunkt »Werbung für eine terroristische Vereinigung« des Paragraphen 129a. Im Bundesgesetzblatt Nummer 102 von 1976 heißt es dazu: »Wer für eine in Absatz 1 oder Absatz 2 bezeichnete Vereinigung um Mitglieder oder Unterstützer wirbt, wird mit Freiheitsstrafe von sechs Monaten bis zu fünf Jahren bestraft.«

Welche Handlungen umfasst »Werben« genau? Ich stelle fest: Alles. Flugblätter verteilen, Diskussionsveranstaltungen, »Zusammenlegung der RAF-Gefangenen jetzt sofort!« an eine Autobahnbrücke sprühen, ja, selbst eine Demonstration zu besuchen, ist ab 1976 strafbar. Das alles gilt als ein Akt der Werbung für eine terroristische Vereinigung. Auch wer selbst keine Flugblätter verteilt, aber von ihrer Existenz weiß und es nicht anzeigt, kann nach der Verschärfung eines weiteren Paragraphen (§ 138) des Strafgesetzbuchs mit Freiheitsentzug bestraft werden. Davon ausgenommen sind weder Ärzte noch Anwälte, die eigentlich einer Verschwiegenheitspflicht unterliegen.[34]

In der ARD-Politsendung *Panorama* von 1977 bilanziert der Journalist Stefan Aust, der später den Bestseller *Der Baader-Meinhof-Komplex* schreiben wird: »Nicht nur der Polizeiapparat wurde ausgebaut. Nach jedem neuen Terroranschlag kamen schärfere Gesetzesvorschläge: Einführung des Kronzeugen in Strafverfahren, Überwachung des mündlichen Verkehrs zwischen Anwalt und Mandant, Erweiterung der Möglichkeiten zur Postüberwachung, sogar der Einsatz der Bundeswehr wurde erwogen.«

---

33 Hermann Vinke und Gabriele Witt (zusammengestellt und kommentiert): *Die Anti-Terror-Debatten im Parlament, Protokolle 1974–1978*, Rowohlt, Reinbek bei Hamburg 1978, S. 19.
34 Butz Peters: *RAF: Terrorismus in Deutschland*, DVA, Stuttgart 1991, S. 171.

Ich denke an die Brieffreundin Ernst-Volker Staubs, Anja Weiß, ihre Erzählung über Daniela Klette und den Gummielefanten. Warum lief überhaupt ein Verfahren wegen »Werbung für eine terroristische Vereinigung« gegen sie? Eines Abends höre ich mir die entsprechende Stelle im Interview noch einmal an. Weiß hatte mit ihrem Freund Plakate aufgehängt, die eine Demonstration ankündigten. Es ging um den inhaftierten Sigurd Debus, Stichwort Celler Loch, der 1981 an den Folgen seines Hungerstreiks gestorben war.

»Für das Plakatekleben gab's dann Untersuchungshaft und man wusste ja nicht, für wie lange«, sagt Weiß. Bei ihr sei es zum Glück nur kurz gewesen.

Mit »kurz« meint sie sechs Wochen.

Ich überlege, was passiert, wenn man sechs Wochen nicht bei seiner Arbeitsstelle erscheint, wenn man seine Miete für den nächsten Monat nicht zahlt. Weiß' Arbeitgeberin setzt sich für sie ein und beschwert sich bei der Bundesanwaltschaft über die Behandlung ihrer Angestellten. Ihr Vermieter dagegen versucht sie aus der Wohnung zu werfen.

Es ist nicht die einzige Straftat, die der früheren Anti-Imp angelastet wird. Im August 1982 wird sie festgenommen, weil sie die Polizei »auf frischer Tat« ertappt, wie sie ein Plakat an eine Telefonzelle klebt. Die Überschrift: »Friede durch Befreiungskampf in der Dritten Welt und hier.« Im Schreiben des Bundesgerichtshofs heißt es dazu: »Auf dem Plakat waren u. a. ein RAF-Stern zu sehen sowie ein Bild von PLO-Kämpfern mit Arafat-Tüchern und Langlaufwaffen.«

In der Öffentlichkeit scheint sich die Strafverfolgung mutmaßlicher RAF-Unterstützer und Sympathisanten in einer aufgepeitschten Stimmung widerzuspiegeln. Vielleicht ist es auch umgekehrt: die aufgepeitschte Stimmung spiegelt sich in der Strafverfolgung wider.

Die britische Korrespondentin Patricia Clough erzählt in einem Interview,[35] es habe damals ein »innergesellschaftliches Misstrauen«

---

35 Anne Amerie-Siemens: *Ein Tag im Herbst. Die RAF, der Staat und der Fall Schleyer*, Rowohlt, Reinbek bei Hamburg 2017, S. 57.

gegeben. »In Bonn passierte es einigen meiner jüngeren Kollegen, guten Journalisten, die lange Haare hatten und äußerlich dem Zeitgeist der Siebziger entsprachen, dass sie von Nachbarn angezeigt wurden.«

Auch einige angesehene Personen des öffentlichen Lebens wurden als »Sympathisanten« verunglimpft, zum Beispiel der Filmregisseur Volker Schlöndorf, der Schriftsteller Heinrich Böll und Willy Brandt, der frühere Bundeskanzler. Letzterer verwendete den Begriff nach der Schleyer-Entführung auch selbst, um Unterstützer der RAF anzuprangern.

»Sympathisant« wurde zu einem Wort, mit dem sich Rufschädigung betreiben ließ. Oder mit dem man neue Unterstützer anwerben konnte. Denn der Umgang der Justiz mit »Sympathisanten« schien die Behauptung der RAF, es handele sich um einen Unrechtsstaat, zu bestätigen. Das frühere RAF-Mitglied Gerhard Müller, 1. Generation, späterer Kronzeuge der Bundesanwaltschaft 1975, soll einmal gesagt haben: »Der Sympathisant ist einer, zu dem die RAF sagt: ›Guck mal an, der böse Staat hier, Faschismus, Folter, Mord und so weiter – und jetzt gib mal deinen Paß her.‹ So läuft das mit den Sympathisanten.«[36] Einer also, den man ausnutzen kann.

Der Chefredakteur der beliebten Illustrierten *Quick*, Wifried Ahrens, schreibt 1977, die Bölls seien gefährlicher als die Baader-Meinhofs. Soll heißen, jemand wie Heinrich Böll, Nobelpreisträger und Autor von *Die verlorene Ehre der Katharina Blum* – Schullektüre heute –, sei gefährlicher als die Terroristen selbst.

Es scheint, als erhielten im Kampf gegen den Terror Verdächtigungen die Kraft von Beweisen.

Offenbar gab es in dieser Zeit nur wenige, die sich nüchtern mit dem Unterschied »RAF-Mitglied« und »RAF-Sympathisant« auseinandersetzten. Günther Nollau, der ehemalige Präsident des Bundesamtes für Verfassungsschutz, in Rente gegangen vor Einführung des Paragraphen 129a, wies darauf hin, dass Sympathisantentum

---

36 O. A., »Mord beginnt beim bösen Wort«, in: *Der Spiegel*, Nr. 41/1977, 3.10.1977, S. 30.

kein Straftbestand sein kann: »Das Strafrecht kennt den Begriff des Sympathisanten nicht. Es unterscheidet ›Täter‹, ›Gehilfen‹, ›Begünstigter‹. Da wird nicht mit Vermutungen operiert. Da müssen Tatsachen bewiesen werden. Sympathie allein ist kein Tatbeitrag. Sympathie hegen, Wohlgefallen, Zuneigung empfinden ist nicht strafbar.«[37]

Die »Sympathiewerbung« bleibt bis 2002 bestehen. Seitdem ist nur noch das aktive Werben um Mitglieder und Unterstützer strafbar. Doch inzwischen gibt es von CDU/CSU, angesichts der islamistischen Terrorgefahr, Aufforderungen, die »Sympathiewerbung« wieder einzuführen. 2014 wurde das in der Großen Koalition diskutiert. Ohne Ergebnis.

Ich sitze vor meiner Recherchewand und bin ratlos. Im deutschen Rechtsstaat galt und gilt *nulla poena sina culpa.* diese Grundregel besagt, dass man nur für eine Tat belangt werden kann, die man persönlich verschuldet hat. Alles andere wäre Sippenhaft. Wie passt das zur Strafbarkeit der Sympathiewerbung?

---

[37] Günther Nollau: »Sympathie allein ist kein Tatbeitrag«, in: *Der Spiegel*, Ausgabe 43/1977, 17.10.1977, S. 206.

KAPITEL 35
RÜBE AB FÜR TERRORISTEN

An einem verregneten Sommervormittag verlassen mein Vater und ich das Haus. Meine Mutter ist bei der Arbeit, und der Hund muss mal. Der Spaziergang ist ein guter Moment, um meinem Vater von den Ergebnissen meiner Recherche zu den Anti-Terror-Gesetzen zu erzählen. Falls das in einen Streit ausartet, hört uns auf den Feldern wenigstens niemand herumschreien. Das Haus meiner Eltern steht in einer Neubausiedlung am Ortsrand. 200 Meter entfernt breiten sich Felder mit Mais- und Getreide aus. Resis Gassi-Gebiet.

»Also was ist los?«, sagt mein Vater, als wir den Feldweg erreichen, und schaut mich mit seinem Ich-kenn-dich-doch-Blick an. »Was macht der Weltfrieden?«

Ich ignoriere sein Gefeixe.

»Also ich zweifle langsam daran, dass unser Rechtsstaat in Krisenzeiten funktioniert.«

Er macht den Mund auf, doch ich bin noch nicht fertig.

»Was ich inzwischen alles für Geschichten gehört habe: Leute, die festgenommen werden, weil sie Flugblätter verteilen, Flugblätter!«

»Pati, du darfst dich da nicht so reinstressen.«

Ich zucke mit den Schultern.

»Na also! Du drehst dich ja selber um«, ruft er alarmiert und sieht mir forschend ins Gesicht, als würde sich da ein Krankheitsbild abzeichnen. »Du machst ja eine Art Gehirnwäsche durch!«

Im Nachhinein wundere ich mich: Warum ist er in diesem Moment nicht ausgestiegen? Irgendwelche unbestimmbaren Fliehkräfte drücken uns aneinander. Er hat keine Wahl.

Ich erzähle vom Paragraphen 129a und muss ihn erst einmal überzeugen, dass es den wirklich gab und immer noch gibt. Davon wusste er nichts.

»Du warst ein Teil dieses ganzen Fahndungsapparats und wusstest nicht mal, auf welcher rechtlichen Basis?«

Ich kann es nicht fassen.

Er beißt die Zähne aufeinander und schiebt den Unterkiefer nach vorn, einen Moment außer Tritt gebracht. Ich kann sehen, dass er sich auch fragt, wie das sein kann. Nicht, dass er es zugeben würde.

»Was ich weiß, ist Folgendes«, sagt er, »der Staat ist angegriffen worden und war machtlos, Pati.«

»Genau, und aus dieser Machtlosigkeit erwächst eine krasse Brutalität.«

Mein Vater kickt einen Stein über den Feldweg, und der Hund guckt irritiert.

»Schuld sind die, die das angezettelt haben!«

Ich gehe schneller, wie um seinen Worten zu entkommen.

»Ich habe gesagt: Flugblätter verteilen. Überleg doch mal, für so etwas bist du in Untersuchungshaft gekommen!«

»Wenn der Staat in Not ist, greift er zu Ausnahmen.«

»Aber niemand darf für eine Tat bestraft werden, wenn ihn persönlich keine Schuld trifft. Das ist ein Grundprinzip unseres Rechtsstaats!«

Damit sind wir beim Kern der Diskussion.

»Das ist ein Kollateralschaden, wie man so schön sagt.«

Ich bleibe abrupt stehen. Da ist er wieder, der Kollateralschaden. Hat er nicht selbst gesagt, dass er es als ungerecht empfand, wie die RAF mit Fußvolk wie ihm umgegangen ist?

Ich erzähle ihm von einer Straßenumfrage, die ich mir im ARD-Hörfunk-Archiv angehört habe. Das war unmittelbar nachdem die RAF Hanns Martin Schleyer entführt hatte. Auf die Frage, was man mit den Terroristen machen solle, antworten erregte Passanten 1977:

»Abknallen!« und »Ja, Todesstrafe! So geht das nicht weiter.« Laut einer damaligen Emnid-Umfrage waren 67 Prozent der Deutschen für die Wiedereinführung der Todesstrafe.[38]

Auch Politiker lassen sich zu mittelalterlichen Ansichten hinreißen: Schon seit Jahren forderte der damalige Bundesjustizminister Richard Jaeger, CSU, im Bundestag die Todesstrafe für Terroristen, was ihm den Namen »Kopf-ab-Jaeger« einbrachte.[39]

»Ja, der Jaeger. Das war ja eine Exotenmeinung«, sagt mein Vater dazu nur.

»Okay, noch ein Beispiel: Franz Josef Strauß«, sage ich und erzähle ihm, dass der CSU-Politiker 1977 im Krisenstab von Bundeskanzler Helmut Schmidt darauf hinwies, dass die Bundesregierung ja auch »Geiseln« habe: die inhaftierten RAF-Mitglieder. Nach dem Motto: Für jede von der RAF erschossene Geisel könne man ein inhaftiertes RAF-Mitglied erschießen. Es sollte wohl ein makabrer Witz sein. Dennoch.

»Und da soll ich mir keine Sorgen um den Rechtsstaat in Krisenzeiten machen?«, frage ich meinen Vater.

»Hm«, macht er unbestimmt und stapft mit gebeugtem Rücken weiter.

Ich bleibe stehen.

»Wie hast du zur Todesstrafe für RAF-Mitglieder gestanden?«, frage ich.

»Das haben ja nur ein paar wenige gefordert«, wiegelt er ab.

Ein paar Schritte später sagt er:

»Ja gut, darüber wurde schon geredet mit Kollegen.«

Pause.

»Wenn einmal wieder diese unsäglichen Schwerpunktaktionen nach Anschlägen anstanden«, sagt er, »da hattest eh schon die Schnauze voll und dann hast halt so daherg'redet.«

---

[38] O. A., »Der Bürger ruft nach härteren Strafen«, in: *Der Spiegel*, Ausgabe 39/1977, 19.09.1977, S. 26.

[39] Yvonne Hötzel: »Debatten um die Todesstrafe in der Bundesrepublik Deutschland von 1949 bis 1990«, in: *Juristische Zeitgeschichte*, Bd. 41, de Gruyter, Berlin/New York 2010, S. 259.

Er räuspert sich: »Besser einfach Rübe ab. Wär gescheiter, wenn man sie einfach aufhängt. So was halt.«

Wir stapfen schweigend einen Hügel hinauf.

»Man war einfach ... wütend und verständnislos«, sagt er. »An die großen Zusammenhänge hat man dabei nicht gedacht.«

Ich nicke. Man konzentriert sich auf seine eigenen Wünsche und Ängste, weigert sich, die andere Seite zu sehen. Wie leicht sich die Gewaltspirale weiterdrehen lässt. Ich blicke über die im Nieselregen stehenden Maisfelder. Was hätte ich an der Stelle meines Vaters getan? Hätte ich mich dem Sog der Gewalt entziehen können? Oder hätte ich auch »Rübe ab!« geschimpft?

In seinem Buch *Homo Deus. Eine Geschichte von morgen* schreibt Yuval Noah Harari: »Terroristen sind wie eine Fliege, die versucht einen Porzellanladen zu zerstören. Die Fliege ist so schwach, dass sie nicht einmal eine einzige Teetasse bewegen kann. Also sucht sie sich einen Stier, fliegt in sein Ohr und beginnt zu summen. Der Stier wird vor Angst und Ärger wild, und zerstört den Porzellanladen.«[40]

---

[40] Yuval Noah Harari: *Homo Deus. Eine Geschichte von Morgen*, C. H. Beck, München 2015, S. 21

KAPITEL 36
DER OLYMPIA-ANSCHLAG, TEIL 4

Fürstenfeldbruck, 5. September 1972, 22 Uhr:
»Nachdem wir aus dem Flugzeug raus waren, wurde ich als Melder eingeteilt, ganz schnell, die Hubschrauber waren ja schon im Anflug. Das heißt, ich sollte zwischen Einsatzleitung und der kämpfenden Truppe hin- und herlaufen. Nachrichten übermitteln. Es war ja so, dass zur Außensicherung nicht mal ein Funkkontakt bestanden hat, so schlecht ist das organisiert g'wesen.

Die Einsatzleitung hatte sich im Tower installiert. Bevor die Terroristen mit den Geiseln gekommen sind, ist vorher ein Hubschrauber mit den ganzen Politikern, die da involviert waren, gelandet: Innenminister Hans-Dietrich Genscher, der bayerische Innenminister Bruno Merk, der Polizeipräsident Manfred Schreiber und sein Vizepräsident Georg Wolf. Das war der Führungsstab.

Also, jeder hat halt rumgequatscht.

Der Franz Josef Strauß war auch dabei. Ich weiß aber gar nicht wieso, der hatte damals kein Amt inne, das ihn dazu befähigt hätte. Der war ja damals lediglich CSU-Vorsitzender und einfacher Bundestagsabgeordneter.

Jedenfalls waren die alle unterhalb vom Tower in so einem Raum g'standen. Und als die beiden Hubschrauber mit Geiselnehmern und Geiseln landeten, sind die ganzen Politiker hoch auf den Tower, ganz nach oben unter die Glaskuppel. Das ist bloß so ein kleiner Tower g'wesen: vielleicht zwölf, dreizehn Meter hoch. Ganz oben sind ein paar Scharfschützen bereit gelegen.

Und dann sind die Hubschrauber mit der Schnauze frontal zum Tower und zum Abfertigungsgebäude hin gelandet. Nebeneinander. Wenn man runterg'schaut hat vom Tower, war in etwa 50 Meter Entfernung die Boeing 727 g'standen, wo wir hätten drin sein sollen, und direkt unter uns die Hubschrauber.

Aus jedem Hubschrauber ist jeweils ein Terrorist mit dem Piloten ausg'stiegen. Beide hatten eine Kalaschnikow in der Hand. So haben sie sich vor die Hubschrauber gestellt, jeder neben einen der beiden Piloten.

Und dann war wieder Ruhe. Wir haben alle von oben zug'schaut. Niemand wusste, was passiert. Es gab keinen Plan.

Im nächsten Moment sind zwei weitere Terroristen ausgestiegen. Einer davon der Chef, der mit dem weißen Hut, Issa, und noch einer. Die beiden sind in so einem Schlendergang die 50 Meter rüber zum Flugzeug marschiert. Ganz langsam. Sie sind die Gangway hoch und im Flugzeug verschwunden.

Das heißt also, wenn wir da drin g'sessen wären, dann hätten wir, wenn überhaupt, zwei Terroristen ausschalten können. Die anderen wären immer noch bei den Geiseln in den Hubschraubern g'wesen. Die waren nicht blöd.

Als die zwei im Flugzeug waren, ist es hektisch g'worden in der Einsatzleitung. Sie haben diskutiert, dann haben sie die Order ausgegeben: Erschießen, wenn die beiden wieder herauskommen und gleichzeitig die zwei bei den Hubschraubern erschießen. Dann wären schon vier weg. Der Plan war, dass die anderen in den Hubschraubern dann vielleicht aufgeben.

Bevor der Schussbefehl gegeben worden ist, hat es noch eine Riesenstreiterei gegeben zwischen Strauß, Merk und Schreiber: Wer gibt den Schießbefehl, und wann ist der beste Augenblick dafür? Die haben sich angeplärrt, jeder wollte entscheiden.

Der Polizeipräsident hat g'sagt, er sei der Einsatzleiter, er nehme alles auf seine Kappe. Der Strauß hat g'sagt, jetzt schießt's doch endlich, auf was warts denn noch? Der Innenminister Genscher hätt was als Vorgesetzter der Polizei sagen können, aber der Genscher hat gar nichts g'sagt.

Ich weiß bloß noch, dass einer der Scharfschützen irgendwann gerufen hat: ›Vielleicht könnt ihr euch jetzt endlich mal entscheiden?‹

Dann hat der Polizeipräsident gerufen: ›Ich geb' den Befehl: Schuss frei‹, hat er g'sagt, oder ›Schusswaffengebrauch frei!‹

Dann haben die Scharfschützen g'schossen und zum Teil auch getroffen. Die zwei bei den Hubschraubern waren gleich tot, die sind umgefallen. Aber die anderen beiden, die aus dem Flugzeug kamen, fingen an zu rennen, sind 50 Meter rübergelaufen ohne getroffen zu werden und unter den Hubschraubern in Deckung gegangen. Einer der beiden wurde dabei wohl angeschossen, aber nicht tödlich getroffen.

Die Terroristen haben zurückgeschossen und dabei auf den Tower gezielt. Die Glasdecke ist geborsten und die Splitter sind auf uns runtergeregnet. Alle sind übereinandergelegen. Alle Leute am Boden. Der Polizeipräsident ist auf mir drauf gelegen. Wollte eine Waffe von mir haben. Er brauche auch eine Waffe, schnell, hat er zu mir g'sagt. Dann hab ich ihm meine zweite gegeben. Da musst ich zwei Wochen hinterherlaufen, um die wiederzubekommen.

Und als das Glas runtergesplittert ist, hab ich bloß einen riesen Arsch g'sehen, und das war dem Strauß sein Arsch. Der ist auf Händen und Füßen die Treppe runtergekrochen. Vom Tower runter. Das Bild werd ich nicht vergessen, wie dieser riesen Arsch verschwunden ist.«

KAPITEL 37
PHANTOMJAGD

Ich stehe vor meiner Recherchewand und muss lachen. Das Tragikomische dieser Stelle in der Erzählung meines Vaters ließ mich schon in Amman ungläubig losprusten.

Kopfschüttelnd ziehe ich mir die Kopfhörer von den Ohren und löse vorsichtig die Ecke eines Tesafilms am Rand der Collage ab. Mein Freund erträgt es nicht mehr, morgens mit Blick auf Fahndungsplakate aufzuwachen. Die Recherchewand muss weg.

Wir einigen uns auf den Flur. Dort lächelt die verstaubte Hannah Arendt weiter vor sich hin. Ich rücke sie hinter die Küchentür und begutachte den neuen Platz für meine Recherche. Sehr gut. Der Hausflur ist ein langer Schlauch, der sich bis zur Küche erstreckt – mehr Platz für meine Recherchewand als zuvor. Als ich die unzähligen Bilder, Post-its, Notizblätter und Aktenkopien an der neuen Wand in Form bringe, fällt mein Blick auf ein Fahndungsbild von Christoph Seidler. Ein schmales, blasses Jungengesicht. Man will ihm ein Glas Milch reichen.

Der Student galt als einer der Hauptverdächtigen für den Anschlag auf Deutsche-Bank-Vorstandssprecher Alfred Herrhausen 1989. Fälschlicherweise. Doch das stellte sich erst 1996 heraus. Bisher war Seidler für mich nur eine Randnotiz in der Geschichte der RAF: jemand, der für ein Mitglied gehalten wurde und dann doch keins war. Doch seine Geschichte bringt mich plötzlich auf eine neue Überlegung zum Verschwinden des Trios.

Seidler taucht Ende 1984 ab und stellt sich im November 1996 nach über zehn Jahren Untergrund den Behörden. Er sei nicht untergetaucht, um sich der RAF anzuschließen, »sondern um einer Verhaftung zuvorzukommen und der ständigen Bewachung zu entgehen«, sagt er nach seiner Rückkehr.[41]

Wie er überhaupt in den Kreis der Verdächtigen rutschte? Er soll Kontakte zu RAF-Mitgliedern wie Eva Haule, Mitglied der 3. Generation, gehabt haben.

»Kein Wunder, dass er da überwacht wird«, höre ich meinen Vater sagen. Doch nach allem, was ich über die Strafverfolgung von RAF-Sympathisanten erfahren habe, frage ich mich: Kann eine Observierung nicht so eine Beklemmung entfalten, dass ein Betroffener sein bisheriges Leben aufgibt, um ihr zu entkommen?

Ich treffe mich mit einem, der es wissen muss: Winfried Ridder. Er war damals Chefauswerter des Verfassungsschutzes, also jemand, der die Observierungen am Schreibtisch analysierte. 2013, in Rente, schrieb er ein Buch, das ihm der Verfassungsschutz sehr übel nahm: *Verfassung ohne Schutz. Die Niederlagen der Geheimdienste im Kampf gegen den Terrorismus.* Darin kritisiert er die Arbeit mit V-Männern.

Wir verabreden uns am Bahnhof von Bonn. Sein Erkennungszeichen sei ein schwarzer Hut, schreibt er mir. Ich habe rot gefärbte Haare, schreibe ich zurück und komme mir vor wie in einem alten Krimi, in dem Bonn noch Hauptstadt ist. Bestimmt würden wir in eine schummrige Spelunke gehen, wo sich Informant und Schlapphut gute Nacht sagen.

Doch Winfried Ridder steuert zielstrebig das Café der Buchhandlungskette Thalia in der Fußgängerzone an. Da sitzen wir dann zwischen Müttern, die ihrem Nachwuchs aus Kinderbüchern vorlesen. Bei einem Cappuccino erklärt er mir mit genüsslich sezierender Stimme, wie eine Observation der »Zielperson Christoph Seidler« abgelaufen sei.

»Man muss sich als Erstes das Wohnumfeld ansehen. Also guckt

---

41 Interview mit Christoph Seidler, »Hoffentlich zählen Fakten«, in: *Der Spiegel*, Ausgabe 45/1996, 04.11.1996, S. 50.

man beispielsweise, wenn er in einem größeren Objekt wohnt, ob man eine Person dort anwirbt, in der Regel den Hausmeister. Wenn man eine Videoüberwachung machen kann, dann wird geguckt, dass man ein Zimmer anmietet.« Man versuche, ein Netz zu knüpfen, um die »vollständige Überwachung der Person zu gewährleisten«.

Er lässt das kurz wirken. »Das Problem ist nur«, sagt er, macht eine Kunstpause und zieht eine Augenbraue hoch: »Es ist grober Unfug.«

Ich schaue ihn fragend an.

Er setzt ein feines Lächeln auf.

»Sie können jemanden, wenn er sich der Beobachtung entziehen will, nicht halten!«

Bei jedem Wort haut er mit der Hand heftig auf den Tisch.

»Sie können sie nicht halten, weil es nicht möglich ist, rund um die Uhr eine Zielperson zu überwachen.«

Noch ein Schlag mit der flachen Hand. Eine Mutter am Nebentisch guckt skeptisch zu uns herüber.

»Erklären Sie mir das genauer.«

»Wenn zwei am Telefon ein Treffen mit ›Illegalen‹ verabreden, mit codierten Wörtern«, erklärt Ridder, »dann greift unsere Telefonüberwachung überhaupt nicht.«

Spazieren die Observierten irgendwohin, um sich mit »Illegalen« zu treffen, »schütteln sie«. Heißt zum Beispiel: »Sie betreten ein Kaufhaus und gehen auf die Toilette und gucken, ob man hinten rauskommt.«

Christof Wackernagels Fahrt zum Wienerwald-Restaurant fällt mir wieder ein.

Man hat also eigentlich gar keine Chance, ein realistisches Bild zu bekommen. Alles, was man hat, bleibt Vermutung. Trotzdem wird gnadenlos Katz und Maus gespielt.

»Manchmal hatte man damals bis zu sechs Begleiter, wenn man nur morgens die Brötchen holte«,[42] so Christoph Seidler.

---

42 Ebd., S. 50.

Ein ständiges »Wir haben dich im Blick«, das Damokles-Schwert der Verhaftung über dem Kopf.

Nachdem Seidler 1984 sein Politikstudium abbricht und verschwindet, wird er zur Fahndung ausgeschrieben. Das Fatale: Je länger er weg ist, desto größer wird seine angebliche Terrorrolle, bis er sogar als Kopf der RAF betitelt wird und als Drahtzieher des Mordes an Alfred Herrhausen gilt.

Das erinnert mich an die Situation von Klette, Staub und Garweg. Auch ihre Bedeutung ist in den letzten Jahren exorbitant gewachsen. Vor wenigen Jahren kannte keiner diese Namen, jetzt stehen sie wie keine anderen für die 3. und letzte RAF-Generation.

Nach seiner Rückkehr im November 1996 kann Christoph Seidler beweisen, dass er seit 1986 in einem palästinensischen Flüchtlingslager im Libanon gelebt hatte. Zur Tatzeit des Herrhausen-Attentats, 1989, war er also gar nicht in Deutschland. Die RAF hatte ihm einen Unterschlupf bei der PFLP vermittelt. Offensichtlich nutzte Seidler also seine RAF-Kontakte, aber nicht, um sich der Gruppe anzuschließen, sondern um sich zu verstecken. So lautet jedenfalls seine Darstellung. Es gibt auch die These, er sei untergetaucht, um sich einem internationalen Terrorkreis anzuschließen.

Seidler war übrigens nicht der Einzige, der den Libanon für sein Exil wählte: Nach Seidler kehren auch die vermeintlichen RAF-Mitglieder Barbara Meier und Sabine Callsen von dort zurück. Auch sie entpuppen sich als zu Unrecht Verdächtigte.

Hätte man in den späten achtziger Jahren bis Mitte der neunziger Jahre gesagt, diese Personen seien nicht bei der RAF, hätte man sich lächerlich gemacht. Heute dagegen räumt Winfried Ridder ein, sie »fälschlicherweise in meiner internen Einschätzung dem Kommandobereich zugeordnet« zu haben. Er verzieht gespielt den Mund. Tja, dumm gelaufen.

»Ob der Seidler glaubwürdig ist, weiß ich nicht«, fügt er hinzu. »Aber aus deren Sicht wurden die staatlichen Überwachungsmaßnahmen gegen die Unterstützer, nicht gegen die wirklichen Illegalen angewendet: Prozessbesucher, Häftlingsunterstützer. 129a war das damals. Schon die *taz* war in Gefahr, wenn sie einen Bekennerbrief abdruckte.«

Ich hebe die Augenbrauen.

»Ist das nicht Wahnsinn?«

Er zuckt mit den Achseln.

»Es war der Versuch, die irgendwie auszutrocknen. Weil man an den Kernbereich nicht rankam, hat man es über den Unterstützerkreis versucht.«

Sieben Tage nach Christoph Seidlers Rückkehr schreibt die RAF höhnisch in einem öffentlichen Brief: »Sie haben noch nie wirklich durchgeblickt, wie unsere Strukturen aussehen oder wer in der RAF organisiert ist. Wenn der Staatsschutz das Gegenteil behauptet, kann getrost davon ausgegangen werden, dass er täuscht. Das mindestens ist ja wohl ausreichend bewiesen mit dieser Geschichte.«[43]

Die Bundesanwaltschaft versucht an Christoph Seidler als Tatverdächtigen festzuhalten und bietet mit Hilfe des Verfassungsschutzes einen V-Mann auf: Siegfried Nonne. Psychisch krank, selbstmordgefährdet. Der Verfassungsschutz wusste das – und benutzt ihn trotzdem als Zeugen. Nonne behauptet, Seidler sei sehr wohl am Herrhausen-Anschlag beteiligt gewesen. Er habe ihm geholfen, die Bombe zu bauen. Später widerruft er diese Aussage während eines ARD-Fernsehinterviews. Der Verfassungsschutz habe ihn bedroht und zu einer Aussage gezwungen. Man habe ihm gesagt, er sei selbstmordgefährdet, man könne da nachhelfen. Später widerruft er auch diese Behauptung und gibt an, der Journalist, der ihn interviewte, habe ihn bedroht.

Was stimmt und was nicht, wird nie aufgeklärt. Denn was der Staat in Sachen RAF-Fahndung getan oder nicht getan hat, ist in vielen Fällen immer noch Geheimsache. Der Staat schweigt. Ein monolithischer Block. Individuelle Akteure scheint es kaum zu geben. Nur die wenigsten sind bereit, sich zu äußern, so wie Winfried Ridder. Die meisten berufen sich auf ihre Schweigepflicht. Das entbehrt

---

43 RAF-Erklärung vom 29. November 1996, in: *Rote Armee Fraktion – Texte und Materialien zur Geschichte der* RAF, ID Verlag, Berlin 1997, S. 502.

nicht einer gewissen Ironie. So monolithisch, ohne Individuen und Redepflicht, wünschte die RAF auch immer verstanden zu werden.

Nach dem Interview mit Ridder, zurück am Bahnhof von Bonn, spinne ich den Seidler-Fall weiter: Untergrund heißt nicht gleich RAF. Wer abtaucht, kann auch anderes vorhaben. Was, wenn Klette, Staub und Garweg nicht in den Untergrund gegangen sind, um sich der RAF anzuschließen, sondern um einer Verhaftung als RAF-Unterstützer zuvorzukommen – so wie Christoph Seidler? Was, wenn sie nie RAF-Mitglieder waren?

Vielleicht haben die drei die RAF unterstützt, logistisch, mit der Beschaffung von Ausrüstung wie Fluchtautos zum Beispiel. Daher die DNA-Spuren. Und als diese Spuren als Beweise ihrer Mitgliedschaft in der RAF, gar in deren Führungsebene, interpretiert wurden, entschieden sie, im Untergrund zu bleiben, und rauben deswegen bis heute Geldtransporter aus. Mit ihren früheren politischen Idealen scheinen diese Überfälle ja nichts zu tun zu haben. Sonst würden sie ihre Taten mit einer kapitalismuskritischen Botschaft versehen, ein Bekennerschreiben hinterlassen oder Ähnliches. Doch nein, sie wollen unsichtbar bleiben. Es geht offenbar allein darum, den Lebensunterhalt zu sichern. Wenn sie nicht als RAF-Mitglieder für Anschläge verurteilt werden wollen, um für immer hinter Gittern zu verschwinden, müssen sie sich bis ans Ende ihrer Tage verstecken.

Endstation Untergrund quasi.

Ich setze mich auf eine Treppenstufe und zwinge mich, Argumente, die gegen diese Möglichkeit sprechen, zu sammeln. Und mir fällt natürlich sofort ein schwerwiegendes ein: Burkhard Garweg. Laut Frank Johns Aussage hat er ja selbst in der Sauna behauptet, sich der RAF anschließen zu wollen.

Wie passt das ins Bild?

Da piepst mein Handy. Eine Nachricht von Achim Levi. Was hat er jetzt wieder für ein Märchen auf Lager?

Als ich die Nachricht öffne, stutze ich. Da steht, ich solle aufpassen, sie hätten es auf mich abgesehen. Unter seiner Nachricht ist ein Link. Ich klicke darauf, und ein Artikel auf der linken Plattform linksunten.indymedia öffnet sich. Die Überschrift lautet: »Informationen zu der Journalistin Patricia Schlosser«.

KAPITEL 38
EINE WARNUNG

Der Artikel ist eine Warnung an die linke Szene. Und zwar vor mir. Zweieinhalb DIN-A4-Seiten lang. Er warnt davor, mir etwas über das mutmaßliche Ex-RAF-Trio zu erzählen und ganz generell, mit mir zu sprechen. Mein Vorname ist zwar falsch geschrieben, aber die meinen mich. Da hast du die Bescherung, flüstert die Paranoia. Ich beuge mich mit heißem Kopf über mein Handy.

»Der Kontakt zu ihr wurde von uns abgebrochen. Wir würden es begrüßen, wenn alle, die mit ihr geredet haben, die Interviews rückgängig machen und somit ebenso die Zusammenarbeit mit ihr beenden würden.«

Ich starre auf die Zeilen, dann auf die Leute, die durch den Bahnhof laufen, und wieder auf den Text. Ein Boykottaufruf. Was zum Teufel?

»Unsere Erfahrung mit ihr zeigt, dass ihre Fragen sehr zielgerichtet waren«, es seien »sehr persönliche Fragen, die uns stutzig machten und verwunderten. Heute meinen wir, es waren ausforschende Fragen.«

Ich gebe ein lautes Schnauben von mir, der Verkäufer der Imbissbude am Fuß der Treppe blickt mich erstaunt an.

Doch das ist noch nicht alles. Im Text heißt es weiter:

»Ein weiterer Grund ist es für die Apparate herauszufinden, wieso es immer noch Solidarität für die Drei gibt.«

Stopp mal, meinen sie damit, dass ich für »den Apparat« arbeite, also für den Staat, also nicht die bin, für die ich mich ausgebe? Und was soll das heißen, man wolle herausfinden »wieso« es Solidarität gebe? Das Wieso interessiert doch den Staat nicht, der will das Trio schlicht festnehmen. Bei dieser realitätsfernen Annahme fallen mir die Worte meines Vaters wieder ein, von wegen »harter Kern«, der »kein Pardon« kenne: »Die liquidieren dich.«

»Auffällig ist ihr Vorgehen; bei den einen gibt sie vor, eine junge, vollkommen unerfahrene Journalistin zu sein, bei anderen dagegen redet sie offener von ihrem Projekt und auch von Sendungen, z. B. in *Panorama*, an denen sie bereits mitgewirkt hat.«

Ich muss lachen. Jeder, der sich über mich informieren will, findet online in Sekunden alle Infos über meine bisherigen Arbeitgeber, meine bisherigen Reportagen und meinen beruflichen Werdegang. Langsam verstehe ich die Intention des Textes: ein Dräuen und Unken, dass hinter der Journalistin etwas viel Größeres stecken könnte: ein Aushorchversuch des Staates.

Im Text heißt es weiter: »Interessant auch, mit welcher Zielgenauigkeit die jeweiligen Menschen angeschrieben werden, was darauf hindeutet, dass sie ein Rechercheteam um sich haben muss.«

Was für absurde Schlüsse die aus stinknormaler journalistischer Arbeit ziehen. Ich schnalze mit der Zunge. Der Imbissverkäufer beobachtet mich inzwischen unverblümt. Ich stehe auf und gehe zu ihm. Ich brauche jetzt ein Bier.

Wer steckt hinter diesem Text?

Frank John fällt mir ein. Ich schüttele entschieden den Kopf. Ursula Quack? Anja Weiß? Nein.

Traurig ist das, denke ich, und setze mich mit dem Kölsch zurück auf die Stufen. Genau das, was diese Leute aus der linksextremen Szene dem Staat vorwerfen, wenden sie selbst an: Sie kritisieren eine Kriminalisierung und Vorverurteilung der Szene und bauschen dann eine einzelne Journalistin zu einem Team an Staatsschutzmitarbeitern auf, ohne mir Gelegenheit zu geben, mich zu den Vorwürfen zu äußern. Bravo!

Wer auch immer mich da anschwärzen will, hat allerdings nicht viel Schmutz aufzubieten. Ich nehme einen Schluck und ärgere mich, überhaupt beunruhigt gewesen zu sein. Dann aber fällt mir ein, dass Gesprächspartner ihre Interviews wegen dieses Textes zurückziehen könnten.

* * *

Als ich meine Wohnungstür aufschließe und das Licht anschalte, begrüßt mich eine vergessene Tasse Kaffee auf einem Stapel RAF-Unterlagen im Wohnungsflur. Ich sollte nicht so viel Kaffee trinken, denke ich mir, packe meinen Rucksack aus und setze neuen auf. Dann klappe ich den Laptop auf und lese den Artikel noch einmal, dieses Mal nüchtern und konzentriert.

»Einer von uns hat mit Schlosser geredet, was wir heute als Fehler betrachten.«

Ich stelle mich mit einer Tasse Kaffee vor die Recherchewand und gehe die Leute durch, mit denen ich in den letzten Monaten gesprochen habe. Es klingt, als hätte jemand Ärger für sein Interview mit mir bekommen. Wer auch immer für diesen Text verantwortlich ist, muss sich nur durch diese öffentliche Denunziation zu helfen gewusst haben.

Aber wer?

Natürlich, wieso bin ich nicht gleich darauf gekommen! Nennen wir ihn Axel Gröne. Er hat mit Ernst-Volker Staub in einer WG in Hamburg gewohnt, lange Zeit vor dessen Haft.

Aus einem ersten Interview mit ihm war im Frühsommer eine Bekanntschaft geworden. Über den Zeitraum einiger Wochen hatten wir uns drei-, viermal getroffen: im Café, auf Parkbänken, bei einer Veranstaltung der linken Szene, zu der er mich einlud. Gröne hat lange graue Haare, die ihm über die Schulter fallen. Er trinkt Tee aus einer Thermoskanne und ist im Alter meines Vaters. So gut wie jede Woche macht er sich in staubigen Sandalen auf zu einer Demonstration oder Kundgebung, schreibt für linke Magazine, spricht für linke Radiosender. Alles ehrenamtlich, versteht sich. Er hat sein Leben dem Kampf für eine bessere Welt verschrieben. Ein politisches Urgestein.

Warum sich Gröne so oft mit mir getroffen hat, kann ich nicht sagen. Vielleicht spürte er, dass mein Interesse am Thema RAF echt ist, vielleicht hat er nur jemanden zum Reden gebraucht. Einmal erwähnte er, wie schade es sei, dass es in der Szene nie ein richtiges Gespräch über die RAF gegeben habe. An meiner Recherche äußerte er nie Kritik. Es war klar, dass wir beide unterschiedliche Positionen haben. Jedenfalls hatte ich das angenommen.

Am nächsten Morgen rufe ich meinen Vater an, und zur Abwechslung diskutieren wir einmal nicht über Rechtsstaatlichkeit und Anti-Terror-Bekämpfung wie in den Wochen zuvor. Ich bin nicht in Stimmung. Stattdessen lese ich ihm die Schlussfolgerung des Artikels auf linksunten.indymedia vor: »Wir machen die Chose öffentlich, damit alle daraus lernen können. Denn es gab schon immer nicht nur offene, sondern auch die versteckte Repression durch Infiltration, Ausforschung und Zersetzung von linken Strukturen.«

»Ich komme mir saublöd vor«, sage ich.

Mein Vater macht ein beruhigendes Geräusch.

»Und der hat dich nie vorher mal mit seinen Verdächtigungen konfrontiert?«, fragt er.

»Nein, aber seine letzte Mail macht plötzlich Sinn.«

Gröne hatte mir am 20. Juni 2017, zwei Wochen nach unserem letzten Treffen, und drei Monate vor dem Artikel, aus heiterem Himmel eine Mail geschickt, Betreff »absage«:

»Hallo patrizia, ich wollte dir mitteilen, dass ich aus deinem ›raf-projekt‹ aussteige. Also verwende das interview mit mir bitte nicht.«

Ein Rückzieher. Schon wieder einer, dachte ich mir. Erst stundenlang ins Mikro quatschen – und danach kalte Füße bekommen. Wie mich das nervt.

Ich fragte Gröne, warum er sein Interview zurückziehen wolle, und die Antwort weckt nun, da ich von dem Artikel auf linksunten. indymedia weiß, eine böse Ahnung in mir. Denn er schrieb nur diesen einen Satz zurück:

»Es war Ergebnis einer längeren Diskussion ...«

»Aha!«, sagt mein Vater. »Wahrscheinlich haben ihm welche nahegelegt, dass er dich nicht mehr treffen soll, wenn er nicht eine aufs

Maul will. In der damaligen Zeit wär er schon irgendwo mit einem Loch im Kopf dag'legen.«

»Ach, Papa!«

»Ja, glaub mir's!«

Jetzt kommt er wieder mit seinen Morden daher. Es ärgert mich, dass mit diesem Artikel nun etwas passiert ist, was meinen Vater in all seinen Vorstellungen über Linke bestätigt. Vielen Dank, Axel.

Wenn ich ganz ehrlich bin, fühle ich mich von der Szene verraten. Ich war aufrichtig an sie herangetreten. Sozusagen im besten Sinne naiv. Und jetzt das.

Ich vermute, dass Axel Gröne nach der linken Veranstaltung, zu der er mich eingeladen hatte, »verhört« wurde. Es war ein Diskussionsabend zum Todestag von Benno Ohnesorg. Ich saß in einer Kneipe auf St. Pauli, ganz in der Nähe von Ernst-Volker Staubs alter Adresse, und schaute mit vielen älteren und einigen jungen Leuten eine Arte-Dokumentation. Es ging um die Studentenproteste der 68er und die brutale Polizeigewalt.

Bei der anschließenden Diskussion zum Thema »Lehren aus der Vergangenheit« hörte ich vor allem zu. Doch da ich sowieso schon als »die Neue« beäugt wurde, beschloss ich, mich wenigstens einmal zu Wort zu melden. Nicht, dass mich noch jemand verdächtig findet.

Lustigerweise scheint es gerade dieser Kommentar gewesen zu sein, der mich verdächtig machte. Ich sagte zum Thema politisches Engagement, dass viele in meiner Generation nur noch halbherzig an Politik herangehen würden. Im Text heißt es, ich hätte die Veranstaltung »provokativ« als »halbherzig« bezeichnet.

Tja.

Birgit Hogefeld sagte nach ihrer Festnahme, man müsse »sich vergegenwärtigen, was Leben in der Illegalität bedeutet. Man nimmt die Gesellschaft nur noch in wohlgefilterten Ausschnitten wahr. Du suchst dir die Sachen so zusammen, daß sie ins Weltbild passen. Und du blendest aus, hakst als ›Staatsschutzlügen‹ ab, was nicht paßt.«[44]

---

44 Gerd Rosenkranz: »Wir waren sehr deutsch«, in: *Der Spiegel*, Ausgabe 42/1997, 13.10.1997, S. 170.

»Bist g'schockt, geh?«, sagt mein Vater, und obwohl wir telefonieren, fühle ich seine Hand auf meiner Schulter. Kein rumpeliges Geflachse, mehr ein beruhigendes Klopfen. Wie man ein nervöses Pferd tätschelt.

»Das hab ich mir schon g'dacht, dass so etwas mal passiert«, sagt er sanft.

Ich schlucke meinen Stolz hinunter und lasse mich von ihm trösten.

»Da hast du wohl recht gehabt.«

»Sieh's doch als Lehre für deine Recherche: ein Großteil von denen ist einfach unbelehrbar.«

»Das ist doch bescheuert«, wehre ich matt ab. Insgeheim gestehe ich mir aber ein, dass ich mit meiner unbedarft neugierigen Herangehensweise eine Niederlage erlitten habe. Axel Gröne – oder die Personen um ihn herum – tun so, als würden sie die Vergangenheit bewahren und die Szene schützen wollen, dabei suchen sie einfach nur Selbstbestätigung: Seht her, der Staat verfolgt uns immer noch.

George Orwells *Der Weg nach Wigan Pier* fällt mir ein, seine große Reportage über die Ausbeutung der Kohlebergarbeiter in Nordengland. Sie wurde 1938 veröffentlicht und von den linken Intellektuellen Englands gefeiert. Doch die miserable Situation der Unterschicht nimmt nur den ersten Teil des Buchs ein. Der zweite Teil dreht sich um etwas anderes, und das kam damals überhaupt nicht gut an. Auch heute ist dieser zweite Teil viel weniger bekannt als die erste Hälfte des Buchs. Darin argumentiert Orwell, sein eigenes Mitleid, das Mitleid der Mittelschicht, der Intellektuellen und Linken sei kein Ausdruck echter Empathie für die ausgebeuteten Arbeiter. Die Unterschicht sei den linken Intellektuellen in Wirklichkeit egal.

Sie lieben die Armen nicht.

Sie hassen nur die Reichen.

KAPITEL 39
DIE ZEHNERLISTE

Drei Wochen später: Wie verabredet sehe ich das Auto meiner Eltern am Bahnhof stehen. Es ist elf Uhr vormittags. Mein Vater hält einen Arm aus dem Fenster, hupt. Der ist ja gut drauf. Das zweite gute Omen heute. Ich winke. Als ich am Morgen in aller Frühe in Hamburg losgefahren war, hatten dicke Wolken den Himmel bedeckt, doch über Bayern waren sie aufgerissen.

Mein Vater öffnet mir von innen die Beifahrertür.
»Grias di!«
Ich lasse mich auf den Sitz fallen und schaue ihn an.
»Bist bereit?«
»Ja freilich!«
Ich wuchte meinen Rucksack auf die Rückbank. Mein Laptop, das Aufnahmegerät, Batterien und Wäsche zum Wechseln. Wir werden ein paar Tage unterwegs sein. Dann ziehe ich ein zusammengefaltetes Blatt aus meiner Lederjacke.
»Das ist die ominöse Liste?«, fragt er.
Auf der Liste stehen Namen und mögliche Adressen. Leute, denen wir in den nächsten Tagen einen Besuch abstatten wollen. Es ist die Liste, von der Professor Straßner mir erzählt hatte: die Zehnerliste, eine Gruppe Verdächtiger, die BKA und Verfassungsschutz Ende der neunziger Jahre eingekreist hatten, aber nicht mehr verfolgen sollten oder konnten.

Mein Vater bewegt die Lippen, während er sich die Namen durchliest.

»Die leben ja über ganz Deutschland verteilt.«

»Wir fangen erst mal mit denen an, die nicht weit weg wohnen«, sage ich.

»Ok, wo geht's als Erstes hin?«

»Ins Schwabenländle.«

Mein Vater startet den Toyota.

Es ist eine heikle Mission, das ist mir klar. Noch heikler als unsere Fahrt zu Hildegard Krämer und Paul Tiene in den Wald. Denn all diese Leute sind nicht nur potenzielle Unterstützer des Trios, sie sind vielleicht selbst Mitglieder der letzten RAF-Generation gewesen.

Auf der Liste steht zum Beispiel eine Frau, die in den achtziger Jahren Kontakt zu Genossen der französischen Terrorgruppe Action directe gehalten haben soll. Da ist ein Mann, der sich laut Staatsschutz vor dem Fall der Mauer mehrmals mit PFLP-Vertretern in Berlin traf. Eine Frau, die 1989 bei einer Pressekonferenz zu einem Hungerstreik von RAF-Gefangenen anwesend war, zusammen mit Ernst-Volker Staub. Eine ist heute Therapeutin, ein anderer Handwerker.

Finde ich über diese Liste Daniela Klette, Ernst-Volker Staub und Burkhard Garweg? Es ist meine letzte Hoffnung.

Nach der Sache mit Axel Gröne hatte ich Kassensturz gemacht und festgestellt, dass ich trotz vieler Gespräche und neuer Informationen einem möglichen Unterstützernetzwerk des Trios nicht näher gekommen war. Im Gegenteil: Mein Versuch, mich innerhalb der Szene zu bewegen, ist mir letztendlich um die Ohren geflogen.

Jetzt probiere ich es also auf einem anderen Weg. Nicht von innen, sondern von außen: mit Informationen des Staatsschutzes.

★ ★ ★

»Und wie bist jetzt an die Liste ran'kommen?«, fragt mein Vater.

Ich zucke mit den Achseln und grinse.

»Reporterglück.«

Mein Kollege Oliver Schröm hatte mir seine alten Unterlagen zur RAF anvertraut. Er ist der Typ Journalist, der immer irgendwelche großen Dinger ausgräbt. Als ich die Unterlagen durchgehe, sehe ich: Es dreht sich um eine Liste vom Verfassungsschutz. Es ist die Zehnerliste, von der mir Professor Straßner erzählt hatte.

1999 hatte Oliver Schröm dazu einen Artikel veröffentlicht. Tenor: Da draußen sind noch mindestens ein Dutzend Leute, die zum Kreis der RAF-Verdächtigen zählen und nicht mehr von den Behörden verfolgt werden. Es war ein kleiner Scoop. Dennoch schien sich niemand mehr groß dafür zu interessieren. Mein Kollege hatte Mühe, die Story überhaupt im Blatt unterzubekommen. Deutschland war ein Jahr nach der Selbstauflösung der RAF terrormüde.

Nach kurzer Aufregung um die Veröffentlichung verschwand die Liste in der Schublade, wie es so schön heißt, beziehungsweise dämmerte in Computerdateien vor sich hin, bis der Kollege sie mir auf einen USB-Stick zog.

Tagelang saß ich am Schreibtisch und klickte mich durch die Dokumente auf dem USB-Stick. Die Zehnerliste ist, so lernte ich, das Ergebnis der letzten großen Arbeitsgruppe des Staatsschutzes zur RAF, der »AG 80/90«. Die Mitarbeiter entwickelten ein Raster, mit dessen Hilfe sie einen Personenkreis von über 300 Linksradikalen in monatelanger Analyse auf zwölf eindampften. Ganz korrekt ist es also keine Zehner-, sondern eine Zwölferliste.

Sie nahmen dafür etwa Veranstaltungen unter die Lupe, zu denen sich Leute aus der linksextremistischen Szene in den Achtzigern und Anfang der neunziger Jahre getroffen hatten, »Schlüsselereignisse« nannten sie das, zum Beispiel Gerichtsprozesse wie den gegen RAF-Mitglied Eva Haule von 1987 bis 1988. Anhand der Häufigkeit, mit der Personen solche »Schlüsselereignisse« besuchten, leiteten sie ab, wie gut vernetzt sie in der Szene waren und wie groß ihre Bereitschaft zur Militanz gewesen sein könnte.

Berücksichtigt wurden auch Kenntnisse, die der RAF nützten wie technische Fähigkeiten und Mehrsprachigkeit, Französisch etwa, um mit Genossen der Action directe kommunizieren zu können. Einzelgänger in der Szene sortieren die Beamten aus – erfahrungsgemäß schaffen sie es nicht in den Kern der RAF, weil ihnen von der Gruppe nicht genügend Vertrauen entgegengebracht wurde. Drei

Jahre arbeitete der Staatsschutz an der Liste, von Ende 1996 bis Ende 1999.

★ ★ ★

»Also der Typ, zu dem wir jetzt fahren«, erzähle ich meinem Vater, während er auf die Autobahn Richtung Stuttgart abbiegt, »war der Allererste, an den sich das RAF-Mitglied Eva Haule wendete, nachdem sie 1986 festgenommen wurde. Da schrieb sie ihm«, kurzes Blättern in den Unterlagen, »Hallöchen Martin, ich schick dir eine Spur von den Gedanken.«

»Also auf jeden Fall kannte der Eva Haule«, konstatiert mein Vater.

»Ja, und er war auch bei einigen Szeneveranstaltungen dabei: zum Beispiel auf einer Podiumsdiskussion zum Hungerstreik von RAF-Gefangenen 1985 und beim Frankfurter Kongress 1986.«

Mein Vater nickt.

»Das sagt ja ois'.«

Am Nachmittag kommen wir in einer unscheinbaren Straße am Rand einer schwäbischen Kleinstadt an. Die Kirchturmuhr schlägt drei Mal, als wir uns in ein kleines Lokal an der Ecke setzen und abgestandenen Kaffee trinken. Danach laufen wir zu unserem Ziel. Die Spätsommerhitze flirrt über dem Teer. Außer uns beiden ist niemand unterwegs.

»Was hab ich gesagt? Nummer 38, oder?«

Ich gucke auf mein Handy.

»Ah, dann müsste es ja hier sein.«

Wir stehen vor einer Werkstatt.

Ich nicke meinem Vater zu, er erwidert das Nicken und geht zurück zum Auto.

Als ich den Eingang der Werkstatt suche, lande ich in einem Hinterhof. Warum zum Henker habe ich es ständig mit Häusern zu tun, bei denen ich die Eingangstür nicht finde? Leise fluchend irre ich herum und klopfe schließlich an etwas, was wie die Tür eines Lagers aussieht. Ein Mann in Arbeiterkittel öffnet mir, guckt irritiert. Ich frage, ob besagte Person hier arbeite. Ja, der sei drinnen in der Werkstatt. Er winkt mich hinein.

Ich betrete eine große Halle mit Holzschneidemaschinen und Werkbänken. Ein Radio dudelt vor sich hin. Der Raum ist fast menschenleer. Vielleicht alle schon im Feierabend. Nur er ist da. Er steht am anderen Ende eines großen Arbeitstisches. Überrascht schaut er auf, als ich um den Tisch herum auf ihn zulaufe. Die James-Dean-artige Melancholie, die er als junger Mann auf den Fahndungsfotos des BKA ausstrahlt, ist aus seinem gealterten Gesicht verschwunden. Die schwarze Haarmähne und seine Schmolllippen sind dünner geworden. Trotzdem ist die Ähnlichkeit unübersehbar.

Ich muss nicht weit ausholen, er weiß sofort, wovon ich rede. Seine Augen weiten sich, dann verfinstert sich sein Gesicht. In seinem Kopf scheint sich eine Maschinerie von unschönen Erinnerungen in Gang zu setzen. Zu sagen, dass er überrascht ist, wäre eine Untertreibung. Hätte ich ihm eine der Holzlatten auf dem Tisch um die Ohren gehauen, wäre der Effekt wohl ähnlich gewesen.

Was mir eigentlich einfalle, zischt er.

★ ★ ★

15 Minuten später lasse ich mich in den Beifahrersitz sinken.

»Und?«

»Ähm, das war nix«, sage ich matt. »Er meinte, es sei eine Unverschämtheit, dass ich einfach so bei ihm aufkreuze.«

»Aha«, sagt mein Vater unbeeindruckt. Ich drücke meinen Kopf an die Lehne und schließe kurz die Augen.

»Tja, dann pack ma's«, sagt mein Vater und lässt den Motor an. Die nächste Person auf der Liste arbeitet nicht weit entfernt als Therapeutin.

Ich sage nichts, stiere vor mich hin. Es ist wahnwitzig, was wir machen. Die Wahrscheinlichkeit, dass jemand mit uns spricht, ist so groß wie ein Lottogewinn. Und wenn man nichts sagen will, ist es ein Leichtes, uns abzuschütteln: Nein, danke, kein Interesse an einem Gespräch. Fertig. Eigentlich müssten wir uns wie in einem Detektivfilm vor dem Haus postieren und gucken, was die Person als Nächstes macht. Und das bei allen zwölf Verdächtigen. Ich reibe mir über die Augen. Als hätten wir dazu die Kapazitäten. Außerdem: Wie selten solche Observierungen gelingen, weiß ich ja von Ex-Verfassungsmann Winfried Ridder aus Bonn.

Ich schaue nach draußen auf das ignorant sommerlich-idyllische Baden-Württemberg und spüre nichts mehr von der Aufbruchsstimmung des Morgens. Einfach verpufft. Stattdessen wächst mit jedem Kilometer, den wir weiterfahren, ein Widerwille in mir. Immer dieses Klinkenputzen, diese vermaledeite Kaltakquise! Ich habe keine Lust mehr.

Ich wundere mich selbst über die Heftigkeit meines Widerwillens. Bis jetzt hatte ich nie Probleme damit, ungefragt vor einer Tür aufzutauchen, wenn es die Suche nach dem Trio erforderte. Ich glaube, in dem knappen Jahr, das hinter uns liegt, stand ich vor mindestens zwei Dutzend Haustüren. Dingdong, kein Problem. Doch jetzt bin ich müde.

Warum wollte ich diese Suche mit meinem Vater gleich wieder angehen? Sie roch nach Ärger. Ein Geruch, dem man nachgehen sollte. Immer. Denn dann ist man etwas Größerem auf der Spur. Wenn man Glück hat. Wenn man Pech hat, sitzt man am Ende vor einem Haufen Scheiße.

Mein Vater beobachtet mich besorgt von der Seite und dreht die Klimaanlage hoch. Meine Fußspitzen werden kalt, mein Kopf bleibt heiß.

»Kann ich mal ein Fenster aufmachen?«, frage ich.

»Warum musst du immer ein Fenster aufmachen? Die Klima ist doch an.«

»Ich hasse Klimaanlagen, das weißt du ganz genau.«

»Oh mei, oh mei. Was ist denn los?«

»Ach, das ist doch alles sinnlos, was wir hier machen!«, entfährt es mir.

Er sieht mich verdutzt an. Für ihn ist die Liste das beste Stück Information, das wir je in die Finger bekommen haben. Es kommt nämlich vom Staat. Und da glaubt der Herr Beamte dran wie der Pfarrer ans Weihwasser.

Zugegeben: Ich bin nicht unschuldig, habe ihm ja nichts davon erzählt, dass die Liste einige, sagen wir, *Ungereimtheiten* enthält. Zum Beispiel die, dass Verfassungsschutz und BKA sich gar nicht einig über die Liste waren. Beim Abgleichen des ermittelten Personenkreises im Oktober 1999 stellen sie fest, dass nur 23 Prozent der Leute, die der Verfassungsschutz für verdächtig hält, auf der BKA-Liste vertreten sind.

Was für eine Schnittmenge. Wären die Listen Baupläne, hätten die Häuser so viel miteinander gemeinsam wie ein Hochhaus mit einer Berghütte. Da liege wohl noch »Abstimmungsbedarf« vor, heißt es vom Verfassungsschutz. Ob tatsächlich nachjustiert wird oder nicht, geht aus den Unterlagen nicht hervor.

Und dann ist da das Selbsteingeständnis der Arbeitsgruppe bei einem der letzten Treffen am 9. Juni 1999 in Karlsruhe. In diesem heißt es: »Auch heute, und unter Berücksichtigung neuer Sachverhalte sind die Staatsschutzbehörden insgesamt eher in der Lage zu sagen, wer der RAF in der fraglichen Zeit nicht angehörte, als diejenigen zu benennen, die für die Terroranschläge verantwortlich zu machen sind.«

»Hm, gut, am End' ist trotzdem eine Liste heraus'kommen«, sagt mein Vater nur dazu. »Fahren wir bei der anderen jetzt noch vorbei oder nicht?«

Das ist echt alles, was ihn interessiert. Genervt werfe ich ihm meine Antwort hin, so als wäre die ganze Suche seine Idee gewesen: »Dann fahren wir da halt noch vorbei!«

»Was willst eigentlich von mir hören?«, fragt er beleidigt.

»Einfach nur, dass du dir überlegst, was du von meinen Zweifeln an dieser Liste hältst und mir darauf antwortest, ein – ganz – normales – Gespräch – führen.«

Was für einen ätzenden Unterton meine Stimme angenommen hat.

Mein Vater sieht nach vorne auf die Straße und sagt:

»Ich würd meinen, wenn wir schon hergefahren sind, dann kannst dir von der anderen auch noch eine Abfuhr holen.«

KAPITEL 40
DER STREIT

Später auf der Heimfahrt fühle ich mich ernüchtert wie am Morgen nach einer durchzechten Nacht. Ich mache das Fenster auf, ignoriere den tadelnden Blick meines Vaters und lasse mir den Wind ins Gesicht blasen. Bei der Therapeutin hatten wir kein Glück. Es war niemand da. Ich war fast erleichtert darüber.

Mein Vater starrt demonstrativ auf die Straße. Ab und zu bebt sein Kopf, als würden Gedanken gegen seine Schädeldecke hämmern. Armer Papa. Er ist sauer, weil ich die Liste anzweifle. Das wiederum ärgert mich.

»Es ist doch so: Spätestens seit 1996 wissen die Behörden gar nicht mehr, wen sie suchen«, sage ich.

»Genau deswegen macht man ja solche Listen.«

»Reiner Aktionismus, mehr nicht.«

»Meinst, du erwischst sonst irgendjemanden von diesen Gratlern?«

Ich knurre verächtlich.

»Der Zweck heiligt also die Mittel, ja? Alles erlaubt beim noblen Kampf gegen den Terror. Auch eine kleine Hexenjagd?«

Mein Vater schließt mein Fenster mit einem Knopf an der Fahrerseite und steigt aufs Gas. Wir fahren auf die Autobahn, zurück Richtung Augsburg.

»Also deine Einstellung ist doch unmöglich!«

Ich weiß, ich übertreibe, aber ich bin plötzlich so wütend. Auf ihn. Auf mich. Warum ist er so verdammt staatsgläubig? Ich dachte, wenn wir nur genügend Zeit miteinander verbringen, sieht er die Dinge mal anders. Aber nein. Ganz der brave Untertan!

Und ich? Warum schicke ich uns mit der Liste überhaupt los? Eigentlich hätte ich beim Durchgehen der Unterlagen der AG 80/90 längst erkennen müssen, wie wenig selbst BKA und Verfassungsschutz zusammen über die RAF wissen, und die Finger davon lassen. Noch dazu weiß ich ja von meinen Recherchen, welch falsche Schlussfolgerungen der Staatsschutz im Laufe der RAF-Geschichte gezogen hatte. Doch ich wollte von Unstimmigkeiten nichts wissen. Endlich hatte ich etwas Konkretes in der Hand. Endlich mal Erfolg bei dieser Suche. Die Gier. Meine ganz persönliche Hexenjagd.

Jetzt fühle ich mich wie eine Idiotin. Vielleicht *bin* ich eine Idiotin? Möglich. Möglich, dass ich mich glücklich genug hätte schätzen sollen, zu einem Loch im bayerischen Boden zu recherchieren, anstatt es mit einem Loch in der deutschen Geschichte aufnehmen zu wollen.

Ich schaue zu meinem Vater. Eigentlich müsste ich nun zugeben, dass ich den Glauben an diese Suche verloren habe. Dann könnten wir darüber reden, wie es weitergeht.

Kommt nicht infrage.

»Der Staat hat Mist gebaut, gib's doch endlich mal zu!«, sage ich.

»Ach, ich kann's nicht mehr hören!«

»Ja, ich kann dein Lamento auch nicht mehr hören!«

»Deine ständige Kritik am Staat, das hat doch nichts mehr mit dem Sinn und Zweck der Aufgabe zu tun, die du dir selber g'stellt hast!«

»Ach! Was ist denn meine Aufgabe?«

»Du wolltest das Trio suchen und nicht Verteidigerin von diesem linken G'schwerl werden!«

Ich schnalze mit der Zunge.

»Nur weil ich den Staat nicht als Unschuldslamm betrachte, bin ich gleich Verteidigerin der Linken, klar!«

Er heult laut auf, vor Frust. Ich bekomme es fast mit der Angst zu tun. Am Schluss kriegt er noch einen Herzinfarkt.

Mir ist auch furchtbar heiß. Ich packe die feuchten Haarsträhnen in meinem Nacken und binde sie zu einem Knoten nach oben. Im Auto breitet sich derweil ein verbissenes Schweigen aus. Wir rasen über die Autobahn und drohen an unserer Wut zu ersticken.

Irgendwann sage ich: »Wir können die Suche auch abbrechen.« Da, jetzt ist es draußen. Ich sehe, wie seine Gesichtszüge weicher werden.

»Das denkst du dir bestimmt eh schon die ganze Zeit«, füge ich kalt hinzu.

Ein Ende der Suche anzusprechen, fühlt sich ein bisschen an wie Harakiri zu betreiben. Ich drehe das Messer in meinem Bauch mit Genuss noch einmal um.

»Hast ja eh nie dran geglaubt.«

Er schluckt und starrt nach vorne in die Dämmerung.

Dann sagt er: »Also wennst so weitermachst: Ja, dann will ich nicht mehr. Das macht mich traurig. Das ist alles ein G'wäsch.«

»Für dich ist alles ein Gewäsch, was nicht deiner Meinung entspricht, Papa«, sage ich und könnte mir im nächsten Moment die Zunge abbeißen. Jetzt geht die ganze Diskussion wieder von vorne los.

»Doch! Die wollen den Staat in Misskredit bringen.«

Ich gebe ein böses Schnauben von mir, zu vergrämt, um Gegenargumente zu bringen. Langsam ist mir auch alles egal. Er hat nicht widersprochen, als ich einen Abbruch der Suche ansprach. Das sagt ja wohl alles.

Es ist aus.

Mein Vater haut aufs Lenkrad. Er wirkt fast schon verzweifelt.

»Du bist das richtige Opfer! Genau solche suchen diese linken Gratler. Wendet euch an die Patrizia Schlosser, die vertritt eure Rechte und Ansichten. Das ist die Journalistin, die euch auf den Leim gangen ist!«

Der ist ja total drüber. Ich versuche gar nicht, ihn daran zu erinnern, dass die Szene laut indymedia-Artikel nichts mit mir zu tun haben will.

»Also ich werde das weiterverfolgen«, sage ich, meine Stimme ist scharf und voller Verachtung.

Er atmet tief ein und aus.

»Aber ohne mich!«

Er blickt mich nicht einmal an, als er unsere gemeinsame Suche für beendet erklärt, schaut stur geradeaus.

Und das war es dann.

KAPITEL 41

DER OLYMPIA-ANSCHLAG, TEIL 5

Fürstenfeldbruck, 5. September 1972, 22:45 Uhr:
»Und dann ist ein riesen Geknalle los gegangen. Polizei und Terroristen haben sich beschossen. Wir haben alle das oberste Stockwerk des Towers fluchtartig verlassen, ist ja klar, und sind ein Stockwerk tiefer in einen Raum. Jeder hat g'schaut, dass er dabei flach am Boden bleibt.

Alles hat geschossen, was schießen konnte. Es hat überhaupt nicht mehr aufgehört. Später hab ich gelesen, dass die Schießerei gut eineinhalb Stunden dauert hat. Währenddessen hab ich jegliches Zeitgefühl verloren gehabt.

Als ich unten in dem Raum war, hab ich gesehen, dass einer von den Hubschrauberpiloten anscheinend verletzt war. Er ist weggekrochen Richtung Flugzeug und hat es hinter das Bugrad g'schafft. Da ist er liegen blieben. Und dann hat mich der Polizeivizepräsident Wolf losg'schickt nach draußen. Ich sollte den Kollegen sagen, dass sie loslaufen und den Piloten wegholen sollen. Das war der Laschinger Hubert, das war ein Spezi von mir, und drei weitere Polizisten.

Sie sind losgerannt zu dem verletzten Piloten, haben's auch geschafft, aber zurück haben sie sich nicht mehr getraut und sind deswegen mit ihm in die andere Richtung gelaufen. Da hättens die eigenen Kollegen beinahe da'schossen, also die Außensicherung, weil es ja keinen Funkverkehr gegeben hat und niemand dort von der Rettungsaktion wusste. Sie dachten, da kommen Terroristen.

Irgendwann hat ein Hubschrauber gebrannt, den hat die Feuerwehr aus der Ferne mit Löschschaum gelöscht. Sie konnten nicht näher ran, die Terroristen haben den Feuerwehrwagen beschossen.

Inzwischen hat sich die Einsatzleitung weiter zurückgezogen, in das Abfertigungsgebäude vom Fliegerhorst, weil es ihnen am Tower zu gefährlich war. Ein Kollege war in dem Gebäude inzwischen g'storben. Ein Querschläger hatte ihn am Kopf erwischt. Er ist tot umgefallen und in der Tür liegen geblieben. Oberkörper nach außen, Füße nach drinnen, und da ist man erst einfach über ihn drüber g'stiegen. Man hat ihn so liegen lassen müssen, bis Sanitäter ihn wegholen konnten.

Dann ist ein Funkspruch vom Tower gekommen, dass ein Scharfschütze verletzt ist und ein Arzt kommen muss. Man hat mich losg'schickt, um den Arzt zu finden.

Der Arzt hat sich geweigert, durch das Abfertigungsgebäude zu laufen, weil das einsehbar war, lauter Glas, es wurde immer noch g'schossen, und über den Toten hätt er auch steigen müssen. Da hab ich ihn einfach gepackt und angeplärrt, dass das wohl seine Pflicht sei, einem Verletzten zu helfen. Zusammen sind wir losgelaufen, über die Blutlache des Toten gehüpft, und ich bin noch mit einem Fuß hinein'tappt.

Horst Fliegerbauer.

Den Namen werd ich nie vergessen, von dem, der da gestorben ist.

Wir sind rauf auf den Tower, und es hat sich rausstellt, dass der Scharfschütze nur einen psychischen Anfall hatte. Der ist durchgedreht, hat wirres Zeug geredet, dass er verletzt sei, aber der Arzt hat nichts gefunden.

Ich bin dann wieder zurück.

Dann war es schon elf oder zwölf Uhr – keine Ahnung, ich hatte jegliches Zeitgefühl verloren. Plötzlich war es ganz ruhig. Das Schießen war vorbei. Die Einsatzleitung hat sich total zurückgezogen. Ich bin in den Raum nicht reingelassen worden, weiß nicht, was die gemacht haben.

Dann ist mein Kollege, der Götzberger Michi, gekommen und hat g'sagt, jetzt schaun mer mal nach, was draußen los ist. Und dann sind wir und noch ein paar andere Kollegen los, raus aufs Flugfeld, zu den Hubschraubern hin.

Es war ganz still da draußen.

Dass die Israelis nicht mehr leben, haben wir uns schon gedacht. Weil, es ist ja g'schossen worden wie brutal. Als wir auf die Hubschrauber zugingen, hat man g'sehen, dass die durchsiebt waren von Kugeln. Und der eine Hubschrauber war ja eh ausgebrannt.

Es war dunkel. Der Michi ist als Erstes zu dem Hubschrauber hin, der nicht ausgebrannt war. Wie er mir später erzählt hat, ist er dermaßen erschrocken, wie sich da drin einer gerührt hat. Dann hat er den rausgezogen am Krawattl. Der war nicht gefesselt, und deswegen wussten wir, dass es einer von den Terroristen sein muss. Die Hände der Geiseln waren alle mit Bademantelgürteln zusammengebunden. Einfach die Gürtel von normalen Bademänteln. Die Gürtel waren einmal weiß g'wesen, jetzt waren sie rot, voller Blut.

Der Terrorist, den der Michi da rausgezogen hat, muss sich erst zwischen die Toten im Hubschrauber gehockt haben, als die Schießerei schon beendet war. Wenn er währenddessen drin gehockt wäre, wäre er auch tot g'wesen, da bin ich mir sicher. Der muss vorher irgendwo in Deckung hinter dem Hubschrauber gelegen haben. Als der Michi den rauszog, hat er g'schlottert. Er war total angsterfüllt. Der hat nichts mehr gemacht. Das war so ein kleines Bürscherl. So ein 20-Jähriger, wie du sie überall rumlaufen siehst.

Man hat dann noch einen zweiten Terroristen gefunden. Der ist so halb unter dem Schaum von der Feuerwehr gelegen. Nicht verletzt. Drei Stück waren es am Ende, die man noch lebend gefasst hat. Sind alle total verängstigt g'wesen. Die hat man reingebracht, in so einen kleinen Raum.

Und dann hat man uns natürlich wieder zum Teufel geschickt. Ich bin wieder zu meiner Einsatzleitung. Die Lichter sind an'gangen, und da wusste man: Es ist alles vorbei. Und dann ist das ganze Ausmaß sichtbar geworden. Sie haben Außenscheinwerfer angemacht und Licht und allen Scheiß.«

KAPITEL 42

ALLES UMSONST

Ich nehme die Kopfhörer ab. Das Bild meines Vaters, wie er im Hotelbett in Amman lag, als er mir das erzählte, steht mir vor Augen: flach auf dem Rücken, die weißen Füße ausgestreckt, die Knie nach außen gedreht, die Arme eng am Oberkörper. Ich schlucke schwer und blicke nach draußen in den Himmel vor dem Zugfenster. Wie eine umgedrehte blaue Schale stülpt er sich über die abgeernteten Maisfelder.

Ein Blick auf die Uhr: noch vier Stunden bis Hamburg. Wie oft ich in all diesen Monaten quer durch Deutschland gefahren bin.

Alles für die Suche. Alles umsonst.

Wann ging es los? Im Herbst vor über einem Jahr. Und jetzt ist alles mit einem hässlichen Knall zu Ende gegangen.

Als meine Mutter uns nach dem Streit ins Haus kommen sah, viel früher zurück von der Recherche als angekündigt, sah sie meinen Vater und mich überrascht an, bemerkte dann unsere versteinerten Gesichter und sagte nur: »Ja, oh Gott. Jetzt habt ihr's geschafft.«

Ich ging direkt nach oben, in den zweiten Stock, wo ich übernachte, wenn ich zu Hause bin, buchte den nächsten Zug zurück nach Hamburg und legte mich ins Bett. Es dauerte ewig, bis ich einschlafen konnte.

Ich dachte die ganze Zeit, unsere Suche würde einem Tunnel gleichen, den wir durchschreiten müssten, immer auf das heller werdende Licht zu. Sicher würde es Kurven geben, die den Tunnelausgang unsichtbar machten, aber am Ende würden wir hinausfinden. Jetzt sah ich: Wir haben uns nur ans Ende einer Sackgasse vorgetastet.

★ ★ ★

Ich lehne meinen Kopf an die Scheibe. Plötzlich fällt mir Axel Gröne ein und wie ich ihm die Gretchenfrage stellte: Wie hältst du's mit der Gewalt der RAF? Wir saßen in einem Café. Er antwortete ohne zu zögern: Anschläge sind der richtige Weg. Seine Stimme bekam einen metallischen Klang dabei, seine Augen sahen aus wie zwei schwarze Steine.

Ich nickte das damals einfach so ab.

Erst jetzt, im Nachhinein, wird mir klar, dass ich hinnahm, wie er in meiner Gegenwart Mord für einen politischen Zweck guthieß. Hätte mir jemand aus der rechten Szene dasselbe gesagt, hätte ich anders reagiert. Nicht, dass ich mich empört hätte. Ich will ja als Reporterin wissen, wie mein Gegenüber denkt und noch viel mehr, warum er so denkt. Doch ich wäre distanzierter, kühler gewesen, hätte kritisch nachgefragt. Bei Gröne hörte ich einfach ein bisschen weg. Ob er es als Einverständnis auffasste?

Es ist ein schmaler Grat zwischen Respekt für die Meinung des Gegenübers und stillem Einverständnis für dessen Ansichten.

Das erinnert mich daran, wie nach dem G20-Gipfel in Hamburg, nach brennenden Autos und kaputten Schaufensterscheiben, viele sagten, die Täter seien ja nur »linke Chaoten« gewesen. Als dürfte man sie nicht für voll nehmen. Ich frage mich, was los gewesen wäre, wenn Islamisten oder Rechte randaliert hätten.

Woher kommt diese Verharmlosung linker Gewalt hierzulande? Ich bin mit dem Spruch »Nie wieder Hitler!« aufgewachsen. Aber ich habe noch nie jemanden sagen hören: »Nie wieder Stalin!« Oder: »Nie wieder Mao!« Dabei wäre das angesichts der Millionen Opfer ihrer Politik auch angebracht. Vielleicht, überlege ich, bin ich unbewusst bereit, bei linker Gewalt eher wegzusehen, weil mir ihre Ideale sympathisch sind: gegen Rechtsradikalismus, gegen Imperialismus. Doch der Ansatz, diese Ziele mit Gewalt durchzusetzen, ist im Kern der gleiche, den Islamisten und Rechtsextreme verfolgen. Ein Mord ist ein Mord, egal aus welchem politischen Motiv heraus.

Ich denke an die Kollateralschäden der RAF-Anschläge. Ich denke an meinen Vater auf dem Flugplatz von Fürstenfeldbruck 1972. Wie er auf dem Bett in Amman davon erzählte. In seiner Körperhaltung drückte sich so viel Widersprüchliches aus: Zweifel daran, das Richtige getan zu haben, Wut auf die Oberen, Ohnmacht. Es gab nie eine Untersuchung zum Befehl, ihn und seine Kollegen in das Flugzeug zu schicken, um die Geiselnehmer auszuschalten. Am Ende unterschrieb die Einsatzgruppe einfach ein Protokoll, in dem alle Ereignisse der Nacht aufgelistet wurden – bis auf das Selbstmordkommando. Das wurde weggelassen. Als hätte es den Plan nie gegeben.

Ich weiß nicht, wie ich es beschreiben soll, es hatte etwas Unheimliches, ihn so daliegen zu sehen. Vertraut und fremd zugleich. Ein anderer Mensch manifestierte sich auf der Matratze neben mir. Er war nicht mehr mein Papa, sondern der junge Mann, der er war, bevor es mich gab. Ich hörte ihm zu, wie er aus einem Leben erzählte, in dem ich noch nicht vorkam, und sah ihn plötzlich mit anderen Augen.

Wie soll es jetzt, nach dem Streit, mit uns weitergehen? Ich lasse mich in meinen Sitz sinken. Draußen ziehen die grünen Hügel um Würzburg vorbei. Weinberge, Miniaturdörfer, Schäfchenwolken. Wir könnten unsere Suche vergessen und zur Normalität zurückkehren: eine überhitzte Diskussion hier und da, ansonsten mehr oder weniger Funkstille. Könnten wir? Mit der Zeit schon, sicher. Wir sprechen nicht mehr über den Streit, über das Trio, über die RAF, über die Vergangenheit meines Vaters, oh ja, ich weiß, dazu sind wir imstande, darin haben wir Übung. Wir schweigen so lange, bis sich der Nebel des Unausgesprochenen wie eine Trennscheibe zwischen uns herabsenkt. Und jeder auf seiner Seite Ruhe hat.

In meiner Hamburger Wohnung stelle ich mich vor meine Recherchewand und sehe plötzlich, wie einseitig meine Unternehmungen zuletzt waren. Neben der Zehnerliste ballen sich Notizblätter und Unterlagen zum Paragraphen 129a, zur Verfolgung von Sympathisanten und Unterstützern. Hier lag der Fokus. Du hast dir fast schon einen Tunnelblick zugelegt, sage ich mir, hast zuletzt nur noch Opfer des Staates gesehen, hast dich verbissen in deiner Kritik an den damaligen Anti-Terror-Gesetzen. Wie war das mit dem Platz zwischen allen Stühlen?

Ich pule am Tesastreifen eines Artikels zu 129a herum, dann an einem zweiten über einen RAF-Gerichtsprozess. »Kriminalisierung!«, schimpft die Überschrift. Ich zerre den Text herunter.

Ehe ich mich versehe, baue ich die gesamte Recherchewand ab, nein, zerstöre sie. Immer rücksichtsloser reiße ich die Unterlagen und Fahndungsbilder von der Wand, zerknülle mit Ingrimm die Notizzettel, stopfe alles in einen großen, leeren Karton. Der Mülleimer ist zu klein für all die Blätter. Am Ende hängen nur noch die Pockennarben einiger vergessener Papierecken an der Wand. Der Flur sieht nackt und hässlich aus.

Es ist Zeit, einen Schlussstrich zu ziehen.

Langsam lasse ich die Erkenntnis zu, dass ich das Trio nicht finden werde. Ihre Geschichte und die Geschichte der RAF ist ein einziges Gestrüpp aus Halbwahrheiten, Legenden und unzureichenden Beweisen. Solange keiner der Akteure spricht, wird das so bleiben.

Ich gehe in die Küche und hole Hannah Arendt hinter der Tür hervor, wische den Staub von der Leinwand.

Was machst du denn für Sachen?

Ich weiß, ich weiß.

★ ★ ★

Ob die Polizei sie wohl jemals finden wird?

Selbst wenn, wird eine Verhaftung nicht die Aufklärung bringen, die ich mir erhoffe: eine Antwort auf die Frage, ob sie überhaupt in der RAF waren, wie ihr Leben im Untergrund ausgesehen hat, wer für die neun Morde der dritten RAF-Generation verantwortlich ist. Sie werden dasselbe tun, wie bisher und wie alle anderen: schweigen. Vielleicht weil sie nicht reden wollen, vielleicht weil sie manche Antworten selbst nicht kennen.

Während ich die Einzelteile der Collage in den Karton stopfe, denke ich an den bisher letzten RAF-Gerichtsprozess. Der endete 2012. Es ging noch einmal um den Mord an Generalbundesanwalt Siegfried Buback. Günter Sonnenberg war 2011 als Zeuge vorgeladen. Er machte, wie Prozessbeobachter es erwartet hatten, keine Aussage. Er nannte Namen und Adresse. Mehr nicht. Nur ein einziges Mal meldete er sich zu Wort:

»Ihnen ist wohl bekannt, dass ich 1977 einen Schuss in den Kopf bekommen habe [...]. Ich bin mit 22 Jahren neu zur Welt gekommen. Es waren Ihre Kollegen, die die Verantwortung dafür haben.«[45]

Der Vorsitzende Richter ignorierte diese Anschuldigung und forderte Sonnenberg stattdessen auf, Aussagen zum Buback-Mord zu machen. Sonnenberg schwieg. Darauf appellierte der Bundesanwalt an ihn. Keine Reaktion. Resignation beim Bundesanwalt: »Sie haben vorhin Ihre zweite Geburt beschrieben. Doch Sie haben gar nichts gelernt. Sie sind damals wieder aufgewacht und in dem Stadium verharrt, in dem Sie vorher waren!« Der Rechtsanwalt von Michael Buback kommentierte daraufhin: »An Gewissen kann man nur appellieren, wenn jemand ein Gewissen hat.«

In RAF-Prozessen ging es immer um viel mehr als nur um die juristische Aufarbeitung eines Mordes. Es ging um Reue, um Sühne, um Anerkennung. Es ging darum, Gewissheit zu haben, nicht um strafen, sondern um mit der Vergangenheit abschließen zu können und einen gesellschaftlichen Frieden zu ermöglichen.

Das sind Dinge, die die Justiz weder damals noch heute leisten kann. Dafür braucht es eine andere Art der Aufarbeitung. Nur welche?

Ich stoße in den Collageresten auf die RAF-Erklärung vom Dezember 1996, zwei Jahre vor der Selbstauflösung. Möglich, dass Daniela Klette, Ernst-Volker Staub und Burkhard Garweg sie mitverfasst haben. Einen Satz hatte ich dick mit gelbem Edding umrandet.

»Für uns ist es trotzdem eine problematische Situation, in der für einen großen Teil der GenossInnen die RAF und illegale Organisie-

---

45 Holger Schmidt: »Die RAF-Gespenster«, 30.03.2011, siehe https://www.swr.de/blog/terrorismus/2011/03/11/die-raf-gespenster/

rung schon Geschichte sind, während wir uns nicht in Luft auflösen können und werden.«[46]

Es klingt fast, als würden sie sich selbst als Untote der Geschichte empfinden, als Gespenster, die verdammt sind, bis in alle Ewigkeit zu spuken.

Ich lege das Papier auf den Schreibtisch, würde gerne mit meinem Vater darüber sprechen. Stattdessen setze ich die Kopfhörer auf und starte die mp3-Datei »Papa_Olympia«. Von unserer gemeinsamen Suche bleibt mir nur noch eines: der letzte Teil seiner Erzählung von 1972.

---

46 »Brief an die Junge Welt«, Erklärung vom 9.12.1996, in: *Rote Armee Fraktion – Texte und Materialien zur Geschichte der RAF*, ID Verlag, Berlin 1997, S. 508.

KAPITEL 43

DER OLYMPIA-ANSCHLAG, TEIL 6

Fürstenfeldbruck, 5. September 1972, nach Mitternacht:
»Als die Lichter angingen, hat man das ganze Ausmaß des Kampfes g'sehen. Es war furchtbar. Am schlimmsten war das Bild von dem Terroristen, der sich in die Luft g'sprengt hat. Der hat sich offenbar selbst auf eine Handgranate geworfen. Der ist total zerfetzt g'wesen. Der Bauch war aufgeschlitzt, die Gedärme sind rausgehangen. Ein Fuß war abgerissen.

Das Einzige, das relativ intakt war, war das Gesicht. Schmutzig ist es natürlich g'wesen.

Der Hubschrauber, der ausgebrannt war, hat noch gequalmt und überall war Löschschaum. In den hatte einer der Terroristen eine Handgranate g'worfen. Die sind alle verbrannt da drin.

Meine Kollegen und ich wurden in die Abfertigungshalle beordert. Da hast dann einen Kaffee gekriegt. Den toten Kollegen hatten Sanitäter inzwischen weggetragen, aber die Blutlache mit den Fußstapfen, die war noch da. Da schwamm Hirnmasse drin. Dieses Bild hab ich immer noch vor Augen.

Das vergess ich nicht mehr: die herausquellenden Gedärme von dem Terroristen und die Blutlache von dem Polizisten.

Das bleibt irgendwie.

Auf alle Fälle hat man da einen Kaffee getrunken und dann sind wir in einen Bus g'stiegen, der uns zurück zu unserer Kaserne bringen sollte. Als wir einstiegen, sah ich, dass in dem Bus die Kalaschnikows der Terroristen lagen. Das ist auch ein Bild, das ich nie vergessen werde: Die Waffen hatten keine Tragriemen oder zumindest einige nicht, behelfsmäßig haben die Terroristen Bademantelgürtel benutzt. Genau wie bei den Fesseln der Geiseln.

Wir haben die Waffen im Bus mitgenommen. Damit sie weg sind vom Tatort, hieß es. Aber das ist ja ein Tatort, da muss ja eine Besichtigung gemacht werden, Bundesnachrichtendienst, BKA – und da werden die Tatwaffen weggebracht. Das ist ja falsch. Ich weiß nicht, warum das angeordnet wurde.

Als wir aus dem Tor rausgefahren sind, standen Leute davor, Hunderte, und haben geklatscht. Die Presse ist da g'wesen und alle haben uns bejubelt. Wir haben uns nur angeschaut und gefragt: Warum klatschen die? Später haben wir erfahren, dass eine Falschmeldung rausgegangen war.«

★ ★ ★

Um 23:31 Uhr verbreitete die Nachrichtenagentur Reuters weltweit eine Eilmeldung: Alle israelischen Geiseln sind befreit. Um 23:35 Uhr berichtete das deutsche Fernsehen, dass alle Geiseln leben und die meisten Terroristen tot sind. Kurz nach Mitternacht, am 6. September 1972 um 0:05 Uhr, sprach Conrad Ahlers, der Sprecher der Bundesregierung, von einer »glücklichen und gut verlaufenen Aktion«.

Tatsächlich sind zu diesem Zeitpunkt alle neun israelischen Geiseln tot, ein Polizist ebenfalls. Von den acht Terroristen überleben drei.

Bayerns Innenminister Bruno Merk wird sich später über die Kritik am Polizeieinsatz beschweren. Die Bevölkerung sei von James-Bond-Filmen verwöhnt.[47] Der damalige Mossad-Chef Zvi Zamir, der die Ereignisse in Fürstenfeldbruck mitverfolgte, soll, zurück in Israel, berichtet haben, es sei alles so dilettantisch verlaufen, dass es »zum Wände hoch laufen«[48] gewesen sei.

47 Felix Bohr et al.: »Die angekündigte Katastrophe«, in: *Der Spiegel*, Ausgabe 30/2012, 23.07.2012, S. 44.
48 Michael Borgstede: »Und niemand geht raus, um ihm zu helfen«, in: *Die Welt*, 31.08.2012, S. 8.

★ ★ ★

»Wir sind dann in der Kaserne angekommen und ins Bett gegangen. Aber da hast ja nicht schlafen können. Und am nächsten Tag haben wir eine Einsatzbesprechung gehabt, dann die Stellungnahme g'schrieben, und am Tag darauf waren wir schon wieder ganz normal arbeiten.

Ein paar Tage später haben wir als Dank Eintrittskarten für den Zehnkampf kriegt. Leichtathletik. Vormittagsvorstellung. Weitsprung haben wir uns ang'schaut.

Ich hab schon lang braucht, bis ich mal wieder richtig hab schlafen können. Ich bin ja später noch zur Bewachung der Leichen der Terroristen eingeteilt worden. Die sind in den Kühlräumen eines Friedhofs aufbewahrt worden, direkt neben dem Gefängnis München-Stadelheim, in dem die drei überlebenden Terroristen einsaßen.

Diese drei Überlebenden hab ich das letzte Mal in dem kleinen Raum am Flugplatz in Fürstenfeldbruck g'sehen. Ich war vielleicht eine halbe Stunde, nachdem wir einen Terroristen dort abgeliefert hatten, noch einmal in dem Zimmer g'wesen. Und dann ist der Franz Josef Strauß reingekommen.

Wie der sich aufgeführt hat da drinnen. Den haben sie festhalten müssen, die Haare waren ihm wirr ins Gesicht gehängt. Ihr Dreckschweine, ich bring euch um! So hat er rumgeplärrt. Total enthemmt. Total fertig.

Die Terroristen sind ängstlich dagehockt. Die sind völlig durchnässt g'wesen, weil der Löschschaum sich inzwischen aufgelöst hatte. Die konnten gar nicht reagieren auf den Strauß. Die waren einfach traumatisiert.

Sind zwar Terroristen, aber am Ende auch Menschen, weißt.

Zwei von denen hat der Mossad Jahre später liquidiert.

Später hab ich erfahren, dass ich einer der wenigen war, die keinen einzigen Schuss abgegeben haben. Ja gut, ich war eben als Melder eingeteilt. Wenn ich jetzt neben einem gelegen wäre, der da rumballert, hätt ich wohl auch g'schossen. Aber als Melder bin ich ja nicht dazu gekommen.

Gott sei Dank. Bin heutzutage froh darüber.«

KAPITEL 44

SCHIESSEN, BIS SIE TOT SIND

Hier stoppt die Datei, die Erzählung meines Vaters ist zu Ende. Langsam lasse ich die Kopfhörer in meinen Nacken fallen. Ich würde meinen Vater jetzt gerne umarmen. Stattdessen laufe ich alleine durch eine verschlafene Wohngegend. In zehn Minuten bin ich verabredet. Um diese Ecke noch, dann sollte da vorne Christof Wackernagels Haus auftauchen. Ich hatte dieses zweite Treffen mit ihm schon vor Wochen ausgemacht. Bevor ich wusste, dass mein Vater und ich uns streiten würden. Dieses Mal hat mich mein Vater nicht hierhergefahren. Ich hatte erst gar nicht gefragt.

Einen Moment verharre ich vor der Haustür. Der Streit ist jetzt drei Wochen her. So offen wuterfüllt sind wir noch nie aufeinander losgegangen. Er war so aufgelöst in seinem Ärger, und ich voller … Verachtung. Laut Arthur Schopenhauer ist Verachtung die Überzeugung des »Un-Wertes des Anderen«. Wie leicht das geht.

Ich muss irgendetwas unternehmen. Diese Funkstille muss enden. Aber wie? »Du weißt doch, wie stur er ist. Ihr seid's beide so bockig«, hatte meine Mutter gestern am Telefon gesagt, als ich auszuloten versuchte, wie mein Vater den Streit verdaute.

Mir ist inzwischen eines klar geworden: Nach allem, was er mir erzählt hat, nach allem, was wir zusammen erlebt haben, kann ich nicht mehr zu meiner vorherigen Sicht auf ihn zurückkehren. Zu eindimensional. Zwischen uns hat sich durch die Suche etwas verändert, ob es mir passt oder nicht. Ich weiß jetzt, er ist nicht nur ein spießiger, verdöster Grantler. Er ist auch ein zweifelnder junger

Mann, ein Hoffnungsvoller, ein Enttäuschter, ein Leidenschaftlicher, ein Traumatisierter.

Ich drücke auf die Klingel.

★ ★ ★

Nach dem Interview mit Christof Wackernagel laufe ich zurück zur S-Bahn-Station, aufgewühlt auf positive Art und Weise. Was für eine Geschichte! Was mir Wackernagel gerade über den Polizisten, der ihn 1977 verhaftet hatte, erzählt hat, ist sagenhaft. Es gibt doch noch Hoffnung auf dieser Welt. Vielleicht auch für mich und meinen Vater.

Die Geschichte der RAF kommt immer daher wie die einer unaufhaltsamen Gewaltspirale. Kampf, bis einer am Boden liegt. Angesichts von so viel Blut und Tränen traut man sich fast nicht mehr zu fragen, ob das auch anders geht. Würde es den Staat bei der Terrorbekämpfung stärker machen, wenn er humaner handelt, anstatt Härte zu demonstrieren? Ein Polizist hat diese Frage mit einem klaren Ja beantwortet – und bewiesen, dass er recht damit hat.

Es ist der 10. November 1977, Amsterdam: Als die beiden RAF-Mitglieder Christof Wackernagel und Gert Schneider die Wohnungstür des Apartments im Baden Powellweg 217 aufschließen, werden sie von der Polizei beobachtet. Wackernagel erinnert sich, dass in den Zimmern ein muffiger Geruch hing. Die Wohnung müsse wohl, dachte er, lange Zeit nicht gelüftet worden sein. Heute weiß er: Es waren die Ausdünstungen der Polizisten, die kurz zuvor die Räume durchsucht hatten.

Die anderen Bewohner des Baden Powellwegs 217 wunderten sich schon lange über diese Mietwohnung. Immer sind die Vorhänge zugezogen. Das macht niemand in den Niederlanden. Oft steht die Wohnung einfach leer. Oder es halten sich verschiedene Fremde dort auf. Nur der eigentliche Schweizer Mieter Othmar Fehr nicht. Die Nachbarn informieren die Vermieterin. Als die sich bei der Polizei meldet, stellt sich heraus, dass dem echten Othmar Fehr der Ausweis gestohlen worden war und der Mieter der Wohnung ein falscher Othmar Fehr ist, genauer ein RAF-Mitglied, mutmaßlich der inzwischen verstorbene Rolf Clemens Wagner. Die Wohnung ist ein geheimer RAF-Unterschlupf, eine »konspirative Wohnung« wie die, in der Ernst-Volker Staub 1984, knapp sieben Jahre später, in Frankfurt am Main festgenommen wird.

Am Abend des 10. November 1977 verlassen Christof Wackernagel und Gert Schneider im Dunkeln die Wohnung und gehen zu einer Telefonzelle. Sie werden dabei von einem zehnköpfigen Polizeikommando beobachtet. Der Polizeibeamte Herman van Hoogen will die Gelegenheit des Telefonats nutzen, um die beiden zu stellen. Er und zwei Kollegen in Zivil nähern sich der Telefonzelle.

Was dann passiert, wer das Feuer eröffnet, darüber gab es 1980 beim Gerichtsprozess am Oberlandesgericht Düsseldorf unterschiedliche Aussagen. Fakt ist, dass in dem ruhigen Amsterdamer Wohngebiet die Hölle losbricht. Die Polizisten werfen sich hinter Sträucher und Autos, als Wackernagel auf sie schießt. Schneider krabbelt angeschossen aus der Telefonzelle, zündet eine Handgranate und wirft sie in Richtung eines Polizisten. Die Explosion verletzt den Beamten schwer. Wackernagel kriecht irgendwann ebenfalls angeschossen auf allen vieren aus der Telefonzelle. Zuvor hatte er mit seiner Pistole Herman van Hoogen am Arm und einen anderen Polizisten in die Hüfte getroffen.

»Ich lag am Boden, irgendwann habe ich aufgegeben. Und dann kamen sie. Sie haben im Prozess auch zugegeben, dass sie geschossen haben, bis sie sicher waren, dass wir tot sind. Waren wir aber nicht«, erzählt Wackernagel und schüttelt den Kopf bei der Erinnerung. Wir sitzen in seinem Wohnzimmer.

Die Polizisten gaben noch 26 Schüsse auf die beiden Männer ab.

»Während ich da lag, dachte ich: das war's. Und später bin ich doch noch mal aufgewacht und merkte, wie jemand mir eine Spritze setzte. Und dann weiß ich noch genau, wie ich dachte: Wenn das jetzt der Tod ist, dann ist das richtig angenehm.«

Er zuckt mit den Schultern und lächelt.

»War wahrscheinlich Morphium. Als ich das nächste Mal aufgewacht bin, war ich im Knast.«

Pause.

»Und trotzdem habe ich mich zunächst gefreut, dass ich lebe.«

Schneider und Wackernagel setzen sich in der Haft nach und nach damit auseinander, was sie getan haben. Nach einigen Jahren distanzieren sie sich von der RAF, setzen sogar eine öffentliche Erklärung in die Zeitung: »Einmal mehr hat sich erwiesen, daß der Krieg gegen den Imperialismus allein noch nicht die Emanzipation zum ›neuen Menschen‹, also die Befreiung allein noch nicht die Freiheit mit sich bringt. Nachdem der radikalen Linken so das Ziel entglitten war, blieben ihr nur noch die Mittel.«[49] Mit einer solchen Erklärung haben sich weder vor noch nach ihnen andere RAF-Mitglieder an die Öffentlichkeit gewandt.

»Warum habt ihr euch distanziert?«, frage ich.

Er steht auf.

»Du wirst zu dem, was du kritisierst. Wenn du einen Menschen umbringst, wirst du wie sie!«, sagt er laut und aufrecht im Zimmer stehend. Im nächsten Moment sitzt er wieder auf seinem Sessel, nachdenklich jetzt: »Ich habe das irrsinnige Glück gehabt, keinen umgebracht zu haben. Vielleicht ist das auch mit der Grund, dass ich darüber reden kann.«

Als er und Gert Schneider nach ihrer Distanzierungserklärung einen Antrag auf vorzeitige Hafterleichterung stellen, bekommen sie ausgerechnet von dem Polizisten Unterstützung, der sie 1977 festgenommen hatte: Herman van Hoogen.

Knapp acht Jahre, nachdem Wackernagel auf ihn geschossen und Schneider eine Handgranate geworfen hat, schreibt dieser Polizist einen Brief an das Gericht. Er spricht sich für eine vorzeitige Haftentlassung der beiden aus.

Herman van Hoogens Brief hat keinen Einfluss auf die Haftstrafe. Doch er ist der Beginn einer Freundschaft zwischen den dreien. 1986 willigt der Polizist ein, die beiden Gefangenen für ein Versöhnungsgespräch zu treffen. Sein Engagement geht sogar noch weiter: »Am Tag

---

49 Christof Wackernagel: »Ein Platz an der Sonne«, in: taz, die tageszeitung, 7.5.1984, S. 16.

unserer Haftentlassung, am 9. November 1987, ist Herman von Amsterdam gekommen, und wir sind alle zusammen essen gegangen.«

Später hat Wackernagel ihn auch einmal zu Hause in Amsterdam besucht. Als sie vor dessen Wohnhaus stehen, sagt er: »Guck mal, da im zweiten Stock, da wohne ich.«

Als Wackernagel hochguckt, sieht er eine Frau hinter dem Vorhang am Fenster. Die Ehefrau des Polizisten. Er stellt sich vor, wie sie so schon oft abends am Fenster stand und darauf gewartet hat, dass ihr Mann von der Arbeit nach Hause kommt.

»Und in dem Moment«, sagt das frühere RAF-Mitglied und fährt sich mit beiden Händen über die Wangen, »da war ich so was von glücklich, dass ich den nicht umgebracht hatte.«

KAPITEL 45

ZWEI KASSETTEN

Es sind sechseinhalb Wochen, seit der letzten Begegnung mit meinem Vater. Sechseinhalb Wochen nach unserem Streit. Sechseinhalb Wochen nach dem Ende der Suche.

Es ist November.

In meinem Rucksack hatte ich Wäsche zum Wechseln, meinen Laptop und mein Aufnahmegerät. Ich war ausgerüstet wie für eine Recherchereise. Doch dieses Mal führt mich die Suche nirgendwo anders hin als nach Hause. Ich laufe den Bahnsteig entlang und bin gespannt, wer mich abholt. Ich hatte meiner Mutter gesagt, dass ich heimkommen würde. Wenn es trotzdem mein Vater ist, der mich abholt, weiß ich, dass wir eine Chance haben. Und wenn nicht? Dann sieht es wirklich sehr schlecht aus für meinen Versöhnungsplan.

Eine Woche nach unserem Treffen hatte mir Christof Wackernagel per Mail den Brief von Herman van Hoogen geschickt, außerdem zwei Kassetten. Was ich in den Händen hielt, war ein elektromagnetischer Schatz aus den neunziger Jahren: Ein Polizist unterhält sich darauf mit zwei Ex-Terroristen. Es ist ein Gespräch zwischen dem inzwischen pensionierten Herman van Hoogen, Christof Wackernagel und Gert Schneider.

Das Gespräch dauert vier Stunden. Danach weiß ich plötzlich, was ich tun muss.

Als ich aus dem Schatten der Unterführung in die Abendsonne trete und um die Ecke des Bahnhofshäuschens gehe, sehe ich das

Auto meiner Eltern zehn Meter entfernt am Straßenrand parken. Hinter der Scheibe erahne ich eine Silhouette. Es ist mein Vater.
»Grias di!«
»Wie geht's«, sage ich und setze mich langsam hinein. So als wäre der Beifahrersitz aus Glas.
»Ja, geht scho'.«
»Was machst du so?«
»Ach, Pati.«
Still fahren wir durch das abendlich ausgestorbene Ortszentrum, bis wir beim Haus meiner Eltern ankommen. Mein Vater schließt die Haustür auf, dahinter steht schwanzwedelnd Resi. Er tätschelt ihren Kopf und zieht sich steif die Jacke aus. Ich stelle meinen Rucksack in den Gang, schließe die Tür.
»Danke fürs Abholen.«
Wir setzen uns auf die Eckbank. Meine Mutter hat Kaffee gemacht, setzt sich zu uns. Nach einer halben Stunde steht sie auf und lässt uns allein. Mein Vater trinkt langsam, unlesbarer Gesichtsausdruck. Keine Ahnung, was er denkt.
»Also«, sage ich und atme aus, »so extrem haben wir uns bis jetzt nie gestritten, und dann haben wir einfach nicht mehr darüber geredet.«
»War scho' ein krasser Streit.«
Pause.
»Weißt du, also ich glaube, irgendwie hab ich dich da in was reingezogen ...«, sage ich.
Er dreht seinen Kopf leicht zu mir.
»... in etwas, was ich nicht richtig in der Hand hatte, dessen Folgen ich nicht abschätzen konnte.«
Mein Vater braucht einen Moment, dann sagt er leise:
»Ich hab ja auch nicht gedacht, dass das alles so aufwühlend wird.«
Wir schweigen einen Moment, nippen an unserem Kaffee. Zwei inzwischen erkaltete Brühen, aber immerhin etwas, an dem man sich festhalten kann.
»Jedenfalls wollte ich dich nicht so aufregen«, sage ich.
Er nickt langsam und richtet sich etwas auf.

»Das Ganze hat sich halt ein bisschen aufgeschaukelt, und ich war stur.«

»Ja, ich ja auch!«

Wir schauen uns an, verziehen beide den Mund zu einem schiefen Lächeln.

Was weiß man schon über die eigenen Eltern, über ihr Leben, bevor es einen gab? Das habe ich mich damals gefragt, als mich mein Vater nach der Überfallserie des RAF-Trios angerufen hatte.

Wir haben das Trio nicht gefunden, aber jenseits von Rechercheergebnissen ist die Suche für uns trotzdem ein Gewinn. All die Auseinandersetzungen, all die Reibungen der vergangenen Monate haben uns enger miteinander verbunden als jemals etwas zuvor. Ich weiß jetzt zumindest eines: Mein Vater ist nicht nur mein Papa. Er ist ein Mensch, mit einem eigenen Leben, einer Vergangenheit, die mir Respekt abringt.

Ich stelle meinen Laptop vor uns auf den Tisch.

»Ich wollte dich fragen, ob du dir etwas anhören willst.«

Ich bitte ihn darum, zusammen mit mir das Gespräch auf den beiden Kassetten, die mir Christof Wackernagel gegeben hat, anzuhören. Mein Instinkt sagt mir, dass es genau das ist, was wir jetzt brauchen: eine unglaubliche Versöhnungsgeschichte.

Mein Vater schaut misstrauisch auf den Laptop. Was wird das jetzt wieder?

KAPITEL 46

DER POLIZIST

Ich rücke näher zu ihm und drehe die Lautstärke hoch.

»Also, da sitzen jetzt um eine Kaffeetafel herum die beiden früheren RAF-Mitglieder Christof Wackernagel und Gert Schneider – und ein niederländischer Polizist namens Herman van Hoogen. Bist bereit?«

Er zögert einen Moment, dann nickt er.

Ich drücke Play.

Die immer etwas heisere Stimme Christof Wackernagels ist zu hören. »Läuft?«, fragt er, dann sprechen die drei über den Abend des 10. November 1977, als sie zum ersten Mal »aufeinandertreffen«. Mein Vater hat den Kopf gesenkt und ein Ohr vorsichtig zum Laptop gedreht. Er weiß, dass es um eine der blutigsten Festnahmen in der Geschichte der RAF geht.

Gert Schneider erzählt, dass er die Polizisten für normale Passanten gehalten habe, die da auf die Telefonzelle zuliefen. »Ich war nicht beunruhigt«, sagt er mit einer Stimme, die tief aus seinem Bauch zu kommen scheint. Herman van Hoogen erzählt, wie sein Kollege in Zivil die Tür der Telefonzelle öffnete und Schneider auf Niederländisch ansprach, ob er mal telefonieren könne. Er müsse *een doctor bellen*, einen Arzt anrufen. Und Schneider habe auf Deutsch geantwortet: »Einen Moment bitte.«

»Richtig! Einen Moment bitte«, bestätigt Schneider, lacht auf, ja, das habe er damals gesagt. Da hast du uns verraten, sagt Wackernagel und kichert. Er hätte auf Niederländisch antworten müssen.

Herman van Hoogen winkt ab. Dann hätten sie ihn immer noch für einen Deutschen gehalten.

Mitten hinein in das Lachen der drei sagt mein Vater:

»Ok, mach mal Stopp.«

Er reibt sich heftig über das Kinn.

»Also ich finde diese Zusammenkunft und wie die sich geben horrormäßig. Musst dir vorstellen, dass die sich mal gegenüber g'standen sind wie im Wilden Westen, und jetzt haben sie so ein Treffen, bei dem über jeden Schmarrn gelacht wird.«

Er schüttelt den Kopf.

»Das sind Leute, die haben versucht, sich den Weg frei zu schießen! Mit solchen Leuten würde ich nie den Versuch unternehmen, ein Gespräch zu führen!«

Ich nicke.

»Weiter?«

Ein unwilliges Knurren.

Herman van Hoogen erzählt, wie er aus der Zeitung von Wackernagels und Schneiders Distanzierungserklärung zur RAF erfahren hat. Er glaubte ihnen, dass sie es ernst meinten, sagt er.

Als er sich bei seinen Kollegen vom BKA informiert, ergibt sich ein anderes Bild: Die zwei seien noch immer Hardliner, geistig noch immer RAF, heißt es. Doch van Hoogen lässt sich nicht beirren. Er spricht mit seiner Frau und nimmt sich vor, einen Brief zu schreiben. Den Brief, den mir Wackernagel geschickt hatte.

Ich drücke auf Stopp.

»Kommt jetzt für dich wahrscheinlich noch wilder: Herman van Hoogen unterstützt in diesem Brief den Antrag auf frühere Haftentlassung, den die beiden gestellt hatten.«

»Der hat ja das Stockholm-Syndrom!«

»Das glaube ich nicht.«

»Doch, der hat irgendwie eine Macke weg.«

Ich hole den Brief von van Hoogen hervor und lese ihn meinem Vater vor:

Hauptwache der Polizei
Elandsgracht 117
1016 TT Amsterdam

Mitte Oktober 1984 erfuhr ich, daß Wackernagel und Schneider, die in Deutschland zu einer 15-jährigen Haftstrafe verurteilt sind, einen Antrag auf vorzeitige Freilassung stellen werden. Außer ihnen wurden auch zwei Kollegen und ich selbst dabei verletzt. Einer der Kollegen und auch ich spüren noch oft die körperlichen Folgebeschwerden dieser Verletzung. Das ändert aber nichts an der Tatsache, daß ich niemals Haßgefühle gegenüber Wackernagel und Schneider empfunden habe, und auch der Wunsch nach Vergeltung ist mir fremd. Obwohl ich nach einer 30-jährigen Polizeilaufbahn manchmal auch nicht ganz frei von einem gewissen Zynismus bin, bin ich aufrichtig der Meinung, daß eine Distanzierungserklärung von Wackernagel und Schneider wesentlich weniger mißtrauisch beurteilt werden sollte als eine solche Erklärung von Seiten eines Kriminellen aus Gewinnsucht. Ferner möchte ich noch anmerken, daß, außer der Tatsache, daß ich keine Haß- oder Rachegefühle empfinde, nach meiner Erfahrung sehr lange Haftstrafen nur selten eine günstige Wirkung auf das spätere Verhalten des Delinquenten gehabt haben.

Wenn das Gericht, auch nach Erwägung meiner Gefühle, zu dem Beschluß gelangen würde, daß Wackernagel und Schneider vorzeitig in die Gesellschaft zurückkehren können, wäre ich erfreut über diese Entscheidung. Ich bin mir selbstverständlich dessen bewußt, daß ich möglicherweise nicht sämtliche Umstände, die für diese Entscheidung von Bedeutung sind, überblicke.

Nichtsdestotrotz bin ich aufgrund der Daten, die mir bekannt sind, der Meinung, daß sich bei einer Ablehnung des Antrags auf vorzeitige Entlassung höchstwahrscheinlich keine anderen oder besseren Umstände in Bezug auf die Betroffenen hervortun werden, sondern, daß in Zukunft vielmehr Gefühle der Enttäuschung und Erbitterung von ihnen zu erwarten sind.

Ich bin jederzeit bereit, meinen Standpunkt in Bezug auf diese Sache zu erläutern.

Amsterdam, 17. Januar 1985
Der Polizeimeister,
H. van Hoogen

Mein Vater hört mit ausdruckslosem Gesichtsausdruck zu. Als ich fertig bin, ist es einen Moment still.

Ich drücke wieder auf Play.

Van Hoogen sagt, wie wichtig ihm heute noch die Aussage in seinem Brief sei, dass »eine Distanzierungserklärung weniger misstrauisch beurteilt werden sollte als eine Erklärung von Seiten eines Kriminellen aus Gewinnsucht«. Jemand, der aus Gewinnsucht handele, habe keine Ideale, für die er sterben würde, sagt van Hoogen. Wackernagel und Schneider dagegen seien Idealisten. Und wie könne er sie dafür verurteilen?

Mein Vater macht mir wieder ein Zeichen, dass ich die Aufnahme stoppen soll.

»Also, dem kann ich schon zustimmen«, sagt er.

»Für mich ist es auch ein Unterschied, ob jemand aus Gewinnsucht oder wegen Idealen ein Verbrechen begeht und ins Gefängnis kommt.«

Er überlegt einen Moment.

»Also dieser niederländische Polizist muss schon ein besonderer Mensch g'wesen sein. Was macht der heute?«

»Der ist Polizist geblieben, inzwischen in Rente. Wackernagel hat ihn vor kurzem mit seinem kleinen Sohn besucht«, erzähle ich.

Eine Pause tritt ein.

»Für mich war zuerst komisch, wie die miteinander reden«, sagt mein Vater.

»Na ja, die sind aufgeregt, da kichert man eben rum.«

»Das sind 60-Jährige!«

»Ja und? Schau dich doch mal an.«

Mein Vater lacht.

»Ja gut, mach weiter.«

Schneider sagt, er halte es für »falsch«, die heutige Beziehung zu Herman van Hoogen als Freundschaft zu bezeichnen. »Irgendwie gibt es für dieses Verhältnis kein Wort. Selbst Herman kann uns nicht aus der Verantwortung für das entlassen, was wir getan haben.«

Die Moderatorin des Gesprächs, Wackernagels damalige Frau, eine Journalistin, schaltet sich ein: Er und Wackernagel hätten im

Prozess die These vertreten, nicht *sie* hätten einen Mordversuch an den Polizisten unternommen, sondern *die Polizei* hätte versucht, sie umzubringen.

»Ihr habt euch hingestellt und gesagt: Ihr seid die Opfer. Hast du hinterher, als du dich von der RAF gelöst hattest, noch einmal darüber nachgedacht: Ich bin doch Täter?«

Mein Vater und ich schauen uns an. Wir denken an die Flugblätter, die Daniela Klette 1981 vor der Paulskirche verteilt hatte. Darauf wurde genau das propagiert: die Festnahme der beiden sei ein Mordversuch der Polizei gewesen.

Gert Schneider sagt gedehnt: »Na, dass ich Täter war, ist mir von Anfang an klar gewesen. Die Behauptung war nicht haltbar, das war eine Verteidigungsstrategie.«

»Legitime Verteidigungsstrategie«, ruft Christof Wackernagel dazwischen.

»Als ›legitim‹ würde ich sie heute nicht mehr bezeichnen«, widerspricht Schneider. »Einfach, weil ich sie mir so oft vorgesagt habe, dass ich sie am Schluss doch ein bisschen geglaubt habe.« Dass den Polizisten nichts anderes übrig geblieben sei, als zu schießen, das habe er ganz genau gewusst. »Aber andererseits war es erst einmal so: Schuld abladen auf jemand anderen und eine Sache von Projektion.«

Ich stoppe.

»Was sagst du dazu?«

Meinem Vater steht der Mund offen. Er lehnt sich zurück.

»Also so hab ich noch keinen von der RAF reden gehört. Klar, es ist eine Verteidigungsstrategie, dass ich mich nicht belaste. Aber moralisch ist das nicht in Ordnung – und das gibt er heute zu. Das ist stark.«

Wir hören weiter.

Van Hoogen soll nach dem Restaurantbesuch bei Wackernagel und dessen Frau übernachten. Schneider aber auch. Es ist die erste Nacht nach der Haftentlassung. Da die Wohnung nur aus zwei Zimmern besteht, ist schnell klar: der Ex-Polizist und der Ex-Terrorist müssen gemeinsam im Wohnzimmer schlafen.

»Wer von denen macht überhaupt ein Auge zu, haben wir uns gefragt?«, erzählt Wackernagel und kichert.

»Das ist hammerhart«, ruft mein Vater. »Da übernachtest mit jemanden, der dir mal eine Handgranate vor die Füße g'schmissen hat!«

Van Hoogen sagt, er erinnere sich, gut geschlafen zu haben, Schneider brummt zustimmend.

Ich frage: »Kannst du dir nicht vorstellen, dass du so was auch machen würdest? Wenn du jetzt an seiner Stelle wärst, mit einem palästinensischen Attentäter etwa?«

Mein Vater denkt nach, es rumort in ihm. Ich sehe, dass er es sich nicht leicht macht.

Schließlich sagt er: »Irgendwie hat Herman van Hoogen es g'schafft, nur den normalen Menschen hinter dem Ganzen zu sehen. Das hätt ich nicht gekonnt. Aber«, er nickt mehrmals, »ich find das bewundernswert, wie er sich verhält. Meine Hochachtung.«

Wir schauen uns an, schweigen einen Moment.

»Gut, dass du mir das gezeigt hast«, sagt mein Vater schließlich.

Der Mensch, sofern er ein politisches Wesen ist, so Hannah Arendt, existiert in dem Miteinandersprechen.

Dass wir nicht schweigen, sondern reden – das ist vielleicht das Einzige, was zählt. Nur so können wir uns gegenseitig ertragen. Nur so kann man die Welt ertragen.

Das Grinsen meines Vaters wird breiter. Eine Idee blitzt in seinen Augen auf.

»Ich würd gern noch mal zur Leila fahren. Privat einfach. Machen wir das?«

Ich muss lachen.

»Können wir machen!«

★ ★ ★

Zehn Jahre nach dem Einsatz meines Vaters beim Olympia-Attentat lernt mein Vater meine Mutter kennen und vier Jahre später komme ich in München auf die Welt. Zur selben Zeit sitzt Ernst-Volker Staub in Untersuchungshaft in München, Daniela Klette demonstriert in Wiesbaden und Burkhard Garweg schreibt in Hamburg für das *Clinch*-Magazin. Als für mich gerade erst alles beginnt, beschließen diese drei Menschen, ihr bisheriges Leben zu beenden. Sie gehen in den Untergrund.

Vielleicht für immer.

DANKSAGUNG

Dieses Buch verdanke ich meinen Gesprächspartnern. Nicht alle sind im Buch benannt, doch vergessen werde ich keinen. Ich bedanke mich für den Mut und das entgegengebrachte Vertrauen. Ebenso innig möchte ich mich bei meinen Eltern, Irmgard und Guido, und meinem Bruder Florian bedanken: eure Bereitschaft mich aus den Tiefen unseres Familienlebens berichten zu lassen, macht dieses Buch erst zu einer Geschichte.

Wenn man etwas recherchiert, braucht man Leute, die daran glauben. Das Team von Audible Original Podcasts fand vor vier Jahren, dass diese Geschichte es wert sei, recherchiert zu werden und brachte damit den Stein ins Rollen. Herzlichen Dank dafür, ganz besonders Tim Kehl, Christina Ebelt, Paul Huizing, Elisabeth Rank, Hendrik Gerstung und Alexandra Distler (auch für die Versorgung mit Zigaretten und Sambabrezn).

Dass aus dem Podcast ein Buch werden konnte, verdanke ich meinem Literaturagenten Sebastian Ritscher, seinem Enthusiasmus und seiner charmanten Hartnäckigkeit. Herzlichen Dank auch an meinen Verlag: meinem Lektor Erik Riemenschneider für die engagierte Zusammenarbeit auch über Ländergrenzen und Zeitzonen hinweg, und Birgit Schmitz für den Brief, mit dem sie mein Herz für die Zusammenarbeit gewann.

Mein Dank gilt ebenso allen, die mir ihr Wissen, ihre Erfahrung, ihr Herzblut und ihre Wohnungsschlüssel anvertraut haben, kurz, mich in jeder erdenklichen Weise unterstützt und beraten haben, insbesondere Oliver Schröm, Dietmar Schiffermüller, Lutz Ackermann, Willem Konrad, Christian und Anna Salewski, Bertolt Hunger und Johannes Honsell.

Wer an einem Buch arbeitet, braucht einen Platz zum Schreiben. Karina, danke für das kühle Haus in Manzanillo, Ronál für die Strandhütte von San Agustinillo und Tereza für die grüne Schreiboase in Oaxaca, Mexiko.

Zu guter Letzt: Fredy, ohne Deine Beratung und Begleitung von Anfang bis Ende wäre dieses Buch nicht das geworden, was es ist. Ich kann dir wirklich niemals genug dafür danken, aber ich probiere es trotzdem: Abertausend Dank.

Hamburg, 2019

NÜTZLICHE LITERATUR UND FILME

LITERATUR

Albrecht, Julia und Corinna Ponto: *Patentöchter: Im Schatten der RAF – ein Dialog*, Kiepenheuer & Witsch, Köln 2011.

Ameri-Siemens, Anne: *Ein Tag im Herbst: Die RAF, der Staat und der Fall Schleyer*, Rowohlt, Reinbek bei Hamburg 2017.

Aust, Stefan: *Der Baader-Meinhof-Komplex*, Hoffmann und Campe, Hamburg 2008.

Chotjewitz, Peter O. und Dietmar Dath: *Mein Freund Klaus*, Verbrecher Verlag, Berlin 2013.

Edschmid, Ulrike: *Das Verschwinden des Philip S.*, Suhrkamp, Berlin 2013.

Emcke, Carolin: *Stumme Gewalt. Nachdenken über die RAF*, S. Fischer, Frankfurt am Main 2008.

Hogefeld, Birgit und Christian Ströbele: *Ein ganz normales Verfahren …: Prozeßerklärungen, Briefe und Texte zur Geschichte der RAF*, ID Verlag, Berlin 1996.

ID Verlag (Hg.): *Rote Armee Fraktion – Texte und Materialien zur Geschichte der RAF*, ID Verlag, Berlin 1997.

Kinkel, Tanja: *Schlaf der Vernunft*, Droemer Knaur, München 2015.

Pflieger, Klaus: *Gegen den Terror: Erinnerungen eines Staatsanwalts*, Verrai, Stuttgart 2016.

Röhl, Bettina: *»Die RAF hat euch lieb«: Die Bundesrepublik im Rausch von 68 – Eine Familie im Zentrum der Bewegung*, Heyne, München 2018.

Straßner, Alexander: *Die dritte Generation der »Roten Armee Fraktion«: Entstehung, Struktur, Funktionslogik und Zerfall einer terroristischen Organisation*, VS Verlag für Sozialwissenschaften, Wiesbaden 2003.

Tolmein, Oliver: *RAF – Das war für uns Befreiung: Ein Gespräch mit Irmgard Möller über bewaffneten Kampf, Knast und die Linke*, Konkret, Hamburg 2002.

Veiel, Andres: *Black Box BRD*, DVA, München 2002.

Viett, Inge: *Nie war ich furchtloser: Autobiographie*, Edition Nautilus, Hamburg 2005.

Wilhelm, Frank: *RAF im Osten – Terroristen unter dem Schutz der Stasi*, Nordkurier Mediengruppe, Neubrandenburg 2019.

FILME

Moeller, Felix: *Sympathisanten – Unser Deutscher Herbst*, 2018.

Petzold, Christian: *Die innere Sicherheit*, 2000.

Schulz, Brigitte: *Die Anwälte – eine deutsche Geschichte. Dokumentation*, 2009.